奋斗者之歌

——庆祝改革开放40年 · 秦皇岛民营企业家的创业故事

郭　猛◎主编

燕山大学出版社

2019 · 秦皇岛

图书在版编目（CIP）数据

奋斗者之歌：庆祝改革开放 40 年 秦皇岛民营企业家的创业故事/郭猛主编. —秦皇岛：燕山大学出版社，2019.7

ISBN 978-7-81142-380-8

Ⅰ. ①奋… Ⅱ. ①郭… Ⅲ. ①民营企业－企业家－生平事迹－秦皇岛 Ⅳ. ①K825.38

中国版本图书馆 CIP 数据核字（2018）第 299038 号

奋斗者之歌

郭猛　主编

出 版 人： 陈　玉

责任编辑： 裴立超 王海平

出版发行： 燕山大学出版社 YANSHAN UNIVERSITY PRESS

地　　址： 河北省秦皇岛市河北大街西段 438 号

邮政编码： 066004

电　　话： 0335-8387555

印　　刷： 秦皇岛墨缘彩印有限公司

经　　销： 全国新华书店

开　　本： 787mm×1092mm　1/16　　**印　　张：** 15.5　　**字　　数：** 286 千字

版　　次： 2019 年 7 月第 1 版　　**印　　次：** 2019 年 7 月第 1 次印刷

书　　号： ISBN 978-7-81142-380-8

定　　价： 98.00 元

……我国民营经济已经成为推动我国发展不可或缺的力量，成为创业就业的主要领域、技术创新的重要主体、国家税收的重要来源，为我国社会主义市场经济发展、政府职能转变、农村富余劳动力转移、国际市场开拓等发挥了重要作用。长期以来，广大民营企业家以敢为人先的创新意识、锲而不舍的奋斗精神，组织带领千百万劳动者奋发努力、艰苦创业、不断创新。我国经济发展能够创造中国奇迹，民营经济功不可没！

……

在这里，我要再次强调，非公有制经济在我国经济社会发展中的地位和作用没有变！我们毫不动摇鼓励、支持、引导非公有制经济发展的方针政策没有变！我们致力于为非公有制经济发展营造良好环境和提供更多机会的方针政策没有变！我国基本经济制度写入了宪法、党章，这是不会变的，也是不能变的。任何否定、怀疑、动摇我国基本经济制度的言行都不符合党和国家方针政策，都不要听、不要信！所有民营企业和民营企业家完全可以吃下定心丸、安心谋发展！

……民营经济是我国经济制度的内在要素，民营企业和民营企业家是我们自己人。民营经济是社会主义市场经济发展的重要成果，是推动社会主义市场经济发展的重要力量，是推进供给侧结构性改革、推动高质量发展、建设现代化经济体系的重要主体，也是我们党长期执政、团结带领全国人民实现“两个一百年”奋斗目标和中华民族伟大复兴中国梦的重要力量。在全面建成小康社会、进而全面建设社会主义现代化国家的新征程中，我国民营经济只能壮大、不能弱化，不仅不能“离场”，而且要走向更加广阔的舞台。

——习近平总书记于 2018 年 11 月 1 日在民营企业家座谈会上的讲话节选

《奋斗者之歌——庆祝改革开放 40 年·秦皇岛民营企业家的创业故事》编委会

目录 Contents

诚信铸企业 铁肩担责任

秦皇岛市方华贸易集团公司董事长宋炳方

于军涛 李淑丽 储学敏

秦皇岛市方华贸易集团公司董事长宋炳方

一个企业家的人生，可以达到怎样的高度？

他带领的企业连续 5 年被评为秦皇岛市民营企业综合经济实力二十强企业；他本人被评为秦皇岛市十大经济人物，诸多荣誉等身；他一度作为河北省唯一入围的企业家代表，在博鳌亚洲论坛侃侃而谈，回顾创业经历，阐释经营理念……

一个事业上的成功人士，生活中最在意的是什么？

“身价不菲”却衣着朴素、言谈随和，生活低调得让人吃惊；投身公益、扶贫济困时眼都不眨，20 年来“撒”出去的钱足有 2200 多万元，“奢华”程度令人咂舌……

这就是秦皇岛市方华贸易集团公司董事长宋炳方。

一高一低，一奢一俭，展现的是一个企业家的胸怀，折射的是一个成功人士的价值观。

做企业，始终“诚”字当先

“企业家不能唯利是图，越是在利益诱惑面前，就越要讲诚信、讲担当！”

1988年，年仅20岁的浙江小伙宋炳方怀揣梦想走出家门，来到沿海开放城市秦皇岛。

“我在浙江省桐乡市燃料公司上班，那一年，被派遣来秦做煤炭调运工作，主要从事煤炭中转贸易。”人员少、没经验、缺资金、路途远……人地两生的宋炳方脚一着地就面临这一大堆困难。怎么办？坚韧的浙江年轻人的字典里从没有“退缩”二字。凭着灵活的头脑和不辍的勤奋，宋炳方很快熟悉掌握了煤炭业务的各个环节，并能出色地完成调运任务。

风从南方来。1992年，邓小平同志视察南方的谈话深深地震撼着这位年轻人的心，一个大胆的计划在他头脑中反复酝酿。那一年，他毅然承包了浙江省桐乡市煤石公司秦皇岛分公司。一帮改革开放的“弄潮儿”齐心协力、开拓创新、奋力拼搏，妥善应对和化解公司发展中出现的新矛盾，攻克了一个个困难堡垒，当年就收到了可喜效果。

“那是一个属于创造者的时代，身边每天都有奇迹发生。”回忆起当年那段黄金岁月，宋炳方眼睛里闪烁着灼灼的光彩。随着资本不断积累，1998年，30岁的宋炳方正式注册秦皇岛市方华贸易集团有限公司，成立了自己的企业，开启了方华20年的成功之旅。

几年之后，谁也不会想到，当年那个满怀激情的浙江小伙能以企业家代表的身份入围博鳌亚洲论坛，并有机会向来自全世界的专家、政要和企业家阐述自己的经营之道。

早在2001年，宋炳方就被吸纳为博鳌亚洲论坛会员，当时论坛中只有26个国家、126名会员，而宋炳方是河北省唯一入围的企业家代表。此后，在2008、2009、2010年三届博鳌亚洲论坛年会上，宋炳方在会员大会及圆桌会议上代表河北工商界及青年企业家阐述了自己独特的观点，受到了与会者的一致好评。

一年一度的博鳌论坛是亚洲最大的经济论坛，它代表着一个高度。指着墙上和美国前总统乔治W.布什的一张合影，宋炳方回忆起2009年的那次经历，“有幸置身其中，对我们自己企业的发展也是一次对标和梳理”。那一年，只有20多家企业代表参加的年会晚宴如期举行，宋炳方作为亚洲中小企业的代表，位列其中。

近3个小时的晚宴中，小布什阐述的企业家“诚信经营”的理念让宋炳方产生了深深的共鸣。

“诚信经营不是一句口号，是靠实实在在做出来的！”宋炳方说。公司连续多年、多次被评为秦皇岛市“A级工商企业”“A类纳税企业”“统计工作先进单位”“百家诚信纳税企业”“秦皇岛经济技术开发区纳税大户”“守合同重信用企业”“河北省诚信示范企业”“百家知名民营企业”等，荣誉背后，是社会各界的认可。

2007年，南方发生雪灾。宋炳方带领方华集团全体员工努力为灾区抢运电煤，甚至在煤炭进出价格出现倒挂现象时，他毅然坚持决不涨价。

同样的事情又发生在2011年，煤炭价格出现大幅波动。宋炳方在代表秦皇岛民营煤炭运销企业接受中央电视台的采访时语句铿锵：“我们方华决不能涨价，企业家不能唯利是图，越是在利益诱惑面前，就越要讲诚信、讲担当！”

2008年，秦皇岛市方华贸易集团公司董事长宋炳方方当选为第29届北京奥林匹克运动会火炬手参与圣火传递

做公益，坚守“责任”为重

“企业家拥有财富多寡的标准是什么？不仅要看他的账上有多少数字，更要看他担起了多大的社会责任！”

在方华，随便问一个员工“20年来，宋炳方最关心的事是什么？”大多数人给出的答案会是：两件事，一是公司发展，二是社会公益。

早在1998年公司刚刚成立初期，南方发生特大洪水，宋炳方就毫不犹豫地捐了5万元。此后20年，支持公益一直伴随着企业发展的脚步。

“企业家拥有财富多寡的标准是什么？不仅要看他的账上有多少数字，更要看他担起了多大的社会责任！”这就是宋炳方的财富观。

2010年，西南遭遇特大干旱。灾情发生后，为解决困难群众的饮水问题，中央统战部多方筹措资金，用于建设“同心水窖”。“当时按照省委统战部统一部署，秦皇岛需要从社会筹集 100 万元的资金。他们找到我，希望每家企业分摊点儿。”宋炳方回忆道。

“那个时候，民营企业都刚刚遭遇金融危机，日子不好过，听说有一个地级市找了 100 多家企业都没凑齐。我一看这种情况就干脆说，‘不要分摊了，我一个人来承担’。”于是，宋炳方一人出资 105 万元，秦皇岛在全省率先完成筹资。

1999 年得知青龙满族自治县安子岭乡东山村小学破败不堪，山里的孩子没有教室上学读书时，宋炳方马上送去 15 万元，建起东山希望小学；燕山大学、东北大学秦皇岛分校的一些大学生没钱买车票，他马上将百名贫困大学生的往返路费送到了学校；出资 25 万元，在东北大学秦皇岛分校设立了贫困大学生奖学金；为贫困残疾人捐助 1400 辆轮椅，共计 50 万元；出资 50 万元改造秦皇岛市唯一一所农民工子弟学校新生路小学；出资 20 万元在燕山大学设立“宋炳方音乐教室”……

“哪里有需要，宋总就会在哪里出现。大到出资治理沙漠荒原，小到花钱为敬老院买报纸，桩桩义举不胜枚举……”公司员工这样评价宋炳方。

20 年来，宋炳方为帮助弱势群体、建设希望工程、资助贫困大学生等社会公益事业投入的大大小小的捐款累计达 2200 余万元。 他用实际行动彰显了一位民营企业家的担当与责任。

做桥梁，甘愿无私奉献

“商会，是桥梁，连接着两头，一头是地方政府招商引资的‘桥头堡’，一头是企业发展的‘领头羊’。”

宋炳方还有一个重要“角色”，那就是秦皇岛市浙江商会会长。说是重要，其实这个角色没有任何名利可图。

“商会是桥梁，连接着两头，一头是地方政府招商引资的‘桥头堡’，一头是企业发展的‘领头羊’。”宋炳方呵呵一笑说：“我们就是做服务的。”

秦皇岛市浙江商会成立于 2011 年 12 月，现在有 150 名会员。2014 年，商会荣获河北省 5A 级社会组织称号，这也是秦皇岛市唯一一家获此殊荣的异地商会。

提起浙商这个群体，不少人立刻会联想到他们积极开放的意识、勤奋务实的作风和不容小觑的市场地位。作为领头人，宋炳方紧紧围绕商会的桥梁定位，带领商会会员认真履行服务职能，共谋发展，不断开创商会工作新局面。

2018 年 1 月 18 日，秦皇岛市政府主要领导带领全市各相关部门负责人赴浙江杭州，就促成秦皇岛与浙商企业共商合作、共谋发展，寻求新时代南北共同发展新支点举行新春恳谈会。为了促成此次会议圆满举行，宋炳方带领浙江商会跑前跑后张罗，调动自己在浙江当地的政商两届资源鼎力支持，其组织和协调能力令市领导直竖大拇指。

2017 年年底，政府搞政企对接会，作为秦皇岛市浙江商会会长、浙商在秦皇岛的优秀代表，宋炳方义不容辞，他多方走动邀请，最终有 120 余家浙商企业参加了此次对接。多年来，宋炳方带领商会邀请众多优秀企业“走进来”，让浙商能够在秦皇岛落地生根，有力推动了秦皇岛地方经济发展。

作为商会的“领头羊”，宋炳方带领秦皇岛市浙江商会健全组织机构，规范商会制度，率先在秦皇岛全市建立商会党支部和工会组织，使秦皇岛市浙江商会成为秦皇岛市首家省级 5A 级商会。

春雨绵绵落，润物细无声。不知不觉中，宋炳方把他的“个人色彩”带进了商会。“低调为人，高调做事”“做企业也是承担社会责任”…… 自商会成立以来，在宋炳方的带动下，商会会员在扶贫帮困、捐资助教等各项社会公益活动中捐款累计达千万余元。

“如果把商会比作服务于浙、秦经济发展的桥梁，那我甘做桥上的一块砖！”宋炳方说。

记者手记：

低调为人，高调做事

穿着休闲朴素，言谈低调谦和，以至于在公司走廊里两次擦肩而过，都没有引起记者的注意，直到经人介绍，才知道眼前这位就是企业圈里很有名气的宋炳方。

人一旦有钱了，最喜欢做什么？有人迷恋华服奢宴，有人热衷豪车美宅，这些人的行为都有一个共同的特点——过度追求个人享受。然而，在宋炳方这里，个人生活的低调和做公益时的轰轰烈烈形成了鲜明的对照。

“企业要做的长远才行，20 年很短，我的目标是打造百年企业。”采访中，宋炳方笃定地说。

采访结束，记者注意到集团墙上方华的徽标，这是一个以正方形、红色圆弧及方华字母“FANGHUA”为主体构成的 logo，“方方正正做人、红红火火做事”的经营理念，跟一直秉持着“低调为人，高调做事”的宋炳方十分契合。

“打造百年企业”，靠的是什么？我们在这位企业家“一高一低”的辩证法里找到了答案。

以创新之光照亮『大国重器』

河北鹏远企业集团董事长朱立秋

于军涛 杨琦 李淑丽

河北鹏远企业集团董事长朱立秋

一款用于展示智能 LED 球泡产品的球泡树，通过 APP 调控，可以变换出 1600 多万种不同的颜色。

一款名为“焕彩神灯”的台灯，通过触摸即可变温变光，不仅造型美观，还能净化空气……

走进河北鹏远企业集团的产品展厅，恍如进入了一个五彩斑斓的光影世界。互联网 + 智能 LED 研发、生产、销售是鹏远集团的核心业务，朱立秋是这家科技型企业的当家人。

“绿色发展”“蓝海战略”“红色引擎”“崇尚一流，追求完美”……涉身商海 20 多年来，一方面，朱立秋以一个女企业家对色彩的敏感和对生活的热爱，带领企业以上千万种变温变色的智能光源照亮万家灯火；另一方面，鹏远集团也在她的引领下走特色创新之路，描绘出这家民营科技型企业色彩斑斓的战略发展图卷。

“中国制造2025”“一带一路”……多年来，企业在朱立秋的带领下积极对接国家战略，坚持走科技创新和高质量发展的新路。公司生产的智能LED产品突破重重困难，成为“国之重器”——中国高铁的优质产品，继而成功打入欧洲和东南亚市场。

作为第十二届全国人大代表，五年中朱立秋提交了多份关于加快民营经济健康发展的议案。她说，习近平总书记强调支持民营企业发展并走向更加广阔的舞台，特别是总书记指出“民营企业和民营企业家是我们自己人”，让她坚信民营企业的又一个春天来了。

转型升级，步入“绿色发展”快车道

“人生的道路虽然漫长，但紧要处常常只有几步……”著名作家柳青的这句话，用在企业发展的战略研判上，同样适用。

下海办企业20多年，朱立秋的得意之笔就是自己带领企业走对了战略转型的关键两步：第一步是2002年，房地产市场最炙手可热的时候，同行都挤破了脑袋搞住宅开发，她却独辟蹊径，借着高校后勤服务社会化改革的契机，投资1.4亿元建起了高标准的鹏远公寓。第二步是2006年，瞄准国家“863计划”，果断进军智能LED战略新兴产业。

“两次转型，既是主动抢抓国家重大战略机遇的结果，也体现了我一直以来的家国情怀！”朱立秋说。第一步对应的教育情结：“一流的设施，一流的管理，一流的服务……”鹏远公寓事争一流，至今，东北大学秦皇岛分校、河北科技师范学院等高校的数万名学子在此安家，享受着舒适的学习生活环境和一流的后勤服务。

第二步对应的科技情怀：早在河北鹏远光电股份有限公司的前身秦皇岛鹏远光电子科技有限公司成立之初，朱立秋就明确提出了“创新、速度、发展”的经营理念和“为全球用户提供一站式互联网＋智能LED照明系统解决方案”的企业使命。2014年2月鹏远光电被列入河北省“三个一百”领军企业，2014年4月成为河北第四家、秦皇岛第一家登陆新三板的企业。

多年来，朱立秋始终牵住科技创新这个“牛鼻子”，走好科技创新这步先手棋，占领国内国际LED行业先机，赢得发展优势，河北鹏远光电股份有限公司荣获中国LED首创奖、中国LED首创奖最具投资价值新三板企业、新三板30强企业，获得河北科技型民营企业、河北省著名商标、河北省名牌产品等多项殊荣。

朱立秋本人也荣获中国LED首创人物奖、中国经济十大创新人物、新三板金牌董事长“公众人气之星”、河北省科技型民营企业家、河北省十大经济风云人物等荣誉奖项。

“成功之后回头看，发展之路已然很清晰，但只有亲身经历了那段摸着石头过河日子的人，才能体会其中决策的不易！”鹏远光电副总经理王玲从毕业就跟在朱立秋身边，十几年来，她最佩服的就是朱立秋对企业战略发展研判的准确性和前瞻性。

准确的研判来自丰富的一线实践经验。朱立秋自 1995 年毅然辞去“铁饭碗”，成立装饰工程公司，进而成立房地产公司，到介入高校后勤服务，再到如今公司发展成为以互联网＋智能 LED 研发、生产、销售为核心，多元化经营、科学化管理、高端化走势的企业集团，“一路走来，每个项目领域、各个流程环节、各项具体工作，没有什么不曾管过，没有什么不是亲自干过的。”朱立秋说。

“公司开拓市场的攻坚期，朱总业务缠身，工作到半夜是经常的事儿。但不管头天睡得多晚，第二天见到的她一定是活力充沛、光彩照人的！”王玲说。

“我最欣赏的一句话就是，‘幸福生活是奋斗出来的’。人生从某种意义上讲就是一场拼搏和奋斗。奋斗过，努力过，才能体会到成功的喜悦和收获的充实！”朱立秋感慨道。

奋斗，一直在路上。2014 年，朱立秋获得清华高级管理人员工商管理硕士学位，2017 年获评高级工程师，2018 年 4 月荣获河北省“巨人计划”领军人才殊荣。

朱立秋丰富的学识素养、敏锐的战略眼光、及时的战略转型，使集团事业发展进入了快车道。

此后十几年，鹏远光电坚定走自主创新发展之路，占领高新技术产业制高点，主动对接国家产业发展战略，承担国家重大科研项目，先后承担了国家发改委“LED 芯片及封装项目”“LED 照明灯具产业化项目”以及科技部“LED 科技支撑计划”等多项重点研究项目，并与 GE 照明、三星 LED、丹麦 LIK、印尼 MG 等国际顶级巨头公司建立合作关系，发展成为产品畅销世界各地的“一站式智能 LED 照明系统解决方案”提供商。

科技创新，进军高端制造“蓝海市场”

一块长方形的灯板，上面密密麻麻地布满了 LED 光源，每个 LED 光源的尺寸仅有 2.8 毫米 ×3.5 毫米。2018 年 8 月 6 日，在鹏远集团全封闭的生产车间内，透过玻璃窗，记者看到工人们正加紧封装监测。

河北鹏远企业集团董事长朱立秋在 2018 年年会上讲话

“今年夏天，公司接到了中国高铁‘复兴号’10 列长编组的 LED 照明订单，时间紧、任务急，工人们只能加班加点。”看得出来，对于企业能和中国高铁这样的“高大上”客户合作，朱立秋颇感自豪。

“志在小而美，不做大而全。和素有‘国之重器’和‘中国名片’之称的高铁合作，考验是全方位的。能够成为中国高铁的合格供应商，意味着市场对公司科技创新能力和综合实力的全方位认可。”朱立秋说。

LED 照明虽为主流趋势，但全国从事加工、销售的企业就有 500 多家，大多数企业在简单组装的领域拼杀，产品附加值极低！

LED 产业虽有潜力，但其核心的芯片技术却牢牢控制在产业上游的美、日、德等国家，企业如何发展？

朱立秋认准了走自主科技创新之路。

一方面，深入推进产学研高端战略合作，与清华大学、中科院半导体研究所、燕山大学等高校开展全面深度合作。

另一方面，朱立秋把目光投向高端制造的“蓝海市场”。

2011 年，朱立秋首先瞄准了高速公路隧道照明。她带领鹏远光电的研发团队昼夜奋战，研发出多个系列的 LED 产品，可根据不同隧道结构量身设计方案，通过提高光效、智能控制等，最大限度实现了节能，开启了河北隧道 LED 照明的先河。

接着，朱立秋又把业务拓展到了河北各大机场。“机场一个高杆灯原来每个灯头就是 1200 瓦，如今用上我们 LED 产品只有 400 瓦，可节能三分之二！”朱立秋说。

高铁是国之重器，又是中国的靓丽名片，鹏远能不能搭上这列高速飞驰的列车？一路走来，朱立秋的心越做越“野”。

她慕名找到高铁总研发的工程师，满怀诚意毛遂自荐。得到的答复很“中性”：“你们可以试一试。”

“同行的朋友觉得没戏，但我却认为，不试怎么知道不行？”朱立秋说。

2016 年，鹏远光电与中国中车集团合作，组建集中电子、光学、热学、机械、控制、测试六个专业技术力量的专题研发团队。同时，积极与燕山大学开展产学研

河北鹏远企业集团董事长朱立秋在向考察领导介绍公司新产品

合作，共同对一些关键技术问题进行攻关。

高铁标准高。不同车厢在结构设计上需要有很多个性化的方案，前期需要开发很多模具，一个模具的制作成本就高达 30 多万元。“这种高端制造业的配套项目，拼的就是实力和韧劲！”朱立秋说。

高铁不等人。时间紧、任务重，研发团队经常工作到凌晨，不能有一丝一毫的偏差，一个小小的试验就要做上几百次。朱立秋时刻紧盯着开发进程，她也经常熬夜带领团队激情奋战，她常用那句熟悉的话激励大家：“幸福是奋斗出来的！”

有了研发成果只是迈过了第一道关，接下来，还需要通过铁科院一系列严格的认证，接受质量管理体系、生产及供货能力等多方面综合考核。紧接着，还要经过安装调试、检验测试、跟车服务等诸多复杂的考验，一个运行考核就需要 30 万千米。

2017 年 12 月，鹏远光电通过了一系列“大考”，终于如愿以偿地成为“复兴号”高铁的光明使者！

今年，鹏远光电又成功进入了长春轨道客车股份有限公司的合作名录！

创新让鹏远光电获得了 40 多项国家专利，拥有封装器件与功能性照明应用产品两大部分、近 70 个系列、560 多种 LED 室内外功能性照明应用产品。以互联网 + 智能 LED 产品研发制造推广应用为核心，瞄准高端前沿，攻克一系列核心技术难关，促进了企业自主创新能力、商业模式创新动力、盈利模式创新活力的全面提升，使鹏远光电实现了从“跟跑者”“并行者”到“领跑者”的飞跃。

激发活力，用好团队创新“红色引擎”

2018 年 8 月 12 日上午 8 点，鹏远光电副总经理张寅带领 7 名员工早早上岗，开始对一批“复兴号”LED 照明产品进行出厂前的最后调试，这一干就干到了次日凌晨 4 点。饿了，啃一口面包；渴了，喝一口矿泉水。但大家没有怨言，干劲十足。

采访中我们感觉到，无论是领导层还是一线员工，无论是研发团队还是行政人员，鹏远光电上上下下工作起来都有使不完的劲儿。

员工如此充满活力，秘诀是什么？

朱立秋的回答是：“擦亮党徽，闪亮党旗，激发全体党员及员工的凝聚力和战斗力。”

“只靠待遇留人的企业，一定不会走远！”作为科技型创新企业，鹏远集团十分注重加强和改进非公有制企业的党建工作，集团党支部组织实施了“六大引领”行动：党建工作引领党员素质提升、引领党员拼搏奉献、引领党员攻坚克难、引领企业文化建设、引领企业战略合作、引领企业创新发展。通过组织开展“两学一做”学习教育、党员先锋示范岗、党员革命传统教育、党员组织生活会、民主生活会、党员为民服务等丰富多彩的活动，努力争创“双强六好”（党建强、发展强，生产经营好、企业文化好、劳动关系好、党组织班子好、党员队伍好、社会反映好）党组织，为企业转型升级、创新发展激发了活力、积蓄了动力、凝聚了合力。

“党员就应该起到模范带头作用，尤其是作为核心的技术部门，更应该勇于担当，不辱使命！”入党 18 年的张寅话语掷地有声。

作为第十二届全国人大代表，每年全国人代会闭幕之后，朱立秋的第一件大事就是在第一时间向河北鹏远企业集团全体员工传达全国“两会”精神，梳理盘点“两会”政策干货，与高层管理人员共商企业见湿见干、务实管用的落实举措。

“党建墙就是企业发展的生命墙！”在鹏远集团的“党建活动室”，一面鲜红的党建墙十分引人瞩目。入党誓词、党员的八项义务和社会主义核心价值观全部上墙。党支部三会一课制度、党建工作的“六引领”“三原色”“双强六好”，在朱立秋的亲自设计下，集团将创新发展的企业理念深度融入党建工作当中，让党建成为推动企业发展的内生动力和不竭源泉。

“谁牵住了科技创新的牛鼻子，谁走好了科技创新这步先手棋，谁就能占领先机、赢得优势。”精美的宣传墙上，一行红色字体十分醒目。“全体鹏远人不仅把这句话贴在墙上，更深深刻到了心里！”采访的最后，朱立秋这样说。

记者手记：

企业家的家国情怀

朱立秋是一位有着深深家国情怀的企业家。

她的情怀，体现在她时刻把企业新商业机会的寻找以及新商业模式的开创建立在积极主动对接国家重大发展战略的基础之上。

2002年，朱立秋放弃高利润的住宅开发，瞄准高校后勤服务社会化改革的契机，投资建起了高标准的鹏远公寓，很多人都笑她傻；2006年，瞄准国家“863计划”，顶着一无专业团队、二无市场渠道的层层压力，果断进军智能LED战略新兴产业，很多人都说她“冒失”。但此后事业成功发展的曲线，又让人们不得不佩服她当初在企业战略转型研判上的远见。

和国家重大发展战略同频共振，无疑为民营企业的发展插上了腾飞的翅膀。然而，作为一个战略新兴产业的先行者，乍然进入一个完全陌生和待开发的领域，一开始不可避免地要面对这样那样的困难。面对困难，是直面坚守还是逃避放弃，考验的就是一个企业家的情怀和定力。

支持民营经济发展并走向更加广阔的舞台，涵养“企业家精神”被提到了一个前所未有的高度。有人说，商人和企业家有着本质的区别：商人以挣钱为目的，而企业家却以担当和做事为初衷。是固守眼前利益，还是看重长远发展，也是二者战略研判时迥然而异的准则。

“无意苦争春，一任群芳妒。”作为一个带领企业成为创新型企业标杆的女企业家，朱立秋特别欣赏陆游《卜算子·咏梅》中的这两句词，清新梅花，坚贞不屈，面对风雪，傲然挺立，她最喜欢的是其中物我融一的境界。

『学霸总裁』 健康情怀

康姿百德集团有限公司董事长李银祥

于军涛 张辉 李淑丽

康姿百德集团有限公司董事长李银祥

西裤衬衫、框架眼镜，儒雅亲和、谈笑风生，初次见面，李银祥就充分展示了他身上自带的"魔力"：超强的学习能力，超强的研发能力，超强的动手能力，还有独特的管理能力……

这么多能力集于一身，应该怎样对他进行描述？

他的正式身份是康姿百德集团有限公司董事长，但周围的朋友都喜欢叫他"学霸总裁"。

"教训是财富，更是砥砺，能帮助你成长"

翻看李银祥的履历，可谓丰富多彩。1979 年，16 岁的李银祥参加高考，成绩高出当年清华大学录取分数线十几分，最终被北京工业学院（现北京理工大学）六系固体推进剂专业录取。

从华北到新疆、从军工厂到自主研发创业，这么多年，李银祥走过很多地方，经历了很多岗位，但无论在哪个地方、任何岗位，他都不忘用他“学霸型”的大脑和超强的动手能力搞研发。

大学毕业后，他被分配到一家军工厂。专业对口，效益不错，领导重视，同事尊重。不出意外，他早早就能成为业内专家，更有望成为厂长继任者。

然而仅仅待了一年，李银祥就选择了离开，“我是一个价值观非常强烈的人，做火药不符合我的价值追求，再有前途我也不能做”。随后他远赴新疆，在油田工作期间，他的研究天赋进一步得到发挥，在“石油管道不停产化学清洗”“石油取芯药盒”等多个不同领域都小有成就。

五年之后，李银祥回到唐山，继续新的科研“寻梦”之旅，也初尝创业“艰辛”。

“当时很多煤矿使用进口电缆，坏了之后没人能修。一根电缆的售价高达 20 多万元，仅仅因为一两处坏了就弃之不用，造成了极大的浪费。”回到唐山两年后，李银祥结识了一位在矿上工作的朋友，朋友所说的这个困扰着很多煤矿的难题，在李银祥看来却孕育着巨大的商机：“如果能攻克这项技术难题，意味着市场潜力巨大。”

这个想法让李银祥走上了创业之路。和那个“矿上的朋友”两个人一合计，凑钱成立公司，李银祥则带头攻关技术难题。创业之路永远不会平坦，技术还没影，钱花没了。放弃还是继续投入？当初那个“矿上的朋友”撤了，而他则选择借钱坚持下去。

绝缘修复、耐压试验，一次次的试验，一次次的改进，为了生产出好用的设备，他自己背着仪器跑到南京寻求厂家合作……经过上千次试验、夜以继日的努力，进口电缆探伤修复项目终于获得成功。

新电缆售价 700 元 / 米，用他的技术和设备维修仅需 150 元 / 米。成本的大幅度降低和良好的经济价值为他带来了源源不断的客户。

然而，好景不长，因关键技术泄露，很快导致市场恶性竞争，他的公司“黄”了。这一次教训，让李银祥意识到为科研成果申请专利的重要性：“教训是财富，更是砥砺，能帮助你成长。”

多年以前由于母亲身体不好，经人介绍，李银祥花重金买来了一款产自日本的功能床垫，交货的时候，日方销售骄傲地说：“别看东西贵，可物有所值，你们中国人再过三四十年也研究不出这项技术。”

一句话彻底激发了李银祥的斗志！ 1995 年开始，他带领科研团队经过反复实验，终于发明了“仿古地磁发生器”。此后多年，他不断改进产品性能和生产技术工艺，先后研发出软玉无簧弹性支撑系统和磁性寝具自动化生产线，并成功将国产康姿百德功能床垫推向市场。

“搞研发的搞不好管理，搞管理的不懂研发”——李银祥用自己的经历打破了这个“魔咒”

然而，科研成果转化为生产力的过程并不顺畅，甚至十分艰难。在推广高科技含量的磁性寝具过程中，受市场盲目迷信国外品牌、磁性寝具市场不规范以及恶性竞争等因素的影响，李银祥经历了筚路蓝缕的八年创业时光。

最初，他选择与家乡的乡镇企业合作。正赶上改革开放春风浩荡的风口，各地的乡镇企业发展轰轰烈烈，因为有核心技术，他们的企业居然上了央视。但由于市场销售没做好，几年后公司破产了。

随后，李银祥再次筹资重新注册公司。这次，他吸取之前的教训，自己发挥专长，专攻技术，聘用总经理“打市场”。没想到，不到三年，市场销售渠道萎缩几至于零，公司再次“黄”了。

这八年，李银祥一边忍受着清贫，一边坚持科研攻关、技术改进。最困难的时候，他连买馒头都要向人借钱。很多人劝他算了，不能再投钱了，那就是个无底洞。但是李银祥却很固执：“健康产业是我认可的行业，我知道自己在做什么，我知道这件事有多值得坚持，不管成功与否、有多严重的后果，我都绝不后悔！”

把之前的挫折当作财富，从中认真总结经验教训。2004 年，李银祥带着全新的康姿百德“重新起航”。这一次，从技术研发到市场开拓再到企业管理，他这个总裁一肩挑起了企业的三副重担。

“人家都说‘理工男’只能搞研发，根本不懂市场和管理，我就不信这个邪。不会可以学，而且我们‘理工男’有遇事爱琢磨、问题找得准、动手能力强等诸多优点，还有什么学不会的？”李银祥笑着说。

“仿古地磁发生器”研发成功后，李银祥不断改进产品性能和生产工艺，为了实现产品的最佳舒适度，他整整半年泡在首都图书馆查阅资料，最终结合自己所学的固体推进剂技术，创造性地模拟出最舒适的床体结构。

生产线上有一种精密度要求极高的材料切割机，价格高昂，为了节省成本，他从香河买回一个机器进行改装。看到技术人员鼓捣了两个月仍没有达到要求，李银祥“急了”，亲自上手，用了没两天，改造成功，而且精密度比最高档次的成品机还要高。

实际上，如今康姿百德产业园生产线上使用的很多设备都是经李银祥之手自主研发的。

人们都说，“搞研发的搞不好管理，搞管理的不懂研发”，李银祥却用自己的经历打破了这个“魔咒”。康姿百德在李银祥的带领下飞速发展。自 2012 年起，康姿百德集团实现了连续三年销售额、纳税额翻番的飞速发展。2016 年康姿百德集团主营业务收入 4.7 亿元，纳税 1 亿多元，安排就业 5000 多人。如今，康姿百德专营店已遍布全国 30 多个省、市、自治区，专卖店达到 700 多家。

李银祥用实际行动证明自己：不但能当学霸，还能胜任总裁。

“最关键的时刻咬着牙挺住，相信一定能成，这就是信念”

从闷头研发到亲自上阵开拓市场，从完全不擅经营到精通管理，是什么让李银祥的“跨界”如此成功？

答案在康姿百德那个很“李银祥”式的“西点商学院”。

为了解决人才瓶颈，李银祥在2014 年提出了高端人才引进战略，每年从北京大学、清华大学、北京理工大学等 985、211 院校引进管理培训生，为公司做好人才储备。

搭起了人才引进渠道，如何对这些人才进行管理的问题又摆在了面前。对此，李银祥自有一套。

2014 年康姿百德“西点商学院”成立，李银祥亲任院长。

“最关键的时刻咬着牙挺住，相信一定能成，这就是信念。”李银祥笑着说，当学员全身僵硬地完成西点特设项目的考验时，抬头看到的便是这样一句话：“从此山不再高，路不再漫长。”

在这里，有着接近于严苛的考验，不止于体力和智力，更多的是观念的突破、品质的塑造。

去昌黎找王丽（化名）、让陌生人请你吃饭标准不低于 25 元……如此“另类”的考题，却饱含李银祥的别良苦用心：“进入社会、面对市场，会遇到很多意想不到的困难，要想成功，就要能低下头、弯下腰、放下面子。”

在李银祥看来，决定一个人成功最重要的几个因素有：知识、技能、素质、品格、信念。其中，品格和信念尤为重要。品格和信念，表现为关键时刻的永不放弃，如临井掘水，坚持一下，多挖一锹，就可能会有甘泉涌出。因此，“西点商学院”改造计划就从最紧要处着手，从信念塑造入手，全面提升员工的执行能力、判断能力、毅力和抗压能力，从而培养出了一批又一批的合格管理人才。

2011 年 11 月 15 日，康姿百德集团有限公司组织发起“读书点亮人生——捐百元图书，助万千学童”大型公益活动。共为贵州省贞丰县边远山区的鲁容乡中心小学、龙场中心小学等捐赠 5 个康姿百德“读书点亮人生”图书室，共捐赠图书 1 万多册，该活动于 2012 年 4 月圆满结束。

“康健姿态，百年功德”是李银祥经常挂在嘴边的几个字，他和员工常常以此自励自勉——给消费者最健康的睡眠，就是我们最大的成绩。

连续六年的“康姿百德健身操比赛”，是康姿百德践行这一健康理念的实践，每年来自全国各地的数万名参与者乐在其中。“2018 年 9 月份，第七届全国康姿百德健身操比赛暨健康大使颁奖盛典在秦皇岛奥林匹克体育中心举行，这是一场五万人的健身盛会，欢迎全国各地的健身爱好者参与其中。”采访的最后，李银祥不失时机地为自己的活动做营销。

记者手记：

多点钻研和实干的劲头儿

采访中，李银祥给记者留下印象最深的，是他身上的那股刻苦钻研、认真实干的劲头。

“石油管道不停产化学清洗”“进口电缆探伤修复”“仿古地磁发生器”……无论身处何地，不管身在何岗，李银祥都能用发明创造给人们带来惊喜。

科班出身搞科研、半路出家闯市场、被逼无奈搞管理……伴随改革开放的春风一路走来，李银祥不断努力拓展丰富自己的人生角色和内涵。

探索前行的路上会遇到很多坎坷和险阻，是半途而废还是勇往直前？是消极懈怠还是积极寻找解决办法？这里就需要一股不折不挠的钻研和实干劲头。找准问题症结所在，寻求解决问题良方，只有如此，才能“踏平坎坷成大道”，才能看到别人看不到的绝美风光！

幸福生活是奋斗出来的。改革开放40年，我们又站在一个事关发展的关键节点，每个人都有自己的定位，每个人都有自己的理想，但无论身处何地，不管身在何岗，只有把个人的理想和时代的梦想结合起来，多一点“李银祥”式的钻研和实干，才能迎来美好的未来。

海琪花为什么那样红？

秦皇岛冀红经贸集团有限责任公司总裁纪红

于军涛 李淑丽

秦皇岛冀红经贸集团有限责任公司总裁纪红

就在2018年夏天，从秦皇岛火车站沿外环线东行2.5千米，紧邻主干道以北的30多亩土地上，一座崭新的旅游地标悄然拔地而起，它有一个美丽的名字——海琪花广场。

秦皇岛第一家全智能的现代化酒店，第一家互联网经济时代的共享超市，第一家本地特色的旅游产品集散中心和旅游商品孵化基地，第一家秦文化特色浓郁的旅游商品展示中心——远方瀛园……诸多“第一”，再加上新近施工偶然发现的古御道和沉睡两千多年的秦皇古井，这一切，让这个现代和古典元素天然交融的广场充满神秘的色彩。

广场的“雕塑者”就是纪红，一位优雅大方的知性女人，同时也是拥有11家子公司的冀红集团掌门人。

广场正式营业这件事，在冀红集团事业发展中有着特别的分量。特别在哪里？

商贸起家，为了帮助朋友，半路经营海鲜旅游商品，算是一只脚沾上了旅游的边儿；如今，这个被冠以“秦皇岛旅游集散中心”的广场开业，标志着冀红集团深度涉入了“旅游”这个秦皇岛市的首位产业。

“海琪花”这三个字，在纪红心中有着特殊的含义。特殊在何处？

靠着“海琪花”的一步步指引，从局部涉足到全面进军旅游产业，纪红感觉自己又站在了二次创业的新起点上。

海琪花并不是真正意义上的花，它常被海边人用来形容水中海蜇的优美形态。但纪红却一直将之视为心中最美的那朵花。

其实，历经商场风雨，依然以最美的姿态绽放，纪红，又何尝不是那一朵最美最红的海琪花！

变“等客上门”为“送货到家”，转变思路打开了市场销路

每个初见纪红的人都不会想到，这个温婉时尚的女人血液里流淌着钢铁般的坚强。

20 世纪 70 年代初，纪红出生在黑龙江一个偏僻落后的小村子。1994 年，原本有着稳定会计工作的她，随爱人工作调动举家迁到秦皇岛。

过了两年“家庭煮妇”的生活，在孩子一岁多的时候，纪红决心走入职场分担家计。最初就是在一家商场的鞋类柜台做销售员，一天十几个小时站下来，腿肿得老粗，纪红就在那时落下了双腿静脉曲张的毛病。

半年后，纪红受一家日化公司老板的邀请成为了一名公司会计。初入日化行业，为了多学点本事，她在晚上孩子睡着后学习背诵有关的日化知识。机会总是垂青有准备的人，1997 年纪红借款租下了 3 个日化柜台，做起了日化产品批发零售。由于她服务态度好、商品货真价实，买卖经营得很不错，一年多的时间里，就赚了几万块钱，这是她创业以来淘到的第一桶金。

那一年，恰好一位朋友找到她，想一起合作做伊利冰饮产品的代理商。纪红多方筹措了 20 多万元资金，租了房子，信心满满地准备大干一场。然而在之后的深度考察市场后，发现代理商太多，市场竞争十分惨烈，那位主动提出合作的朋友竟被市场乱象吓得退出了。

这下，纪红犯难了，干还是不干？厂家那边已经联系好，答应供货，这边合伙人却退出了，看来，只能自己一人干起来了。因刚起步，规模小，进货量少，还要承担运费，纪红的成本自然高于同行，不可避免要受到竞争对手的刁难和压制。

为了打开销路，纪红决定亏本也要先把价格降下来。同行看到纪红降价，也跟

着降，一场价格战不可避免地发生了。就这样，不到 3 个月，纪红就赔了 10 多万元。这场挫折让纪红的身心受到严重的打击。好几个晚上，她自己悄悄开车到海边，在无人的地方放声大哭。但是第二天一早，她依然面带微笑出现在家人和顾客面前。

面对困难，纪红没有退缩，正是她的坚持和执着感动了伊利厂家，厂家主动免除了纪红进货的运输费用。1999 年 12 月，纪红正式注册创立了秦皇岛冀红经贸有限公司，2 个员工、1 辆送货车、30 平方米的库房就是公司的全部家当。

“客户少、市场打不开，怎么办？”为打开销路苦恼的纪红如坐针毡，“为什么我们不走出去呢？”灵光一闪，纪红拍板定下了“坐商改行商，送货上门”的新营销模式。

把送货车加上保温层，货一到，就立即送往各家商店。白天员工在市区跑，晚上，纪红的爱人下班后就和她一起开车，往周边更远的商店送货。这样，大大加快了周转速度，减少了货物的存储时间，也相应减少了客户的经营成本，很受客户的欢迎，客户猛增到 200 多家。仅一个夏天下来，公司销售额就达到了 200 多万元。

2000 年，伊利小布丁产品推向市场。纪红独具慧眼，认真谋划小布丁的销售策略，并且积极向厂家提出改进产品包装的建议。厂家采纳建议后产销量大幅提高，冀红经贸也因此取得了 2000 年度全国销售第一名的佳绩，并得到了厂家颁发的 36 万元奖金。

2001 年到 2006 年，冀红经贸又成功代理了伊利液态奶、龙凤食品等优质品牌，至 2006 年，公司年销售额达到了 6000 万元。2008 年，冀红经贸从众多企业中脱颖而出，成为奥运会秦皇岛分赛区的食品供应商，从此纪红在商贸之路上高歌猛进。

从“凑合着用”到“入口无小事”，品质坚守赢得了市场口碑

“妈妈，我好想吃这家的烤鱼！”

2018 年 8 月 26 日，在秦皇岛商业中心太阳城乐购三楼卖场里，一个三四岁男孩拖着妈妈在馋嘴烤鱼摊位前舍不得离开，最终，拿着几片香气四溢的烤制鱼片，满足地笑了。

馋嘴烤鱼是秦皇岛市知名包装海产品“海琪花”的升级版——现场制作店，因用料新鲜、口感鲜美，自上市以来，深受市民及游客的青睐，摊位前顾客经常络绎不绝。

“海琪花”是冀红集团秦皇岛市金海马海产品有限公司旗下系列产品的“当家花旦”。由于选料考究、工艺精良、品质有保证，公司产品数年来畅销大江南北，

深受中外游客的青睐。

“两天前，我们刚刚送走了日本宫津市市长带队的考察团一行，双方就海产品加工合作项目达成了初步合作意向。”在我们采访的当天，干练的纪红声音嘶哑，略显疲态。为了广场的开业，审宣传片、督促工程、研究旅游新项目、接待来访，连日来，这个要强的女总裁一直是连轴转。

从商贸进军海产品加工，说起来，竟源于纪红的一次帮助朋友的义举。

“2010 年，在秦皇岛做了十多年海货产品加工的金海马公司老板遭遇经营困境，在企业濒临破产之际找到了我。”纪红说，“作为朋友，看着他当时挺难的，又身染重病，我也没有多想，只当帮个忙吧。”

“但直到后来真正接手时，我才发现，当初这个决定多少还是有些冲动。对这个行业啥也不懂，前期也没有做任何调研。”

那一天，汽车在抚宁颠簸偏僻的小路上左拐右拐，最终来到隐藏在一个不起眼角落里的低矮厂房前时，纪红傻了眼。

怎么办？

“答应人家的事，再难也得办。”纪红说。经过几天的摸底儿，她渐渐地理出了思路：原厂房地方过于偏僻，设备老旧，卫生也不达标，干脆搬走，在市区另找地方重开张，剩下一年多的预缴房租也不要了；库房里一堆原材料眼看就要过期了，全部扔掉。

“不能啊，纪总！这些东西还没有真正过期，扔掉太可惜了。你把它交给我们，处理一下保准能用。”几个老员工听说这个决定十分心疼。

“食品行业我不太懂，但我知道一点，入口的东西必须保证品质！”纪红的态度十分坚决。

新建的厂区和生产线投产后，选取秦皇岛地区最优质的贝类产品，以“出口标准”采购高品质原材料，后来，公司还远赴舟山等地取材，力求品质最佳。品质的坚守得到了良好的市场回报，2012 年，金海马、海琪花产品一上市，就迅速得到了消费者的认可。

如今，金海马公司具有标准的食品生产厂房、一流的自动化生产线、先进的实验室和科研中心，公司通过了 ISO9001：2000 国际质量管理体系认证，通过了 HACCP 食品安全管理体系认证。海琪花品牌开发了四大系列、100 多个品种的产品，成功销往全国各地。

“没想到这个弱小的女子能把这事做得这么好！”秦皇岛市质量监督管理局一位老领导当年很不看好纪红接手这家食品生产企业，如今每次见面，却常常忍不住这样感叹。

抱团作战提高产品供给，立志打造港城旅游服务第一平台

在秦皇岛这个全国第一批沿海开放城市和最早发展旅游业的城市，旅游产业对企业家们有着天然的吸引力。

如果说当初出于义举接手“海琪花”，经营海鲜加工类旅游商品只能算是一只脚沾上了旅游的边儿，那么，随着“海琪花广场”的开门迎客，标志着冀红集团正式深度涉入了旅游产业。

虽然此前不曾涉足旅游产业，但作为市政协委员，站在一个普通消费者的角度，纪红也对旅游产业发展中的“短板”深有感触：最早的旅游城市，却没有打造出一款叫得响的伴手礼；知名景点不少，却很难在旅游服务上为游客打通“最后一千米”；低价恶性竞争，导致产业发展陷入服务水平低和利润空间小的怪圈；知名旅游城市，却很难摆脱季节对产业发展的限制……

“这些问题，都可以归结为一句话：建设国际一流旅游城市，秦皇岛旅游产品供给结构性不足的短板急需补上。”纪红这样认为。

2018 年 9 月，秦皇岛冀红经贸集团有限责任公司生产的海琪花等产品参展秦皇岛首届旅游商品展

短板如何补？

纪红把目光盯在了“旅游集散中心”建设上。这个想法得到了政府的大力支持。

随着“海琪花广场”的开门迎客，“京津冀旅游集散中心”正式入驻，秦皇岛旅游产业正经历着一些悄无声息的变化：第一家本地特色的旅游产品集散中心和旅游商品孵化基地成立，开始了本地旅游产品企业抱团打造特色旅游商品的实践；现代化的智能酒店为游客提供舒适的居住体验；旅游巴士直通车打通旅游服务最后一千米；旅游产品线上平台结合秦历史文化线下体验中心，将通过互联网＋旅游＋服务的新型模式，为来自全国各地的游客提供食、住、行、游、购、娱一站式管家服务……

“正像当初做商贸时代理伊利产品一样，旅游集散中心的探索和实践注定也不会一帆风顺，但我想，即使付出再多，一切的努力都值！”说这些时，纪红的眼神里充满坚定。

记者手记：

风雨中这点痛算什么？

1999～2018年，纪红和她的企业已经走过了将近20年的风雨历程。

采访的那段时间，她正忙前忙后张罗着拍摄一部宣传片，以期作为个人下海创业和公司成立20周年的献礼。

20年，风风雨雨，20年，成就辉煌，20年的奋斗不寻常，这，的确是一个值得纪念的时间节点。

商场如战场，随时面临着难以预料的风险和挑战。近20年的市场大潮磨炼中，无论是商贸代理时的对手打压，还是接手海鲜产品加工时的两眼一抹黑；无论是柜台后面一站就是十几个小时的辛劳，还是行商送货到门口的栉风沐雨，成功的背后，纪红经历了许多“不足为外人道”的风险、挑战和困难。然而，面对诸多困难，纪红和冀红集团一次次从难关中闯过来了。

这靠的是什么？用纪红的话来讲，正是心中始终盛开着一朵美丽的花，靠的正是相信海琪花一定会美丽绽放的美好信念。

京津冀旅游集散中心的正式运营，标志着纪红和冀红集团又站在了二次创业的起点上。

创业哪有不艰难？

譬如大海航行，前进的路上，有风有雨，有激流，也许还有险滩，但正如那首歌所唱，只要心中有梦，“风雨中这点痛算什么”！

传播梦想的港城天使

河北英皇集团、秦皇岛洋洋集团董事局主席刘洋

于军涛 孙也达 李淑丽

河北英皇集团、秦皇岛洋洋集团董事局主席刘洋

采访刘洋之前，看了很多关于她和洋洋集团的资料，侧面听了许多她的创业故事，“功课”做得越多，在想象里，这个女企业家的人物形象却越发的复杂和模糊起来。

1996年，在一家事业单位人事部门工作的刘洋放弃了舒适安逸的工作，顶着压力，选择了下海创业。当她决定将大型花卉市场引进到秦皇岛这个美丽的沿海旅游城市的时候，亲戚朋友都认为是“异想天开”“不可能完成的事业”。

然而，她成功了！

将近20年以后，“洋洋花卉”成为港城时尚的代名词；以鲜花作伴手礼，成了人们表达爱和敬意的最自然的方式。

在建设国际一流旅游城市的今天，刘洋又要从无到有，把国际马术引进秦皇岛，并雄心勃勃要组建“河北省马术队”。很多人说她傻，“放着优裕的日子不过，非要去冒险”。

不出所料，这一次，刘洋的态度仍然是那样坚决：“要让英皇（国际）马术俱乐部成为秦皇岛打造国际一流城市的生动实践！”

双集团董事局主席的身份加持，总资产 22.8 亿的 17 家公司，为近 2000 多名员工提供就业，20 年搏击商海永不停息的脚步……是怎样激情澎湃的动力激励着这位女企业家如此打拼？

采访在这样的好奇中开始。

2018 年 8 月 8 日，记者走进位于山海关区龙海大道的英皇（国际）马术俱乐部。鸟语花香、绿意婆娑，阳光透过树叶斑驳的洒在地上。刘洋站在俱乐部会所的台阶上微笑致意，一袭蓝色丝质曳地长裙，端庄典雅、精致雍容。

创业：“最艰难的时候，我连自杀的药都准备好了”

眼前的屏幕上正播放着洋洋集团的宣传片：园林绿化、花卉市场、生态苗木基地、古玩城……随着一帧帧画面闪过，仿佛当年每一段艰辛的创业史又浮现在眼前。

“这部片子看过很多遍了，但每看一次，我还是难掩心中的激动！”刘洋一边用纸巾拭了下湿润的眼角，一边用这样一句开场白来形容“洋洋”二字在她心中最柔软之处的分量。

“‘商海女杰’‘职场女强人’，这些所谓标签其实跟我丝毫都不搭边。”随着话匣子的打开，刘洋的形象也一步步丰满和清晰起来：“我觉得自己本质上是个热爱生活、热爱美的人。做事感性大于理性，无知无畏，认准的事一定会走到底！”

1996 年，当年的年轻姑娘刘洋放着事业单位劳资科科长的轻松位子不干，非要下海经商。下海也没有什么，可那么多热门行业她不选，偏偏选中了被大多数人不太看好的园林绿化行业。

“市场空间有限，连‘原野’‘耕牛’这样有实力的大公司都‘吃不饱’，你一个小丫头能折腾翻了天？”当时，为了阻止她“头脑发热”，亲戚朋友用这样的话打击她。

可“好奇思”“爱创想”的刘洋自有她的主意：“我就是想通过自己的选择，把美丽的沿海城市秦皇岛打扮得更美丽！”

一次偶然的机会，刘洋随市里的考察团到同是旅游城市的昆明学习，在一家至今都叫不上名来的桥底下，一家花卉市场深深地吸引了她的注意：“鲜花品种那叫一个多啊！好多都说不出名字，都是那样的鲜艳欲滴，而且还不贵，那么漂亮的一大束百合，也就几十元。”

当地漂亮女孩手捧鲜花洋洋得意的画面，为这个旅游春城增添了许多活力四射的人文气息，也引发了她的美好联想：“同样都是旅游城市，我能不能把花卉市场带到秦皇岛呢？”

脚步好像受到了一种魔力的吸引。接下来的两天里，刘洋向考察组撒了一个小小的谎言——身体不舒服。她没有随“大部队”行动，而是跑遍了昆明的每一个花卉市场，开始了真正的考察。

整整泡了两天。一边看、一边听、一边问、一边记，脑袋不停地思考，心里越琢磨越觉得这事儿有意思。两天下来，刘洋结识了几位朋友，这也成了洋洋花卉最早的人脉资源。

趁热打铁。脚一踏上秦皇岛的土地，刘洋就把自己关进海港区园林局的一间屋子里，一罐咖啡，一天一夜，关于《秦皇岛市引进大型综合花卉市场的考察报告》就这样出炉了。

接下来，刘洋拿着这份考察报告，一个部门一个部门地游说，一个领导一个领导地请示。曾有一位市领导开玩笑说：“小刘啊，干脆你到政府上班吧。”

“我的脸一下就红了。”回忆起当时一幕，刘洋至今仍忍俊不禁：“其实我骨子里脸皮挺薄的。没办法，就感觉内心召唤着你要这么做，豁出去了！”

刘洋的执着劲儿感动了市里几位领导，大家上会一商量，正好人民路有块老城改造用地，就给了她吧。

听到这个消息，刘洋激动地一蹦老高。

洋洋花卉商场破土动工。事情似乎顺风顺水，然而谁也没有想到，最大的考验还在后头。由于对老城改造、线缆施工、河道改造等工程的预计不足，原计划 650 万的预算一下子摊到了 3600 多万，既有资金还不够整体需求的零头。

火马上就上来了，刘洋满嘴大泡，吃饭全靠用吸管吸稀米粥。北方的二月份正是一年中最冷的时候，一个单薄的身影却在工地前的平地上彻夜徘徊。

“根本不知道什么叫冷。最困难的时候，我连自杀的药都准备好了！”回忆起当年的惨状，刘洋脸上更多的是平静。

升级：“洋洋养了三代人，我感觉我们之间就像家人”

“经历了一生创业中最困难的节点，眼里就再也没有困难了！”刘洋说。

2000 年，新世纪的第一年，这预示着一个新的开始。秦皇岛市洋洋花卉购物中心开门迎客。

10000平方米的营业面积，招商全部爆满。“那一阵子为了招商，我可以说使出了‘洪荒之力’。经营商家们都对秦皇岛这个‘小岛’的市场前景不太自信，我就一家挨一家磨破了嘴皮做工作。”刘洋说：“可能是我的激情感染了大家，不少商户说，那我们就跟着刘总试试看吧。”

然而市场可不是靠激情撑起来的。一开始表面的风光过后，由于缺少消费支撑，一年之后商户撤了一半。

“你一个女人家，还想创造历史？赶紧撤了吧。”冷水又一次迎面泼来。

“我从内心里相信自己的选择，相信这个市场一定能够培养起来。”刘洋说，她给看望住院亲友的员工免费送花，同时自己也一次次把鲜花作为朋友见面的伴手礼。她把这一习惯保持至今。

“回想一下，当时压力还是挺大的。”多年之后，刘洋依然清晰记得当年感动自己的一个细节。市场离秦皇岛市人民医院不远，有一天，一位坐着轮椅的老人出现在花卉市场，这个场景在空荡荡的大厅里甚是显眼。原来，老人年轻时生活在南方，听说秦皇岛还有这么一家洋气的花卉市场，病重之际，坚持让家人推自己来看看。

“姑娘，谢谢你让我看到这么多美好的东西！”了解到刘洋的事迹后，老人紧紧握着她的手道谢。

送上一束最美的鲜花，刘洋眼睛湿润了，一刹那，她感觉自己所做的一切都很值。

三年的坚守，慢慢等来了回报。不知从什么时候起，刘洋敏锐地感觉到市场在一点点悄悄发生着改变，来花卉市场买鲜花的人渐渐多了起来；原来撤柜的商户，现在争着要回来。

“我记得，最火爆的一幕发生在2007和2008年的春节期间，大门挤得进不来，大门外面全是人。节日里，家家户户都想着买鲜花图个喜庆。”刘洋说。

洋洋花卉终于火了！

现在，“洋洋花卉”成了美丽港城的一个生动符号、一张鲜亮名片。

在消费者的眼里，“洋洋”的鲜花象征着生命、象征着希望；

在选购礼品的人看来，“洋洋”的花束代表着爱和祝福的时尚表达；

在2000多户花卉市场经营商家的眼里，“洋洋”意味着一家几代人稳定的生计。

随着市场的不断扩大，原来的花卉市场已经不能满足需求。2013年，占地面积近4万平方米、总投资2.8亿元的“新洋洋花卉”建成并投入运营。

十几年的“相濡以沫”，刘洋和这些“相识于艰危”的老商户都成了朋友，老商户们也把“洋洋”当成了自己的家。

新商场开业那天，就连原来经营困难时期最“刺头”的商户老李也穿上了喜庆

河北英皇集团、秦皇岛洋洋集团董事局主席刘洋正在主持工作会

的红衣服，主动张罗着放鞭炮。“咱们又有新家了，今天是好日子，你也要多操心，给你刘姨补好台。”老李兴奋地叮嘱儿子小李。

“在商言商。但刘主席做事从不会算计，而是以情动人。”集团常务副总李淑兰这样评价刘洋。

“这么多年打拼下来，我们和商户们建立了很深的感情，洋洋养了三代人，我感觉我们之间就像家人！”刘洋这样感慨。

转型：“感觉自己又回到了当初创办‘洋洋’时的原点，心中重又激荡起创业的激情”

2017 年，河北英皇集团注册成立。2018 年 8 月 19 日，其旗下英皇（国际）马术俱乐部正式开业。

全新的集团，全新的业务，刘洋又一次站在了人生的新起点上。

英皇（国际）马术俱乐部是由秦皇岛洋洋集团与加拿大 AQUANADA 公司联合打造的一家大型、国际化的综合性马术俱乐部，俱乐部占地 350 亩，运营项目涉及骑士俱乐部、马文化会所、主题餐饮、马匹繁殖、交易和大型马术运动等，是目前秦皇岛地区首家推出以马术骑乘、马术表演、健身休闲、商务度假、餐饮娱乐、商务会议、花海拍摄、草坪婚礼、教堂婚礼为一体的“马文化”缔造者。

“马术运动是源于西方的一项高端贵族运动，自 2008 年奥运会之后，这项运动才在国内渐渐流行起来。”刘洋说，自己的目标就是抓住京津冀协同发展和秦皇岛建设国际一流城市的双重机遇，推广国际马术这项竞技体育项目。

普及、引领，意味着又是一项开创性、综合性的事业，为了这个目标，刘洋和她的团队又一次像陀螺一样旋转起来。寒暑假“青少年竞技体育引领公益骑乘免费周”活动，定向发送1000张体验卡；母亲节举办“自闭症儿童体验”活动，让孩子们在和赛马的互动中得到辅助治疗……

花海、马术、草坪、教堂……在这些国际化元素的背景下，英皇集团打造“婚庆电影工厂”的梦想开始起航。“自新人订婚的那天起，我们的导演团队就开始介入，以国际化的场景为背景元素，以新人为主角，拍摄制作一部时尚的爱情主题电影，给伟大爱情献礼，为神圣婚姻作证。”刘洋说：“把马术俱乐部打造成秦皇岛建设国际一流城市的地标是我的梦想！”

还有一个更为宏大的目标正在酝酿。刘洋正积极和河北省体育局对接，争取把“河北省马术队”的组建项目放在俱乐部。“这比拼的是综合实力。省内有几家俱乐部都在争，但我们的理念和综合条件得到了有关领导的认可。”

“之所以把英皇注册为独立的集团公司，就是想区别于之前已经运营很成功的‘洋洋’，把马术引领和普及作为一项全新的开创性事业。我感觉自己仿佛又一次回到当初创办‘洋洋’时的原点，心中又激荡起二次创业的激情！”望着眼前生机勃勃的赛马场，刘洋的眼神里充满了期待，一如20年前那个勇往直前的年轻姑娘。

记者手记：

做新时代的开创者

把大型综合花卉市场从昆明“复制”到秦皇岛这个美丽的旅游城市，为港城人提供了表达爱和祝福的时尚方式。

积极打造国际化的综合性马术专业俱乐部，主动挑起推广国际马术这项竞技体育项目的重担，使英皇（国际）马术俱乐部成为秦皇岛打造国际一流城市的生动实践。

表面看来，20年来刘洋只做了“两件事”。然而，这“两件事”之于秦皇岛，“分量”可真不一般。这种“分量”，就在于它前无古人的开创性。

改革开放40年来，从安徽凤阳县小岗村生死契书上的血手印，到深圳特区吹来的春风，从黄浦江畔滚滚向前、永不停步的江水，到海南岛生生不息的潮起潮落，每一件让人印象深刻的重大事件背后，无不闪动着改革者开拓开创的实践光芒。

“唯改革者进，唯创新者强，唯改革创新者胜。”40年后，改革开放再出发。前行路上，面对更多更难啃的硬骨头，面对更复杂更艰难的激流险滩，唯有涌现更多的刘洋一样的“新时代的开创者”，我们才能开创出更加美好的未来。

财上平如水 人中直似衡

秦皇岛宏兴钢铁有限公司董事长王占宏

于军涛 李淑丽 卢纪锋

秦皇岛宏兴钢铁有限公司董事长王占宏

王占宏办公桌背后的背景墙上，有两个大大的字：“商道”。边上是两行小字：“财上平如水，人中直似衡。”

《商道》是2000年问世的韩国小说，讲述的是19世纪初韩国商人林尚沃由贫无立锥之地到富可敌国的奋斗历程和传奇曲折的一生。“财上平如水，人中直似衡”，正是林尚沃的座右铭。

在王占宏身上，我们当然可以看到一个亲手建设一座大型现代化钢城的企业家不凡的创业经历，但比之更有意义的是我们可以看到一种对于财富的态度，一个于钢花四溢中书写的大大的“人”字——财富如水，人为根本。

离开“安乐窝”的被动与自觉

1976年，初中还没毕业，王占宏就辍学回家。十三四岁的少年，开始到生产队的石灰窑里去烧石灰。风吹日晒，辛辛苦苦，整日里手烤得通红，挣 10 个工分外加 4 毛钱补助。就这，还是一般人想干干不上的俏活计。王占宏却经常问自己：“这一辈子就干这个了？”

烧了两年窑，一块儿烧窑的一个下乡青年去了乡里的供销社，向供销社引荐了平日里干活任劳任怨的王占宏。在供销社的日子跟烧窑比起来，那真是天上地下，一个月安安稳稳拿 60 块钱，衣食无忧，工作体面。在这里，王占宏一干就是 9 年。平稳的生活往往也就意味着平淡的人生，而平淡的人生总难免会在不知不觉间把人带向平庸。如果不是后来的变故，王占宏也许会像大多数人一样，在一个“安乐窝”里平平稳稳走完自己的一生。

变故首先来自外部的逼迫。供销系统不景气，开始减员，作为临时工的王占宏理所当然在被减之列。如果说这种离开是一种被动的话，那么当他真正投身于自由的市场，反而有一种如鱼得水的感觉，用他自己的话说：“一下子看到了曙光。”

让他看到曙光的仅仅是一个微不足道的开始：一天能挣上一百块钱。一辆四轮拖车，载着夫妻二人，串百家门，把化肥送到老百姓的家里。后来，看到钢材价格一路飙升，他又开始“倒腾”废钢铁。

最初的两三年，王占宏并没有什么明确的规划与目标，只不过不愿像那些庸庸碌碌一生的人一样，享受眼前所谓的幸福。

背井离乡的锤炼与淬火

20 世纪 80 年代末，改变百废待兴现状的渴望带动各种基础建设纷纷上马，给钢铁行业带来了大发展的机遇。昌黎县由于毗邻中国钢铁工业重镇唐山，近水楼台先得月，兴建小炼钢厂逐渐成为炙手可热的行当。

也是机缘巧合，在供销社与王占宏共事过的现任宏兴钢铁有限公司副董事长曾昭新，当时与人合资创办了一家名叫宏达的炼钢厂。因为几个股东产生分歧，这家企业走入了困境，他力邀王占宏一起干。

王占宏以倒腾废钢铁的身份入主宏达，难免有人质疑：“一个收废品的，能有啥能耐？”

但王占宏在第一次生产例会上的发言就语惊四座：“每一包铁水大概 250 千克，能浇铸出 13 根地条钢，每一包铁水需要投放的原料是这么多，消耗的电量是这么多，按照市场地条钢的价格，我们的利润空间大概是这个数……”别人都以为他是钢铁行业的门外汉，没想到他对炼钢生产的每一个环节都一清二楚。

是不是真金，总得放到炉火里炼一下才知道。王占宏和曾昭新两个人通力合作，一起承担起宏达钢厂的经营重担。很快，两个人就找回了当年合作的默契，把陷入泥潭的宏达带出了困境。

宏达红火了 3 年，市场和环境的变化却让它无法再生存下去。王占宏又一次被推到了人生的十字路口。就在他苦闷彷徨的时候，一位同行朋友无意间说起山西大同那边有发展空间。

俗话说：树挪死，人挪活。王占宏当机立断：转战山西大同，重新开辟一片新天地。

王占宏和曾昭新收拾好行装，带着几员爱将，阔别故乡，开始了千里之外的逐梦之旅。

在山西大同，他们很快站稳了脚跟，经过近三年的平稳发展期，工厂规模逐步扩大，两个人的腰包也随之鼓了起来。但是，当地的竞争开始变得越来越激烈。

1997 年，曾昭新继续坚守山西阵地，王占宏则带着几员得力干将再度转战电价便宜、原材料与销售方面更有前景的内蒙古海拉尔。

吞吐日月，纵横八荒，战天斗地的激情在胸膛里燃烧，融化了冰天雪地，融化出一炉炉铁水……这段激情燃烧的岁月，深深镌刻在王占宏、曾昭新和宏兴元老们的生命记忆中。

这是卧薪尝胆的 6 年，这也是丰满羽翼的 6 年。2000 多个日夜的锤炼与淬火，让王占宏的人生之钢越来越坚实、越来越刚劲。

回归故土的得时与得势

就在王占宏和曾昭新在外打拼的时候，他们的故乡昌黎也在发生着巨大变化。投资环境好了，人们的思想也在不断解放，听闻王占宏有回乡发展的意愿，镇长和书记亲自去家里找了他两回：“一切手续都是政府的，你只负责投资和建厂就行。”

“能吗？说这么好听？”一开始，王占宏半信半疑。后来他信服了：“的确，这么多年，当地政府实实在在地做到了为企业的发展着想。”所以，今天的王占宏很感慨：“当地的发展环境对于企业来说真的是太重要了，尤其是对民营企业来说。政府总讲招商引资，其实不用去这儿招、去那儿招，你只要把环境打造好了，自然而然外资就来了。我们这些人就都是‘活广告’。”

6 年背井离乡，回归恰逢其时。这既是孤单的心灵找寻归属之地，也是在外闯荡的游子回报桑梓的应分之举。

650 万元，在 2002 年已经是个不小的数字，却也仅仅建起了一座 113 立方米的小高炉，员工只有 300 多人，整个企业只有一台铲车运输和投送原料，很多岗位完全靠人工。就是在这样的原始和艰难中起步，宏兴开始在冀东大地上演绎它的传奇。

2002 年 3 月，伴着浩荡的改革春风，宏兴钢铁有限公司正式建成投产。

仅仅用了不到 10 年时间，宏兴钢铁就实现了从小型单一钢铁企业到大型综合钢铁企业的巨变，员工人数接近 7000 人。

16 年后的今天，宏兴钢铁的营业额达到 174 亿元，利税总额 25 亿元。成为秦皇岛市工业税金十强企业、河北省百强企业、中国制造业 500 强，一个新生的钢铁巨人傲然屹立在冀东大地上。

传奇如何炼成？“商道就是人道。”2013 年，宏兴钢铁刚与一家公司签订了购买原材料合同，不到一个月的时间，原材料的价格就先后两次大幅下调。这对处于钢铁市场行情持续下跌严重困境下的宏兴钢铁来说，无异于雪上加霜。但王占宏坚持按合同执行。“人无信则不立。不管啥时候，诚信都不能丢。”古人一诺千金，他这一诺又何止千金！羊群逐草，商人趋利，本是天经地义的事情，但在诚信与利益发生冲突时，王占宏义无反顾地选择了前者。在某些目光短浅的人看来，他的这种选择得不偿失，但他们没有看到，也正是因为如此，王占宏才赢得了人心。

人心，正是王占宏最为看中的。他念念不忘 2005 年那年一个大学生的离开：“待遇啥的都不差，可人家说，这是乡下，我还没搞对象，留在这，我连对象都搞不上。”为了留住人心，王占宏下决心改变产区的生活和工作环境。在公司还欠着债的情况下，他坚持投资 8000 多万元盖起了高档大气的俱乐部和体育馆。

虽然不被理解，但王占宏相信，人心自有一杆秤，无论是什么样的人，无论贫富贵贱，这杆秤早早晚晚会不多不少称出他应有的重量。

回报桑梓的初心与雄心

创业初期，王占宏常常裹一件军大衣，骑一辆摩托车，灰头土脸地到处跑。手下的员工就拿他的军大衣和摩托车开玩笑，说他咋看都不像个大老板。王占宏听了也不在意，笑呵呵地说：“你别看咱们这会儿住小平房，骑两个轮的摩托不咋地。你们信不信，用不了 5 年，我保证让你们个个都住上大楼房、开上小汽车？”

众人听了，都笑，虽然没说不信，但那意思很明显，都觉得那咋可能啊。但 5 年之后，王占宏的话变成了现实。当时在场的人都陆陆续续住上了楼房，开上了小汽车。

“咱们赚钱，不能光想着自个儿。”自己有了钱、员工有了钱之后，王占宏又是怎么做的呢？

从 2004 年起，宏兴钢铁每年都要为当地的教育事业捐资上百万元。由宏兴钢铁出资 1400 万元建设的宏兴实验小学，成为当时秦皇岛教学设施最好的小学之一。2018 年，宏兴钢铁又投资 1.5 亿元建设了昌黎宏兴实验中学。“小时候家里困难，吃了不少苦。现在有能力了，就想为土生土长的这块地儿做点儿实实在在的事。”王占宏的想法很朴素。这些实实在在的事还包括修路架桥、防洪筑坝、扶贫济困……

2018 年 5 月 20 日，一场名为《爱，在这里传承》的大型慈善募捐晚会在宏兴钢铁俱乐部举行。晚会为宏兴钢铁一位普通员工患白血病的 13 岁儿子募捐，以此次募捐为契机，宏兴钢铁正式启动“宏兴爱心基金会”，并为这个基金会注入首款 2000 万元，用于今后的扶贫济困、大病救助、爱心助学等活动。

这一天恰逢全国第 28 个助残日，宏兴钢铁又为残疾人事业捐赠资金 100 万元。昌黎县残联自成立以来，第一次收到这样大一笔善款。

“一个人一辈子总共能花多少钱？宏兴做到今天这个规模，在很多方面就变成了一种责任，对社会的责任。”“从古英豪成大器，须知都是苦中来。”能够走到今天，王占宏念念不忘感谢党的好政策，念念不忘当地政府的勇于担当，也因此，念

秦皇岛宏兴钢铁有限公司董事长王占宏在其捐建的昌黎宏兴实验中学和师生亲切交谈

念不忘回报社会。

记者手记：
富而思源是一种美德

“拥巨富而死者耻辱。”130多年前，安德鲁·卡内基在《财富的福音》一文中写下了这句话。

安德鲁·卡内基是美国的钢铁大王，一百多年前的美国首富，也是美国的公益事业之父。他在事业成功后，毫不犹豫地将赚得的庞大财富几乎全部捐献给了社会公益事业。

他的追随者不少，洛克菲勒、福特、巴菲特、盖茨……2006年6月25日，“股神”沃伦·巴菲特宣布将85%的个人财产（约370亿美元）捐给比尔与美琳达·盖茨基金会（创立者为比尔·盖茨与其妻子美琳达·盖茨），委托其用于公益事业。而比尔·盖茨则于2008年6月27日告别微软，全力投身于慈善事业。他们都赞同安德鲁·卡内基的观点：“来自社会的巨大财富应该回报给社会。”

比尔·盖茨说：“随着成功而来的是巨额的财富。而随着巨额财富而来的是将其回报给社会的巨大责任，是看到这些资源以最佳方式帮助那些需要它的人。”安德鲁·卡内基说：“花钱与赚钱一样需要高超的才能。唯有运用得当，财富才能真正对社会有益。”

“一个人一辈子总共能花多少钱？宏兴做到今天这个规模，在很多方面就变成了一种责任，对社会的责任。”王占宏说。

“大道唯诚，无信不立。诚，是你举手投足的标杆；信，是你并行不悖的准则。坚守诚信，常怀感恩，情系桑梓。为乡邻解急难，给员工撑巨伞，替政府分忧烦。你以‘言忠信，行笃敬’为价值追求和经营理念，筑起钢花四溢中的坚挺脊梁，写就出昌黎山水间的傲人风骨。‘诚实守信’好人代表——王占宏！”“河北好人榜”的这段颁奖词用在王占宏身上，恰如其分。

二十六载 精于一事

秦皇岛市泰德管业科技有限公司董事长陈广斌

储学敏 于军涛 李淑丽

秦皇岛市泰德管业科技有限公司董事长陈广斌

“26 年，我只做了一件事：努力把不锈钢波纹管做好！”2018 年 7 月 24 日，大雨瓢泼，在位于秦皇岛市开发区的办公室接受采访时，秦皇岛市泰德管业科技有限公司掌门人、56 岁的陈广斌这样说，语气里透出一股自豪。

不锈钢波纹管，这是一种有广泛使用范围又蕴含着多种应用技术的订制产品。

据陈广斌介绍，它广泛应用于石油化工、冶金钢铁、电力供热等工业领域。在我们生活中也常见，比如，用在汽车发动机上起减震作用的汽车排气软管，用在家庭厨房燃气灶具上的燃气管，发挥柔韧、耐老化的功效。

从专业角度来讲，不锈钢波纹管如果用于解决管道热胀冷缩问题，通常被称为不锈钢波纹管膨胀节；如果用于实现管道的柔性软连接就被称为不锈钢金属软管。通俗地说，波纹管有两大特性：柔和刚，柔是因为它可以根据热胀冷缩产生管道变形，刚是因为它同时必须承受住和主管道同样强大的压力，为管道和设备的正常运行提供安全保障。

30 年前，陈广斌就跟不锈钢波纹管结下了不解之缘，因为他的执着和专业，带领他的团队一步一个脚印、不停歇地去追寻波纹管的极致和完美。历经 26 年的奋斗，当初白手起家的作坊式小工厂，已经发展成拥有 480 名员工、年产值近 3 亿元的大型现代化民营企业。

启航：抓住机遇，商海扬帆

陈广斌正像他所做的波纹管一样，刚柔并济，这也成为他创业路上成功的关键。

1988 年，陈广斌毕业于燕山大学冶金机械专业，获工学硕士学位。在那个知识型人才匮乏的年代，大学生被称为天之骄子，本科学历已是稀罕，研究生学历更加少见。

初见陈广斌，一副低调的书生眼镜，谈吐温文儒雅，聊到专业之处又透露出一丝学霸气息。

和陈广斌一起走在泰德管业科技公司内，无论是展示厅里展示的每一件产品的构造、作用、性能，还是工厂车间的每一个流程、工艺，陈广斌竟都了如指掌，言语间展露出对公司专业技术的熟知和掌控，使人自然也就明白了为何他这样一位学霸会成为一个金属加工企业的掌舵人。

研究生毕业后，陈广斌进入一家金属制造企业。在企业里，他干过采购，做过技术研究，管过生产，还当过总经理助理，他知道，要为日后的创业积累经验。

1992 年，邓小平视察南方的谈话彻底点燃了陈广斌创业的热情，他毅然选择了辞职。

辞职、创业可不能是脑子一热的冲动。“机会总是留给有准备的人。”对这句亘古不变的真理，陈广斌感悟颇深。

“随着改革开放大门的打开，见到了国外带进来的先进技术，就像是捅破了一层窗户纸，让人恍然大悟。”陈广斌感慨道。当时，他手握一个投资小且市场前景光明的产品，又有了国家大环境提供的沃土，陈广斌对自己的创业之路充满信心。

他说，这是他第一次抓住了机遇。这一年，他刚好 30 岁。

1992 年，陈广斌租了一个作坊式的小工厂，开始创业。最初几年，陈广斌凭着独到的眼光，创业还算顺利。“一直到 1999 年，每年差不多几百万的产值。”

2000 年后，在国内经济持续增长的大环境下，特别是中国加入 WTO，制造业迅猛发展，陈广斌的企业年产值开始冲破千万大关，呈逐年翻番之势增长，工厂规模不断扩大。

陈广斌说："2000 年，我们征地 22 亩用来建工厂。按照最初的规划，根本用不了这么大的厂房，所以厂区里还规划了足球场来丰富员工的业余生活，但业务发展快到无法想象，第二年地方就不够用了，预留的足球场地就改建成车间了。2005 年，我们又在秦皇岛国家级开发区征了 121 亩地，就是现在的厂址所在地。"

几次搬迁，企业产值呈阶梯式增长，在一片大好的形势下，看着每天忙得焦头烂额却毫无生活质量的员工和自己，陈广斌的眉头却锁了起来。

"日子不能再这样过下去了。"因为陈广斌深知企业的管理太过粗放，心中的忧虑也日渐沉重。然而，企业运营就像一个旋转的大陀螺，陈广斌一直没有停歇的机会，直到 2008 年金融危机爆发。

掌舵：去粗取精，一往无前

这次危机，是考验、是挑战、更是机遇，而陈广斌又抓住了这次机遇。

金融危机来袭，直接考验着中国民营企业家近 30 年改革开放以来形成的产业竞争力和抗风险能力，陈广斌也不例外。

金融危机的爆发，致使陈广斌的企业订单量大幅下滑，业务急剧缩减，陈广斌此时感觉到了扩张的风险，因为那个时间陈广斌的公司已经是全国同行业中规模最大的企业，"在 2005 年建现在这个工厂之前，我从来没有贷过款，没有过经济压力。"

双重压力之下，陈广斌终于有时间慢下来了。

面对金融危机，许多人选择削减开支来应对。而此时的陈广斌冷静地思考过后，竟然利用这个喘息的机会，做了两件让人意想不到的事。

来而不可失者，时也；蹈而不可失者，机也。面对如此严峻的形势，陈广斌花了 30 万元从北京邀请一家专业咨询公司，重新梳理企业业务流程，此其一也。与此同时，他还启动工厂二期基础建设，此其二也。

出重金请管理专家来公司做管理咨询提升管理水平或许可以理解，哪怕效果甚微也可以孤注一掷。可在金融危机的压力之下，还花大钱建工厂？这就实在让人想不通了。

陈广斌如是说："这是企业提升管理的需要，早就在计划之中，利用钢铁价格下降的时机建厂房，看似扩张，实际上是进行了收缩。"

利用金融危机慢下来的两年时间，陈广斌带领他的团队调整结构，缩短流程，实现管理的扁平化，提升效率，一人多能，不养闲人，注重人才培养，提升企业员工队伍素质。他不惜重金从上海、北京、天津等地引进专业人才。作为一家需要大量焊工、钳工等高水平技术工种的生产加工企业，公司还出钱定向培养高技能工人，这都为企业发展奠定了坚实基础。

经管理专家团队的梳理，陈广斌明白了一个影响企业效益和发展的关键所在——不该盲目追求产值。

陈广斌决定去粗取精，向质量求发展，调整企业发展目标，由原来的做大、做强，转为做强、做精。

为了应对这次危机，许多企业采取多元化发展模式，而专注的陈广斌还是坚定不移地选择了走专业化道路。

对于企业，哪些产品做与不做，哪些业务接与不接，都要经过陈广斌团队仔细筛选。

实践证明，陈广斌的选择是对的。泰德管业以波纹管为核心的三大主导产品——金属软管、波纹补偿器、高炉送风装置，今天已经拥有很高的市场占有率。

“我们留下来了优质的 A 类客户，可以更好地为他们提供高质量的服务”。陈广斌的团队利用两年时间完成了由粗放式的高速度发展向精细化的高质量发展的转变。

秦皇岛市泰德管业科技有限公司董事长陈广斌在公司展厅向客人介绍产品

瞭望：强者愈强，何惧行远

经历了金融危机的洗礼，陈广斌心里清楚，市场逐渐规范，谁都可以在其中浑水摸鱼的“好日子”不复存在，强者愈强的时代已然到来。

有了针对性强、专业性高的指导，陈广斌实施了一系列大刀阔斧的整顿，使泰德管业生产环境更加优化，生产秩序更有章法，效率和安全性更高，真正实现了企业高质量发展。

“企业要想长远发展，就要走在前面。”此前一路顺风顺水前行的陈广斌经过一场危机也有了防患于未然的意识。

早在 2010 年，在行业还没有强制性标准的情况下，陈广斌的团队就着眼长远，主动施压，投入大量精力和人力、物力、财力抓标准化建设。泰德管业在中国民营企业中率先获得“国家安全质量标准化一级企业”认证。时至今日，秦皇岛也仅有四家企业达到这一高标准。这正是“千磨万击还坚劲，任尔东西南北风”。

2018 年 7 月 24 日，记者走进泰德管业的生产加工车间，看到整个工艺流程几乎都靠机器完成。陈广斌介绍说：“公司现有员工 480 人，年产值近 3 亿元，员工的工作环境也在不断改善。”他们通过自己的努力，改变了当初“每天忙得焦头烂额”的日子，而且人均效益大大提升了。陈广斌的企业正加足马力，重新扬帆起航。

旧的大潮刚刚退去，新一轮环保风暴袭来。

过去一年，环保风暴让煤炭、钢铁、铸造、造纸、印刷、矿业、化工等不少行业中的企业倒下。

就在诸多企业为环评手续、资质认证等苦恼之时，陈广斌显得安然自若：“环保风暴淘汰的是一些盲目追求眼前利益的企业，对我们这些在环保工艺改进上的先行者，反而是好事。”

未来，陈广斌把目光投向国际市场，“不仅是业务，还包括技术、管理、企业文化等都要向国际化标准迈进”。

百舸争流千帆竞，乘风破浪正远行。近年来，泰德管业在国内业务扎实稳进的基础上，主动出击国际市场，扩大国际化视野，包括出国参加国际展、与全球同行知名企业建立战略合作关系、在各种相关平台和媒体做业务推广。“在走国际化道路这一方面，我们还有很长的路要走。”陈广斌说。

记者手记：

人生要踏踏实实创造自己的价值

陈广斌是燕山大学早年的高材生，母校曾多次邀请他回去给师弟师妹讲讲创业的故事，但他都谦虚地婉拒了。

因为在他看来，20 世纪八九十年代，创业潮涌，只要你脚踏实地，有眼光并有足够的胆量，就可以闯出一片天地。中国经济经过近 40 年的高速成长，已进入高质量发展阶段，创业环境发生了巨变。与自己当初相比，现在的创业起点要高了不少，要资金，要技术，要团队，因此，时移世易，自己的“老一套”未必管用了。

现在的年轻人中也有很多创业者，也许受时下“赚快钱”的影响，一些创业者少了踏实，多了浮躁，好高骛远，不能弯下腰从小事做起，往往难以成功。

然而在记者看来，“脚踏实地”虽属老生常谈，又何尝不是对时下年轻创业者的一句忠告呢？

通常来说，一个企业掌门人大多只管管战略、方向等宏观层面的东西，可陈广斌则不然，他对企业的生产管理、产品细节、工艺流程、市场销售等信息均能信手拈来，侃侃而谈。反过来，这种对细节的严谨和创业的脚踏实地，又强化了他对企业发展方向的研判能力。

榜样好比一面镜子。对照一下，那些还幻想“一口吃个胖子”的创业者，是不是能够得到一些借鉴呢？

“人生要踏踏实实创造自己的价值。”陈广斌常常这样鼓励自己的孩子。梦想的背后是恒久的坚持，成功的脚下是无数的汗水。只要肯努力，梦想能到达的地方，总有一天脚步也会到达。

仗义执剑一豪侠

秦皇岛市红福商贸有限公司总经理付合全

于军涛 李淑丽 杨琦

秦皇岛市红福商贸有限公司总经理付合全

16 岁，付合全怀揣 5 块钱和 30 斤粮票闯天涯，睡桥洞、干瓦木工、蹬三轮、开烟酒店，一路风风雨雨最终缔造了业务辐射华北、东北大地的红福商贸。

做生意，付合全在商业大鳄的包围中夹缝求生，却大胆以小博大，首倡“假一赔十”“假一赔百”，浑身透出秘不可测的赌侠豪气。

成功后，付合全热心公益、慷慨解囊、一掷千金、广济厚施。

付合全的商海经历富有传奇色彩，付合全的人生充满豪侠之气。

和王海过招，手下败将灰溜溜离开秦皇岛

“红福商贸能有今天，秘诀就在诚信二字。”几十年的商海经历，起起伏伏，“诚信”二字早已像付合全的座右铭一样，深深刻在了脑子里，默默融入

了血液中。

1999年，在经过了几年居无定所的游商经历后，付合全在秦皇岛商城西侧租下一间门脸房，开起了烟酒小店。这是红福旗下的第一家烟酒店，别看店面不大，却也是秦皇岛第一家私营烟酒专卖店。“当时，对面是商业巨无霸秦皇岛商城烟酒专卖，旁边不远是‘酒香苑’烟酒连锁，我的小店被夹在中间，就像一个势单力薄的小老弟。”几十年过去了，付合全至今仍清晰记得当时的情景。

临近五一，眼看着规划中开业的日子近了，眼见着气氛一天天紧张起来，自己这个小老弟拿什么和两个虎视眈眈的老大哥拼？付合全想想都着急。“以我的个性，不干则已，干，就要出奇制胜，一炮打响。”经过几天的深思熟虑之后，他决定赌一把，拼上全部身家，打一场价格战。

“说实话，心里没底，也想到了可能会血本无归，但我不怕，再惨，也不会折了当初5块钱和30斤粮票的老本吧？”谈到当时的心态，付合全微微一笑，展现了他作为天津卫人骨子里特有的幽默。

但记者知道，商战从来不会这么轻松。

当时低度茅台、五粮液每瓶进价148元，加上利润，各大商场商店零售价一般卖到228至258元不等，多年下来，老百姓已经接受了这个行情。“既然主动挑战，那我就卖150元一瓶，平本赚个吆喝。”付合全说，当时还是考虑得挺周到的，为避免引发混乱，每人限购两瓶。

五一开业，硝烟燃起。红福的牌子一亮相，门外立刻引来排队的长龙，以至于另外两位“老大哥”被眼前的意外打懵了。更让他们想不到的是，这个小老弟竟然“嚣张”地在门口树了一块醒目的大铁牌子，上面四个大字虽然歪歪扭扭却十分醒目刺眼——假一赔十。

“那段时间店里店外门庭若市，十分热闹。钱没有赚到多少，只看到每天大大小小的包装纸盒箱子呼呼地往外拉。”付合全笑呵呵地回忆。

“假一赔十”招牌引来了“中国职业打假第一人”王海的关注。“王海来到秦皇岛后，就住在红福楼上的宾馆，他派人买走了不少烟酒。不过让他失望了，因为店里根本没有假货，最后一行人只能灰溜溜地拎着一堆烟酒离开了。”付合全回忆：“当时本地媒体还对此进行了报道，假货没打到，只当给红福的诚信打了一次免费广告，算是给我做宣传了！”

此后，凭借着“诚信”这一金字招牌和“假一赔十”“假一赔百”的气魄，红福一路走红，几年内门店开到了10多家，业务辐射到了天津和东北等地。2017年，付合全又与益海嘉里集团达成合作协议，拿下了金龙鱼专营店的全国总代理，开始进军粮油产业，各经营门店也得到了大幅升级。

剑指废物处理，进军环保资源再生产业

付合全是秦皇岛市政协委员，在国家大力倡导节能减排、低碳生活、打造资源节约型社会的大背景下，如何促进循环经济发展、提高资源利用效率，进而做好餐厨垃圾的处理，还消费者以舌尖上的安全，成为他每年两会提案的必有内容。

2005 年，付合全将目光投向了环保资源再生领域，他与益海嘉里集团秦皇岛分公司共同出资 5 亿元，建起了河北省重点项目企业——益海再生资源开发有限公司。

该公司是集生产、商贸、废弃油脂治理技术的研发于一体的大型油脂化工企业，主要进行油脂加工行业废副产品再利用及污染物的治理和销售，其产品为日用精细化工品、生物能源初级原料、饲料油脂、工业用初级脂肪酸、型煤、轻型建筑材料等，产品销往全国各地，并出口欧洲、北美洲、中东等国家。

“益海嘉里集团生产大豆油的过程中产生大量的废弃油脂，我们俗称油渣子，里面的含油量可达百分之四五十，如果当废弃物扔掉太可惜了！我们是高科技环保型企业，通过技术手段对油渣子进行提炼，进而制作成生物柴油，出口到欧洲等地用于制造空油，也就是飞机燃料油！”付合全说，其实，他做环保再生资源企业不仅仅看重经济效益，更看重社会效益。

渐渐地，他不再满足于自身企业废弃油脂的处理，把目光盯向了餐厨垃圾。“餐厨垃圾处理不好会形成巨大的社会危害，但用好了却可以变废为宝。”据付合全介绍：“我们的企业完全有能力完成全市酒店产生餐厨垃圾的处理。”按照他的设想，泔水中的油和水经过技术分离进入到不同的池子，油脂经正常工艺提炼，同时，另外的垃圾如螃蟹壳可变成骨粉、筷子能变成木质颗粒等，几乎完全实现资源的无害化再利用。

作为政协委员，付合全一直在为此而努力。

侠义柔情，慷慨解囊，热心公益

2017 年是秦皇岛创建全国文明城市的大考之年。人人参与、同甘共苦，经历过的人都知道，“创城有我”四个字在每一位秦皇岛市民的心里都有着特别的分量。

这一年，在又脏又破的铁路里小区里常常活跃着红福员工的身影：除杂草、清垃圾、粉刷墙壁、修复设施……在创城最较劲的时刻，红福人为市民解难、为政府

分忧，主动包下了这个秦皇岛第一批老旧小区的改造提升重任。“光这一项就投入了 50 万元。”付合全说。

这还不算，在市工商联发出筹集善款为奋战一线的环卫工人提供免费爱心早餐的倡议后，红福又带头捐款 20 万元。

多年来坎坷的经历，练就了付合全的侠义柔情。

付合全是天津蓟县人，1982 年，年仅 16 岁的他带着 5 块钱和 30 斤全国粮票只身前往秦皇岛闯荡。起初的 20 多天的流浪生活里，他睡在桥洞下，捡拾早点摊的残羹剩饭，有时靠帮人推车能挣个一两分钱。之后，他在工地干过木工、瓦工，当过搅拌机操作工等，每天一干就是 10 多个小时，却拿着一块多的工资。

穷则思变，1983 年，改革开放的大潮始终激荡着付合全那颗不安分的心，他毅然辞掉安稳的工作，买来一辆人力三轮车搞营运。“蹬三轮那会儿虽然非常苦，但挣得比过去多不少。一天，我拉着两个体型偏胖的乘客去往新火车站，我那会儿瘦小，遇到上坡根本蹬不动。两个客人着急赶火车，一路上不断催促着踢我屁股。当时我心想‘啥时候我也坐得起三轮就行了’！”付合全说，每一个成功人士背后都少不了辛酸，有一次他在电台讲自己的人生经历，可能是说得太精彩，一个打出租

秦皇岛市红福商贸有限公司总经理付合全带领员工走访慰问对口扶贫村青龙双山子镇康杖子村五保户及特困户五户

车的哥们听着起劲儿，都不想下车了！

谈及“红福”的由来，付合全讲，是源于1998年他被人绑架的经历，被解救送到医院时，血压仅剩40/70，与死神擦肩而过。大难不死，必有后福，取了一个“福”字，同时，做生意都希望能红红火火，又加了个“红”字！

传奇的人生经历历练了付合全的意志，也成就了他的人生梦想，让他更加懂得了珍惜与感恩。多年来，在事业版图不断扩张的同时，付合全积极参与各类公益活动，以一颗赤诚的感恩之心回馈社会。

付合全常年默默资助家庭贫苦的学生，并经常为儿童福利院送去米面粮油等生活用品。汶川地震、玉树地震后，他踊跃捐款数万元，并先后帮助数十名下岗女工解决就业问题。付合全也先后被秦皇岛市政府授予“商贸工作先进个人”称号、被市红十字会授予“秦皇岛十大爱心人物”称号等。

记者手记：

初心不改付合全

在我们采访的所有企业家中，付合全无疑是出身“草根”、通过自身奋斗成功逆袭的最典型代表。

身处最底层时，付合全怀揣5块钱和30斤粮票闯天下，睡过桥洞，蹬过三轮。但对美好未来向往之至的初心，让他通过一步步奋斗，终于赤脚闯出一片天地。可以说，初心是红福商贸的根儿。

创办红福商贸之初，他的烟酒店充其量也就是个小门脸。然而，靠着坚守品质的初心和“诚信”的金字招牌，他以超出常人的气魄在业内首倡“假一赔十”“假一赔百”，这样的气魄最终让红福商贸一路走红。可以说，初心是红福商贸的魂儿。

成为“成功人士”后，不少企业家迷失人生方向，追求安逸和个人生活的奢华。然而他却用自己“先富起来”的条件扛起了社会责任的初心，为了“消费者舌尖上的安全”，进军资源再生产业，甚至频频慷慨解囊，为政府分忧，为百姓解困。可以说，初心是红福商贸基业长青的原动力。

不负时代 笃定前行

秦皇岛远丰环保科技发展有限公司总经理蔡红军

于军涛 李淑丽 武艺群

秦皇岛远丰环保科技发展有限公司总经理蔡红军

将装满餐厨垃圾的垃圾桶放置在自动提升机上，一键启动，桶内餐厨垃圾在 2 至 4 小时内按照设备设定的程序自动完成粉碎、固液分离、油水分离、除臭、固废微生物发酵等多道程序的处理，将垃圾转化为可以直接使用的有机肥料及后续可深加工的地沟油，并将产生的相关数据自动上传至使用单位及监管部门的后台备存，整个过程一气呵成。

在秦皇岛远丰环保科技发展有限公司，这样一台全自动餐厨垃圾处理设备让总经理蔡红军对自己的环保事业充满了信心，可蔡红军也苦笑着说："因为它，我遭受了创业以来最痛苦的折磨。"

放下薪资优厚的"铁饭碗"，把全部家当拿去创业，杀进陌生的行业，蔡红军平和而执着、谦虚而无畏地面对一次次的困难和挑战。10 年，一个创业者能走出多远？蔡红军用他的经历给出了自己的答案。

不甘心，果断辞职去创业

在秦皇岛民营企业家行列里，有多位出身于江浙一带的商人，蔡红军也是江苏人，但他来秦皇岛与经商不搭边。

2000 年，蔡红军和爱人一起从哈尔滨工业大学工业自动化系毕业，为了能在同一个城市工作，他放弃了家乡机关单位的工作，爱人放弃了北京一家航天科研院所的工作。

“当时有亲戚在秦皇岛，建议我们来这里，而且秦皇岛建筑设计研究院同时招收了我俩。”就这样，蔡红军和爱人一起来到了秦皇岛。

全市第二批通过全国注册电气工程师考试，顺利评上高级电气工程师职称，成为电气设计负责人……8 年的时间，蔡红军的职务、职称不断提升，工作经验也不断积累，一颗创业心也开始蠢蠢欲动。

“当时我俩的年收入加一起有 50 多万，但是感觉好像到头了，有些不甘心，不想安于现状。”蔡红军感觉自己还有更大的发挥空间，而且考虑到照顾家庭和孩子，他和爱人都决定做出改变。

职业的敏感度让蔡红军看准了创业的时机。“秦皇岛的建筑行业发展很快，市场上做配电设备的厂家在自动化控制方面都不是很专业，感觉还有很大的空间。”

2008 年年底，蔡红军和爱人一起放弃了高薪的工作，爱人去大学当老师，他走上了创业路。

在开发区租了一个不到 100 平方米的门市房，雇了一个电工，蔡红军成立了秦皇岛远丰电气设备有限公司。事业草创期，凡事都要亲力亲为，他清楚地记得公司的第一个配电箱是和爱人一起去五金店买来螺丝刀、开关和线，两人亲手做出来的。蔡红军说，那个时候自己骑自行车出去找业务，自己设计，爱人帮忙画图，条件虽然艰苦，但乐在其中。

有创业的激情，有过硬的专业能力，蔡红军只想着尽快敲开市场的大门，以至于他完全忽略了市场定价，整个人也进入到了忘我的状态。

公司的第三单生意是给镁铝合金企业做 3 个配电箱，因为舍不得花钱雇人，他自己骑自行车驮着配电箱去送货。“大冬天，风很大，而且路面结冰，刮了一阵风，不小心摔倒在地上，当时没啥感觉，起来收拾一下就走了。”把货送到，使用单位验收合格才离开。一单业务赚了 300 多元，他感觉很满足，但是回到公司，他的腿疼了起来，到医院检查才知道，小腿摔伤了，出现骨裂，而且后来他了解到自己卖的这 3 个配电箱在市场上的合理利润应该是 1000 多元。

创业的艰辛和原来工作环境的安逸舒适形成了很大落差，亲人和朋友劝蔡红军放弃，设计行业的几家单位也愿意出高薪聘用他，但他认准“开弓没有回头箭”。

搞技术出身，蔡红军更满足于用技术去实现客户的需求，他坚持为客户提供高品质、高质量的产品和服务。创业最初的一年多时间，他把产品的定价权交给顾客，感觉价格差不多就做。然而，他没有意识到企业发展必须有合理的利润空间，创业两年，他发现家里全部的积蓄被搭进去，剩下的只有厂房和设备。

如今，蔡红军评价那时的自己“不会做生意”，然而，公司也正是在那个时期渐渐赢得了客户的口碑。

2009 年 8 月，北戴河一家疗养院的配电设备出现严重故障，当时情况特殊，不允许断电维修，而且该设备自动化程度很高，需要专业人员来抢修，紧急关头，等不及厂商派人，电力部门想到了蔡红军。

“当时甚至做好了胳膊被电弧烧伤的心理准备。”冒着危险，凭借专业的技术判断，蔡红军顺利地排除了设备故障，又对疗养院的整套设备进行了全面细致的检查。

这次故障抢修本是拉拢客户的一次大好机会，但事后蔡红军却不声不响地从现场撤离，然而此后，公司接到了该疗养院的工程招投标邀请函，并在同行竞争中脱颖而出，公司也开始走上迅速发展的快车道，业务范围逐渐扩展到华北其他部分地区，年产值过亿元，蔡红军切切实实地感受到创业成功的滋味。

成功的路上，他目睹了大量的小企业、小作坊在市场竞争中被淘汰，使他不乏危机意识，时刻保持对市场和时代潮流的敏锐性，寻找更多的机会。

“直到现在，我仍认为公司在电气自动化控制方面的技术是领先的，但市场规模达到一定的程度不可能无限制增长。”企业发展走向成熟，市场趋于稳定，2014 年，蔡红军又如当初辞职创业一样，做出了一个惊人的举动，他有了另外一个身份。

不犹豫，流转土地搞农场

秋收季节，蔡红军连日接到多位朋友的电话：“今年的新大米下来了吗？”熟悉的人都知道蔡红军有一个农场，他是名副其实的农场主。

从电气设备公司老总到农场主，这样的跨界难免让人觉得不可思议。蔡红军说，以前做事总想考虑成熟了再去做，结果错过了几次大好的机会。在办农场这件事上他却毫不犹豫，在不懂行的情况下就“杀”了进去。

机会总是留给有准备的人，蔡红军所做的准备是他的思想意识。创业成功，他仍不忘考虑企业转型发展，寻求新的利润增长点，国家的产业政策给他指明了大的方向——农业、环保，他也一直瞄着这两个大方向寻找时机。

在黑龙江求学的经历让蔡红军在当地积累了一定的人脉，2014 年，齐齐哈尔地区的一个镇长找到他，谈土地承包的事。当地西北部有一片过万亩的荒地，因为地势低洼，下雨即涝，种农作物没有收成，一直处于撂荒状态，被称为“西大荒”，如果能投入大量的资金进行改造，很适合发展水稻种植。

“一万两千亩的连片地，这在东北太难得了。”蔡红军有种如获至宝的感觉，以至于谈土地流转价格时他爽快地同意每亩多支付给村民 100 元。“当时谈价格论‘垧’，头脑里对那么大的一片地没有概念，后来才意识到每亩多 100 元差出了多少。”聊到这些，蔡红军泯然一笑。

国家有政策鼓励土地流转，支持发展现代农业，他认定“跟党走，跟国家政策走，肯定是对的”。但对农业的不甚了解让他着实走了一段弯路，交了一大笔“学费”。

他清楚地记得确定土地流转是在当年的 10 月 1 日，以为只要资金充裕，一两个月就能把农场改造完，没承想东北的土地 11 月就开始上冻，要等到次年的 4 月中旬才能动工，而办理土地流转手续就用了一个月的时间。

土地要从 900 多户老百姓手里一户一户流转过来，担心流转资金被截流，蔡红军分派人手，亲自带着几百万现金，现场与老百姓签订合同。

“凡事我都习惯了亲历亲为，最重要的是不能让老百姓吃亏。”蔡红军说，自己算得上是“儒商”。

有土地还不行，种什么才是关键。当时，黑龙江省农科院新研发出一种稻花香改良品种，正在寻求种植户，由于新品种对气候条件、土壤环境要求比较高，没有人愿意试验，而且科研人员认为这种品种更适合五常所在的第一积温带片区，不适合在齐齐哈尔所在的北部第三积温带片区种植。蔡红军大胆地决定试一试，他提出的条件是，如果试验成功，农场要垄断这个品种，并发展成为黑龙江地区该品种的唯一育种基地。

“五常的稻花香大米全国有名，我选择的这个品种不比稻花香差，不仅有稻花香的香味，而且吃起来更润口。”2015 年，新品种在蔡红军的农场试验成功。2016 年，农场开始正式种植新品种水稻。

有了好的种植品种，怎样调动管理人员和种植人员的积极性，如何适应当地农民的习性，农场何时能扭亏为盈实现增产增收？很长一段时间，蔡红军留在黑龙江，摸索经营农场的门道。成立农场的三年间，他不仅没看到收益，还赔了 1000 多万元。他说，当时对农业的一无所知不仅仅是针对农业技术，还有农场的经营管理。

2017 年，农场收获水稻 7600 多吨，产出的优质水稻以每斤比市场价高出 3 分钱的价格被北京首农订单收购，农场实现首次 800 万元的盈利。让蔡红军感到欣喜的是他的大米在市场上卖 18 元一斤仍然供不应求，他用荒地改造出来的农场也成为农田基础设施改造的观摩点，经常有省市级领导到农场开现场会。

“现在的农场很漂亮，但离我想象的还差很远。”有人建议他依托农场搞旅游，有大型企业提出要收购农场，都被蔡红军拒绝了。曲折的成功路让他认识到农业是见效慢但有长远收益的产业。

在那片广袤的农场，他有自己的“版图计划”，他要尝试更多品种的水稻种植；在农场土壤环境达到最优的状态时培育水稻种子；打造自己的大米品牌，提高水稻附加值。不仅如此，他还希望把当地村里的老人和条件困难、离家打工的村民都吸引到农场来，让他们有家有业，共同致富，此外还要解决村里孩子的上学问题……

不久前，蔡红军受邀参加河北省工商联组织的秦皇岛市青年企业家座谈会，谈到投资农业，他讲了自己最大的感受——要谨慎，很值得。

不放弃，挨过煎熬做环保

2016 年农场还没有盈利，蔡红军又一脚踏进环保行业。对环保，他有持续的关注，但一直没有遇到心动的项目，直到 2016 年 3 月，在北京召开的一次环保展览会上，他一眼看中了日本东京大学一位博士的微生物发酵菌技术。

“在环保行业内，处理餐厨垃圾的技术有多种，但是利用生物技术能够在 2 个多小时内把垃圾转化成有机肥料，国内还没有企业能做到。”独到的眼光让蔡红军敏锐地捕捉到新的商机。在展览现场，他和北京的一家做餐厨垃圾处理的上市公司同时看中了这个项目。

“我们和博士坐在一起谈，那家上市公司更关注项目的投入和收益，而我一直在和博士谈技术。”蔡红军认为是自己对专业技术的关注和真诚的态度打动了对方，博士找借口说退了上市公司人员，并评价蔡红军说：“你是做事的，走的那家是要赚钱的。”

两人在全天的交流中初步达成合作意向，博士给蔡红军提供了一些简单的技术参数，提出如果在 15 天之内能把餐厨垃圾处理设备做出来，就带着微生物发酵菌到秦皇岛现场做试验。

“15 天？”蔡红军一愣，餐厨垃圾设备是什么样的，15 天能造出来吗？他的头脑里没有一点概念，可他暗下决心，“说啥也得弄出来，即便造出来个四不像”。他当场痛快地答应了博士。

回到秦皇岛，蔡红军召集电气公司的人员开始没日没夜、加班加点地赶制设备。一边设计一边制造，设备的自动化控制系统和外形都是他自己画图设计的。仅仅用了 10 天，他和员工就把一台自动化程度较高的餐厨垃圾处理设备造了出来。半个月的时间，他几乎每天只睡两个小时。

博士如期来到秦皇岛，蔡红军的设备让他感到很意外，两个多小时的试验，他全程守在设备旁观察运转情况，并肯定地说，这是他见过的最好的设备，他决定和蔡红军合作。

有了先进的技术，蔡红军感觉环保事业有了起飞的翅膀，他很快成立了秦皇岛远丰环保科技发展有限公司，他的新举动受到了市委书记孟祥伟的关注，孟书记召集环保行业和有关部门人员在北戴河东经路宾馆召开了餐厨垃圾处理的现场会，现场观摩蔡红军的设备。

2016 年年底，印着“远丰环保”字样的餐厨垃圾处理设备通过代理商很快被销售到北京、上海、浙江、云南等省市的宾馆饭店、企业和单位食堂。新事业的顺利起步让蔡红军有些沾沾自喜，他满脑子都在想企业很快就能占领全国市场了，可是没多久，他就从云端一下跌落到谷底。

从 2017 年 3 月开始，蔡红军陆续接到代理商和顾客反映的设备问题，螺丝松动、搅拌臂断裂、显示屏不亮……不同地区的设备运行中出现了各种各样的机械故障，大量的问题集中爆发，让他措手不及。由于公司缺乏专业的技术人员，他只能临时在当地找人维修，结果按下葫芦浮起瓢，难以从根源上解决问题。几个月的时间，反映到公司的问题有 300 多个。

回忆起那时的状态，蔡红军皱起眉头说：“整天电话不停，有的还在半夜打来，电话那边连喊带骂。那段时间真是太痛苦了。”当时，蔡红军甚至想把货款全部退给客户，设备也白送给客户，彻底放弃环保。爱人看着他遭受折磨也劝他，有其他事业在，不做环保又何妨？

蔡红军反复思忖，决定派专业人员到外地把问题一个一个地搞明白，不惜一切代价把设备维修好，保证设备平稳运行一段时间不再出现问题，再把人员调回。

蔡红军用 8 个多月的时间，解决了 300 多个问题，直到 2018 年 3 月份，设备故障风波彻底平息。公司对新生产的设备进行全方位改良，各地代理商的销售量也开始逐渐增长，不久前，公司又与河北省内几条高速公路的管理处达成合作意向。近半年，市场的反映让蔡红军重新燃起希望。

秦皇岛远丰环保科技发展有限公司总经理蔡红军在餐厨垃圾处理设备演示现场

做环保，蔡红军又投入了2000多万元，他坚信跟着国家的产业政策走，一定会前景无限，他也在时刻随着时代的发展调整自己的步伐。

感受到物联网产业的发展脉搏，2017年10月，蔡红军投资燕山大学的一个小有名气的大学生创业团队，成为“小马物联”的掌舵人，在一群年轻人为创业迷茫困惑时，他用成熟理性的商业思维为团队指明了前行的方向——农业物联网。

小马物联网科技开发有限公司“90后”总经理王伟说：“蔡总让我重新认识了创业，他给我们很大的空间和平台，在我们抱定智能停车业务、撞了南墙不知回头的时候，他没有苛责，而是帮我们找准了方向。”王伟眼中的蔡红军有眼光、果断、务实、能包容，是比较理想的投资人。

目前，“小马物联”的智农项目正逐步走向全国，在业界越来越有名。对人才的重视让蔡红军看好这群年轻人，他更相信物联网繁荣未来可期。

电气公司、水稻农场、环保企业、物联网公司，十年间，蔡红军的转型之快让人惊叹。如今，他想把投资的节奏放缓，把每项事业做深做透，让迈出的每一步都走得更稳更精彩。

记者手记：

认准目标，果断前行

蔡红军身上有一种学者与商人混杂的气质，讲话聊天轻声轻语，而他一次次做出的选择又是果断干脆、掷地有声。2008年，个人年薪20余万元，他却辞职走上一条全然不同的人生路。甘愿舍弃高薪的"铁饭碗"，转身去艰苦创业，这种魄力让人相信他的成功是早已注定的事，而且他的事业目标也一定是极为明确坚定的。

他说自己也曾在现状和机会面前患得患失、游移不定，以至于留下些许遗憾，比如不该让爱人放弃北京的工作，比如他原本有机会涉足房地产……但是这些遗憾都转化成他的人生信条，那就是认准目标、果断前行。

十年时间，他迈出了事业前进的三大步，可谓步步果断，步步惊心。旁观者看来，他做出的每一次选择都看上去有些冲动、冒进，但事实证明了他并不是在盲目前行。他对时代潮流有清晰敏锐的感知，他选择的方向潜在于国家的产业政策中，所以即便过程曲折，他仍然笃定前方会是花香满径，一路取得的成功很好地验证了他的判断。

蔡红军虚心地认为，在秦皇岛的民营企业家行列中，自己算不上是先锋，而是后起之秀。身边的很多企业家朋友是伴随着改革开放一路走来的，而他从商只有十年时间，适逢产业迭代创新时期，他的转型之快、之准堪称典范。他的奋斗和成功，让人看到了一个新时代的民营企业家形象。百舸争流，千帆竞发。在新时代的大潮中，他正以创新、诚信、精益求精的企业家精神奋楫争先创辉煌。

为建设国际一流旅游城市添柴续薪

如意云天管理集团董事长王舵

于军涛 李淑丽

如意云天管理集团董事长王舵

在港城秦皇岛，亲朋好友要聚会，外地的朋友要住宿，去哪儿好呢？人们常常略一思忖便脱口而出——“到如意吧”。

如意之所以经常这样自然地被人们挂在嘴边，倒并不是因为客房和餐饮有多么奢华，而是凡去过一次的人都会对如意留下深刻的印象。怎样一种印象呢？总觉得酒店有点儿特别，有那么一点儿特别的“秦皇岛味道”，有那么一些历史文化的印记。

如意成功的背后，源于一个干练精致的女掌门人——王舵。从 2004 年第一家“如意”海鲜豆捞试水，王舵带领如意追求极致的脚步一刻也没有停歇，创办如意山海特色酒店、开办如意部落特色餐饮……14 年的时间里，如意家族在这个一路追求极致的女掌门人的带领下，已经发展为拥有餐饮、酒店诸多业态的综合性集团公司。如今，在秦皇岛建设国际一流旅游城市的征程上，王舵又以自己极致做餐饮的精神，继续给这座城市添柴续薪。

白手起家，“开一家自己梦想的酒店”

眼前的王舵温婉知性，以至于你很难将她和一个为500多名员工提供就业、每月仅工资开支就有200多万元的集团的董事长身份联系起来。

1999年，吉林姑娘王舵从东北大学（秦皇岛分校）外语系毕业了。“我们这一届点儿比较‘背’，赶上了第一届大学生毕业不包分配。”王舵说，那一年，她的许多同学纷纷带着对未来的迷茫匆匆南下，寻找发展机会。

王舵和这些同学有些不同，她的一个决定改变了这个外语系高材生的人生轨迹——因为感觉好，这个从小在吉林长大的姑娘留在了秦皇岛；又因为留在了秦皇岛，她误打误撞一头扎进了餐饮行业。

毕业不久，王舵成功应聘到长城酒店（秦皇岛知名涉外星级酒店）。虽然专业不对口，但她很珍惜这个不错的就业机会，工作起来挺拼的。“专业和旅游服务一点儿也不搭边，当时两眼一抹黑，什么都不会，那就从头做起，一点一点啃，一点一点磨。”就这样，凭着一股子好强又好学的韧劲儿，她很快便崭露头角，从最基层的一线餐厅经理做起，仅用3年时间就升职为酒店营销部副总，迈入这家星级酒店管理层的行列。

光鲜的职业装、优厚的待遇，这样的生活无疑是令人艳羡的。但王舵的眼里看到的，是一成不变的朝九晚五和职业发展的天花板。“到外面见识见识吧。”抱着这样的想法，她毅然辞去了这份工作。接下来，北京一年，广州一年，同样都是当地最高端的五星级酒店，同样是以职业经理人的身份打工。两年的时间不久，但却让这个不安于现状的女孩有了巨大的转变——因为平台的缘故，她对餐饮和服务业的内涵有了更深的理解，她深深地爱上了这一行，并第一次产生了“开一家自己梦想的酒店”的想法。

梦想，让她又一次回到了心爱的城市秦皇岛。

梦想，以什么样的形式落地？一段时间内王舵没少“烧脑”。南方工作期间见证了海鲜豆捞火锅的火爆，而秦皇岛又是沿海城市，开秦皇岛第一家海鲜火锅可不可行呢？经过详细市场调研，王舵下了决心。“现在想想，当时这个决定还是挺冒险的，卖掉了自己的婚房，还向亲朋好友借了200万……”说起那段岁月，王舵轻松地笑了：“因为想要精品，当时在装修、餐具、菜品上都力求最好，投入挺大的。”

地点选在当时本地最为高端的楼盘碧海云天，2004年，王舵的“如意坊海鲜豆捞”试水开张。该酒店是秦皇岛第一家经营以粤式海鲜豆捞为主的餐饮店，由于调研充分，定位精准，一开业便顾客盈门，一座难求。

“感觉就像在做梦一样。”王舵这样描述当时的感受，初一试水就大获成功，不久就顺利收回了成本。

如意山海，“最宠溺的那个孩子”

在秦皇岛最宽阔畅达的城市主干道河北大街西段的南侧，静静地矗立着一座红顶素墙的 7 层酒店——如意山海。兵马俑、古字画、仿阿房宫式的建筑造型、粗犷的战鼓、飘柔的纱幔……无论徜徉在酒店门口、步入大堂，还是乘观光梯到达各个楼层，你都能随时随地体验到一种秦文化的味道。

也许是“如意坊海鲜豆捞”的试水太顺利了，于是，很快就有了这一家“如意”系的酒店。这一次，王舵决心实现自己多年职业经理人时期的梦想，打造一家有秦皇岛地域文化内涵的特色酒店。

挖掘文化内涵，从哪里着手呢？王舵找来了自己在长城酒店时的老领导，又通过各种关系找来了当地文化名人。围坐一圈，当大家听眼前这位不满 30 岁的腼腆姑娘磕磕巴巴说出自己的想法时，纷纷竖起了大拇指，“这不正是我们这几个老秦皇岛人多年的梦想吗？”志同则道合，大家纷纷解囊献策。于是，几杯清茶、一顿素餐，几个人围绕秦皇岛文化主题的头脑风暴常常持续到深夜。

思路在头脑风暴中渐渐清晰。秦皇岛，因秦始皇求仙至此而得名，那咱就用足这张历史文化名城的名片，挖掘“秦”文化。

期间，王舵的朋友在河北大街西段的一栋 7 层楼正要转让，听到风声的王舵立即赶了过去。2008 年的时候，这一带远不像现在这样繁华，目之所触，一片荒凉。好在赶上这一年中国承办奥运会，西面距此处不远就是奥运会足球项目的分赛区，“抓紧时间五一开业，没准还能沾上奥运会的光呢”。

选址，王舵就这样拍板定了。酒店起什么名字呢？站在刚刚竣工的毛坯房楼顶，迎着徐徐的微风，北依燕山山脉，南临碧海金沙，美丽的港城静静地躺在山海相拥的臂弯里。“既然主打本地文化特色，那就叫如意山海吧。”此刻的王舵心里，激情荡胸，踌躇满志。

商海无情。也许是当初“如意坊海鲜豆捞”运营太顺风顺水了，当一系列意外接踵而至时，曾经十分自信的王舵一时有些措手不及：

先是疏于照料的老父亲突然查出患了肠癌；

紧接着由于不太了解行情，酒店装修被骗了上百万元，起诉官司久拖不决；

再就是奥运期间碰上最严安保，不仅热度没蹭上，酒店正常营业都成了问题……

亲情的歉疚、银行贷款的压力，让王舵第一次感到了无助和柔弱，由于压力太大，精神恍惚，有两次，她开车直接就撞到了树上。

“现在想想都后怕！”说这话时，王舵的眼圈红了：“好在这一切都挺过去了。”也许是因为对酒店付出的最多，也许是因为共同见证了青春创业的挫折，相比于前期和之后的其他产业，“如意山海”是王舵心中最“宠溺的孩子”。

每道新菜品推出前，如意云天管理集团董事长王舵都会亲身尝试

当然，这个孩子也没有辜负她的宠溺。由于文化特色鲜明、客房和菜品的品质如一，10 多年来如意山海已然成为秦皇岛餐饮酒店业的一块文化招牌，常常门庭若市，暑期更是一房难求。

餐饮升级，“为国际一流旅游城市建设添柴续薪”

每逢周末，只要有空，来自波兰的艾尔姆公司总工程师库赛都会约上三五好友，到金梦海湾的如意部落小聚一下，喝一杯正宗的德式手工精酿啤酒，聊一聊生活工作。“这里的环境、服务和食品品质并不比我的家乡差。”库赛说。

不知从什么时候起，位于金梦海湾的如意部落成了在秦国际友人休闲聚会的基地。

近年来，作为沿海开放城市，秦皇岛把建设国际化城市作为城市发展的重要定位。2018 年的秦皇岛市两会上，市领导又提出要把一流国际旅游城市作为建设国际化城市的突破口。作为市人大代表，王舵一向嗅觉敏锐，她早已把自己企业的发展方向融入到这个城市规划发展的脉动当中。

在秦皇岛市最美丽的海湾——金梦海湾寸土寸金的核心地段上，有两家很惹人注目的餐饮企业——如意部落音乐餐吧和如意糧品匠人料理，两家如意家族的兄弟比邻而居，各占 300 多平方米的营业面积，既宽阔大气又特色鲜明。这是王舵实践餐饮企业国际化升级的最新作品。

走进如意部落音乐餐吧，这里有工业与秦皇岛独特的海洋文化元素融汇交织的特色包房，散发着酒花与麦芽馨香的德式手工精酿鲜啤酒，随处应用的老船木材料，烧烤、西餐、中餐等一应俱全的各色美食，可满足唱K及各种娱乐的休闲欲望……“一入暑期，这就成了中外游客欢乐的海洋。”王舵不无得意地介绍。为了满足游客需要，这里也成了市里少有的营业至凌晨两点的餐饮企业。

王舵在如意云天管理集团承办的秦皇岛首届国际精酿啤酒美食节新闻发布会上

迈入隔壁如意糧品匠人料理的大门，可以看到从南亚运来的有贝壳化石的天然大理石，经过特殊处理的白枫木材，跨海订制的原汁原味的宫灯，将新鲜与高端演绎到极致的炉端烧……主人以匠心做餐饮的理念得到了完美的展示。以大国工匠理念创设的如意糧品，置身其中，如与锦衣华裳的汉服美女对饮浅酌，温婉宁静中静品自然之美。

采访结束，迎着秦皇岛初夏和煦的海风，这个为了学习借鉴餐饮经验跑遍世界各地、亲自尝试新菜品尝到胃疼的女人告诉记者：“其实我骨子里是一个做事追求极致的人，无论是做餐饮，还是做酒店。我愿以我的这种极致，为正加紧建设国际一流城市的秦皇岛添柴续薪！”

记者手记：

建设国际一流旅游城市需要更多的王舵

一个外地来秦求学的大学生，因为喜欢这个城市而留了下来；一个餐饮酒店行业的从业者，因为热爱这个行业而不断创新，追求极致。

十几年里，扎下根来的王舵立足行业，不断给这座城市带来惊喜：

第一家粤式海鲜豆捞店；

第一家秦文化主题酒店；

第一家国际范儿的海鲜文化主题餐厅……

十几年来，嗅觉敏锐的王舵把握着城市发展的脉动，一步一个脚印，用自己的市场成绩单，不断给这座旅游城市注入时尚元素。

2018 年年初两会，秦皇岛市吹响了“全面打造国际一流旅游城市”的号角。建设国际城市，大力完善交通、餐饮、住宿等设施，大力提升旅游接待服务水平，推动旅游业全方位与国际标准看齐对标，就成为具体工作的应有之义。

过去，作为行业标杆的王舵给我们带来了惊喜；未来，国际一流的征途上，我们需要更多的王舵。

满天星辰 才是真正的辰达

秦皇岛辰达商贸有限公司董事长姜春

于军涛 李淑丽 卢继锋

秦皇岛辰达商贸有限公司董事长姜春

春华，成立于2002年的一家商贸公司，名字中透露着传统的家族经营模式：春和华，是从姜春和她弟弟的名字中各取一个字。

辰达，是从家族经营到公司运营，在春华的基础上发展起来的商贸公司。这个名字寓意着：人生有高起、有低落，只要坚持走下去，就能像星辰一样，发出光辉，达到理想状态。

2015年，在姜春主导下建立的秦皇岛小微企业联合会，为的是让更多像她当年一样艰苦创业的小微企业少走弯路。

从春华到辰达，再到小微企业联合会，三个不同的社会实体，为我们勾勒出一幅在改革开放的大背景下，一位女民营企业家的创业路线图。

从哪儿挣不来这 200 块钱？

1975 年出生在秦皇岛的姜春，父辈和祖辈都是耀华玻璃厂的老工人。

1993 年，高中毕业的姜春没考上公费大学，虽然那时已经开始有了自费大学生，但家里并不认可她花钱上大学，正赶上河北外贸粮油进出口公司秦皇岛分公司招工，便让她上了班。

1993 年 12 月上班，1997 年 1 月 1 日姜春就下了岗。别人下岗都有些留恋和不舍，姜春却下得痛痛快快："当时我一个月挣 326 块钱，扣完保险，到手 200 来块钱。眼瞅着单位已经那样了，下岗单位还给交保险，我就寻思上哪儿还挣不来这 200 块钱？"

说话竹筒倒豆子般直来直去的姜春，一看就是心直口快的性子，干起事来也是嘎巴溜脆，一点儿不拖泥带水。干干脆脆下了岗，为了挣出这 200 块钱，姜春在宾馆、饭店当过服务员，在小卖部当过售货员，在印刷厂当过工人。"当时的想法很简单，干啥都行，把这 200 块钱挣出来就行，干的时间都不长。"

一个多月磨下来个大品牌

1999 年，单位、企业纷纷改制，姜春抵押了房子，跟亲戚朋友借钱，凑了 30 多万元，和家人共同承包了母亲所在的海港区蔬菜局海阳路蔬菜批发部。

前店后库的小卖部，记载着曾经买大白菜和豆腐也要凭票的岁月。烟酒茶糖等各种副食品、调料的库存，也似乎还散发着过去那个年代的气息。

开店却不仅仅是卖货那么简单。卖了一年左右存货，一算下来不仅没挣着钱还赔了不少。姜春的母亲逐渐意识到，没有品牌光这么倒腾不行，就背着个布包奔了北京。啃馒头，喝白开水，在牛栏山酒厂的销售科守候了一个多月，姜春的母亲终于感动了酒厂的领导，拿下了牛栏山的一个品种——两升塑料桶装二锅头的代理权。

又赶上一个代理哈尔滨啤酒的人感觉这酒不好卖，两万块钱将代理权转让给了姜春的母亲。

手里有了这两个品牌，姜春和母亲并没有像当时的大多数人那样，享受坐商的清福，而是主动出去跑市场。母亲坐着"小解放 1041"跑秦皇岛东部和山海关区，姜春自己开着松花江小面包跑秦皇岛西部和北戴河区，是小卖部就进，一家一家铺货。"其中的艰辛，终生难忘！"回忆往事，姜春感慨万千。

转变家庭经营模式的阵痛

先行一步跑开了市场，又积累了牛栏山、郎酒、哈尔滨啤酒、张裕葡萄酒、王老吉凉茶等众多品牌，2002 年，春华商贸有限公司应运而生。

2003 年、2004 年，春华商贸代理的品牌商品开始大量进入家惠、艾欣、广缘等大型商超。但是，处于厂家和商超之间的日子并不好过，“就像风箱里的老鼠，两头受气，只能是两边周旋，两头哄。”姜春说。

随着代理品牌的不断增多，公司业务也不断发展壮大，但资金短缺、管理落后、目标不清逐渐成为春华商贸发展面临的瓶颈。姜春和母亲也产生了分歧：母亲想停留在保守的家庭经营模式中，觉得稳稳当当挣点钱就行了；姜春却想做真正的企业化管理，将公司做大做强。

2006 年年底，由于姥姥病重和母亲的身体原因，姜春一人挑起了公司重任。她暗自发誓一定要把公司做好，对得起母亲的期望。

2007 年 3 月，凭着年轻人的激情，姜春大刀阔斧地把原有的家庭化经营模式转化为公司经营模式，从原来的大事小情都要亲力亲为转变为岗位责任制，分工明确，责权到位。但是没想到的是，各种问题随之而来：雇人要花钱，租仓库要花钱，搞营销活动要花钱，各种开支累积起来，每月入不敷出，仓库里积压了一大堆库存，资金周转困难，不能按时发工资，员工人心涣散……

吃不下，睡不着，短短一个月，姜春愁白了头发。面对即将倒闭的公司，老公离开了她，留下了 10 岁的女儿。

姜春不甘心公司这么倒下，毅然决定借钱发展，请高人管理，“大不了从头再来”。这个决定更加导致了母亲的不理解，甚至说她是“败家子”。

高人引领之后的做大做强

2008 年，在成都举行的一场全国糖酒商品交易会上，姜春遇到了她心目中的引领人。经过两年的努力，她终于把这位某品牌碱性水的全国市场总监请到了她的小公司做 CEO。

当时公司已经举步维艰，摊子越铺越大，费用越来越多，员工越来越辛苦，利润却越来越小。请来的 CEO 看准问题后，引领公司进行了彻底变革：首先是一下子忍痛砍掉十多个品牌，将库存变成了钱，盘活了资金；然后是由粗放式管理向精细化管理转变，建立健全规章制度，明确公司目标，统一员工思想，规范员工行为。

变革激发起公司每个人的活力和潜力，经过努力，春华商贸终于有了起色。

然而事情的发展总是一波三折，2013 年，CEO 因病离职，姜春的母亲又突然离世，双重打击下，姜春不得不又一个人扛起了家庭和事业的双重重担。

好在公司已经搭建起了制度、文化等框架，三年时间的言传身教，姜春也学到了不少经营管理经验。她将公司更名为秦皇岛辰达商贸有限公司，一方面赋予其激励与向上的寓意，另一方面创新了公司的管理模式，变传统的雇佣方式为新型的内部合伙人方式，提高了内部员工的积极性。

辰达商贸按照“先做专做精，再做大做强”的发展理念，重新确立了以牛栏山白酒为主打，辅以王老吉凉茶、青岛啤酒、古越龙山黄酒的销售定位。

专注于几个品牌，市场不仅没有变小反而变大。针对酒类市场高端酒销售遇冷的形势，姜春又深入农村，对乡镇、村庄的终端客户重新进行产品铺市。“以前只是贴了枝叶，没有扎下根，这次是要扎下根。”为了扎下根，姜春 1 个月跑遍了青龙满族自治县 25 个乡镇的沟沟岔岔，每一个有名没名的小卖部，甚至乡村集市上的摊贩、主持红白喜事的大佬，都被她发展为公司的直接客户。

如今，辰达商贸的销售网络直达 8000 多个超市、饭店等销售终端，销售额逐年增长。公司先后成为秦皇岛烟酒行业协会、秦皇岛市工商联（总商会）副会长单位。

小微企业联合会的创业指导

做大众快销品，门槛低，竞争越来越激烈，姜春清醒地认识到这一点。她有意识地根据秦皇岛本地人的需求打差异化牌，开发了自己的“产品”——特殊定制的浓香型 42 度蓝瓶牛栏山二锅头。这只是一个初步尝试，未来，她希望利用自己的销售渠道，与本地合适的生产企业合作，共同打造真正属于自己的产品和品牌。

想到自己下岗这些年创业走过的大大小小的弯路，姜春觉得，如果有人指点自己会好很多。“为了后边创业的人少走弯路”，就是抱着这样一个简单的想法，姜春创立了小微企业联合会。

本着自愿加入的原则，小微企业联合会从最初的 68 家企业会员已经发展到如今的 130 家，涵盖家居建材、康养医疗、汽车保养、会计税务代理、法律顾问等多个行业和领域。联合会每年至少举行两次培训：一次是人力资源和社会保障部门关于合理用工的法律培训；一次是企业管理方面的培训。企业会员从中受益良多。有的会员最初说话都不连贯，思维不清晰，有的会员不知法、不懂法，自己吃亏占便宜都不知道。经过培训，他们都得到了质的提升和转变。借助这个交流信息经验、

为让更多小微企业少走弯路，秦皇岛辰达商贸有限公司董事长姜春发起成立了秦皇岛市小微企业联合会。

共同成长的平台，有的小微企业得到快速发展已经发展成为上市公司，脱离了小微企业的行列。

小微企业联合会企业会员的发展壮大，比自己企业的发展更让姜春感到欣慰。因为“天空那么广阔，如果只有一颗星星，那一定是孤独而黯淡的。满天星辰，才是真正的辰达”。

记者手记：

坚韧生长，成就梦想

冯仑写过《野蛮生长》，“要想理想丰满，必先野蛮生长”。大转型时代成长起来的企业家，大都经历过“野蛮生长”。

但“野蛮”这个词用到女人身上，总归有些不合适。于是，想到了“坚韧”。“坚韧”是伟大女性的伟大品格，伟大的背后都是苦难：

刚刚修通的秦青公路，梯子岭隧道的盘山路，一个女人开着面包车，从坡上扎到了河沟里，一捧又一捧的干树枝被抱到车轮底下，车子好不容易才爬上了坡；进到村庄里，没有路，车子不得不扎到老百姓家的柴火垛里掉头，划得满车花；回程已是满天星斗，一个人不敢开夜里的山路，等了一个多小时，等来一辆大翻斗工程车，跟着它的尾灯慢慢开回了城……

后来，车上又多了一个不到3岁的小女孩。困了，盖个小被就在车上睡；饿了，路边小摊买点儿吃的。妈妈送货时，她揪着妈妈的衣襟跟在后边……

牛栏山在秦皇岛最早有7个经销商，姜春拿到的是最低档的一个品种。经过10年时间，她成为牛栏山在秦皇岛的独家代理；古越龙山一开始看不上北方的市场，不肯给代理权，姜春执着地等了5年……

不因苦难而放弃，不因不被别人接受而放弃，姜春以自己的坚韧博得了认可。

坚韧背后的原动力，除了女人的天性，更有对满天星辰的向往、对社会深沉的责任。

一湾桃林水 十载守护情

秦皇岛苏商实业集团董事长马京龙

于军涛 李淑丽 孙文志

秦皇岛苏商实业集团董事长马京龙

从空中俯瞰，桃林口水库形如遒劲的青龙，腾跃于群山之间。

碧波荡漾，奇峰林立，有三峡的隽秀，有漓江的清澈，有天然氧吧的沁人心脾，坐落于青龙河上的桃林口水库，不但风光旖旎，更承担着为秦唐两地人民提供饮用水的“重任”，被百姓形象地称为秦皇岛的“大水缸”。

13 年前，面对这一湾碧水，马京龙做了一个重要决定，他的事业、人生从此转型。之后的岁月里，他精心呵护着这口“大水缸”，让桃林口潺潺流水净若甘泉。

事业转型，成为“大水缸”的守护者

2018 年 10 月 20 日，秋高气爽，桃林口水库迎来最五彩斑斓的季节。仿佛是谁不小心打翻了调色板，满山的红、黄、绿洒在水面，令人不禁慨叹大自然的神

奇美丽。

这一天，秋日的静谧被龙腾渔业公司举办的水生物（渔业）净化桃林口水库水质的增殖放流活动打破，近400万尾能净化水质的滤食性鲢鱼苗、鳙鱼苗甩着尾巴，轻快地跃入水中。今后，它们要在桃林口水库长大，承担起为“大水缸”缓解水质富营养化、滤食水中污物、净化水质的重任。

“以鱼养水，以鱼治水，每一条鱼都是清洁工、警卫员”，马京龙告诉记者，鲢鱼、鳙鱼都是滤食型鱼类，可以有效净化水质。如果水库水质受到污染或含有毒物质，就会出现病鱼、死鱼，能警示并表明水质的恶化。公司每年投入200多万元增殖放流能净化水质的鲢鱼、鳙鱼，就是为了进一步保护水源地水质，促进保护水环境、防治水污染的环保型“碳汇渔业”“净水渔业”的发展。

马京龙，秦皇岛市海港区人，祖籍江苏宿迁，民革党员，市政协委员，现任秦皇岛市工商联常委、市总商会副会长，民革秦皇岛市法律经济支部副主委，河北省江苏商会秦皇岛分会会长、秦皇岛市江苏商会会长，秦皇岛苏商实业集团董事长。

20世纪60年代末，国家号召共产党员到农村支援建设，年幼的马京龙随身为共产党员在北京中国科学院有着优越工作且要求进步的父母，离开了北京大城市的家一起来到了秦皇岛，北方的山水滋养他长成一个高大帅气的小伙子，在他的身上，既有南方人的儒雅精干，又有北方人的高大粗犷，北方的山水也赋予了他敢想敢做的性格。

1985年，改革开放的春风正吹，下海经商的大潮高涨，也许是骨子里就不甘于平庸，再加上南方人特有的经济头脑，马京龙在众人讶异的眼光中舍掉了优越的“非农业”身份、辞去了让人羡慕的公职，干起了辛苦的个体户。商贸、酒店、铁矿、钢铁……一路摸爬滚打，事业越做越大。

“财富积累到一定程度，脑子里要有想的东西，要体现出价值，做的事要让人们说你个好。”2005年，四十不惑，马京龙迎来了人生和事业的一次转变。

在这一年之前，马京龙从事的是铁矿钢铁行业。国家对生态环境的日益重视也让他的内心有所思考：“企业的发展必须要适应国家的大环境。以前我干的铁矿钢铁行业是破坏生态的，今后要响应国家政策，做保护生态的事。”

马京龙和桃林口水库的缘分正始于此时，始于一个企业家的眼界和觉醒。

2005年的桃林口水库处于多头管理状态，各种关系理不顺，当地百姓为了一己之利，酷渔滥捕，导致渔业资源匮乏，水生态环境遭到严重破坏，这个烂摊子无人敢冒险接手。但就像当年辞去公职一样，马京龙再一次展现过人的胆识，承包了桃林口水库蓄水水域，经青龙县人民政府批准并颁发了桃林口水库“水域滩涂渔业养殖证”，注册成立了秦皇岛市桃林口龙腾渔业有限公司，后来，苏商实业集团为建立桃林口水库水源地清洁保洁长效机制，又注册成立了秦皇岛龙新环保科技有限公司。

“龙是中华民族的图腾，桃林口水库形似青龙，我的名字里也带龙字，这就是缘分啊。”马京龙说的当然是玩笑话。事实上，他看中了桃林口得天独厚的自然优势，认定在这里把发展原生态野生有机鱼和水生物（渔业）净化水质相结合，一定大有前景；更重要的是，他想做的，不是养鱼的渔民、不是赚钱的个体户，而是一个承担社会责任，以水生物（渔业）净化水质、建立水源地清洁保洁长效机制的环保型半公益性公司。

从那时起，马京龙成为“大水缸”的守护者，经年累月，乐此不疲。

主动担责，让百姓喝上放心水

“保护桃林口水库饮用水源地，让秦皇岛人民喝上放心水”，在龙腾渔业公司和龙新环保科技公司的墙面上，一条标语格外显眼。

将原生态有机渔业养殖与水生物净化水质、水源地清洁保洁、水生物毒性预警和水库污染治理服务相结合，这是马京龙为苏商实业集团旗下子公司“龙腾渔业公司”和“龙新环保科技公司”打造的环保型发展道路。从 2006 年起，公司就秉承“渔业生产与环境保护兼顾”的宗旨，大力发展碳汇渔业、净水渔业，连年投放滤食性鱼种，义务出资千万取缔网箱养殖，建立起库区长效保洁机制。

所谓碳汇渔业，就是指通过渔业生产活动促进水生生物吸收水体中的二氧化碳，并通过收获鱼获物，把这些碳移出水体。所谓净水渔业，就是通过人工增殖能净化水质的滤食性鱼类，滤食水中的污物，增强水体自净能力，保障水生态平衡，从而达到既保护水环境，又修复和维持水域生物多样性的目的。

每年，龙腾渔业都要投放数百万尾有“水中清道夫”雅称的鲢鱼、鳙鱼等滤食性鱼种，并全部采用纯天然原生态养殖，既保护了桃林口水库水质环境，又缓解了多年来由于滥捕造成的渔业资源匮乏局面。

“养鱼不仅仅是为了赚钱，更主要的是保护水源。”马京龙此言不虚。野生散养，不投放饵料，桃林口水库的鱼生长缓慢，同年的鱼，个头仅相当于市面上普通养殖鱼的五分之一。经济效益打了折扣，但水库的水质变好了，鱼的品质提高了。

曾经的桃林口水库，4000 多个养鱼的网箱纵横密布于水面，成为影响水质的重要因素。

“网箱养殖投料会形成沉积、发酵，造成水质富营养化，进而污染水质。”马京龙介绍，网箱渔业养殖属于水库历史遗留问题，取缔直接牵涉到网箱渔业养殖户的经济利益，是一项异常艰巨的任务。

2016 年 5 月底，渔政执法船穿梭在桃林口水库水面上，龙腾渔业公司和龙新环保科技公司协助渔政执法人员，将历史遗留的网箱养殖户的一个个网箱进行登记后，切割、分解、拖上河滩。从此，网箱养殖在桃林口水库成为历史。

从 2008 年开始，龙腾渔业公司义务出资 1246 万元补贴给网箱渔业养殖户，陆续取缔网箱 3000 多个。2016 年 5 月，公司再次义务出资 306 万元，取缔最后 600 个网箱，协助政府解决了这一难题。取缔网箱渔业养殖后，排除了人为污染水库水质的最大因素，通过散养能净化水质的滤食性鱼类去滤食水质中的藻类和一些浮游生物、污物，可以起到以水生物（渔业）净化水质的效果，从而实现水生态平衡。

在桃林口水库偌大的水面上，每天都不定时的有一艘艘巡查船载着龙腾渔业公司和龙新环保科技公司的工作人员前往自己的责任区，义务承担桃林口水库的巡查水质及清洁任务，十几年来，马京龙专注执着地做着一件事，发展环保型能净化水质的滤食性渔业增殖，建立起水库清洁保洁长效机制。他在桃林口水源地采取网格

秦皇岛苏商实业集团董事长马京龙义务出资 306 万元，配合政府彻底取缔了桃林口水库内的网箱养鱼

化管理，将库区水域划分成一个个区域，每天派出50多名员工进行义务清洁。有时暴雨山洪导致垃圾增多，龙腾渔业公司和龙新环保科技公司就加派人手、船只集中清理。为了减少游人对水质的影响，龙腾渔业公司停止了观光、垂钓业务。收入损失了一大块，但水源地水质安全更有了保障。

“企业光挣钱不行，要以承担社会责任为己任。把政府不易解决的问题承担过来，用企业微薄的力量做对社会有贡献的事，达到企业和社会发展共赢。”这就是马京龙心中的“企业家精神”。

现在，桃林口水库的水质长年达到二级以上，让百姓喝上放心水的承诺，马京龙做到了。

实现双赢，以一颗爱心回馈社会

结缘桃林口13年，马京龙坚信自己的选择没错，也实现了他期待的“双赢”。

2006年成立时，龙腾渔业是一个注册资金300万元、只有十几名员工的小公司，如今已发展成为注册资金9000万元，拥有近百名员工、市值超亿元的公司，是河北省唯一一家获得国家农业部认证的有机鱼生产基地，成为秦皇岛市最大的有机淡水鱼生产基地，产品远近闻名。2016年，马京龙又成立了苏商实业集团，旗下包括龙腾渔业公司和龙新环保科技公司，是集投资、环保、文化、渔业等多业并举的集团公司，企业实现规模化、集团化发展。

腾跃的秘诀何在？马京龙归结为国家产业政策和地方政府的关心扶持、企业与国家发展思路的同频共振，“绿水青山就是金山银山。我们在保护绿水青山，也在打造金山银山。”

“没有爱国爱党的精神，企业发展就容易跑偏。”由一个名不见经传的小公司发展为集团公司，马京龙感悟到企业发展后更要有爱国爱党的情怀，要感恩社会、回馈社会。他特别重视江苏商会及民营企业的党建工作，建立了党支部，积极发展年轻人入党，教育员工要对党和国家抱有一颗感恩的心，按党的指引发展。

2017年5月6日上午，在秦皇岛市工商联举办的“关爱最美劳动者•我为创城做贡献”活动启动仪式上，马京龙被安排代表民营企业家宣读倡议书，号召民营企业担当社会责任，积极支持创建文明城市活动，并率先捐款20万元。

“只要是做好事，这个社会不会亏待你。国家给了企业家很高的地位，也激励大家去奉献，做个正能量的好人。”自2007年起，马京龙先后为青龙贫困大学生、山区小学师生、特教学校师生、秦皇岛市和江苏盐城受灾群众捐款累计达数十万元。

谈到未来的发展，马京龙提及，在秦皇岛市委市政府组织的企业家座谈会上，市委市政府提出了倡导民营企业发展“1+1”工程，即企业新上1家或引进1家企业。在市“两会”市委领导参加的民主党派工商联界别座谈会上，市委领导又倡导企业加快转型、创新发展，龙腾渔业公司要打好有机鱼品牌，与互联网冷链物流配合，扩大营销半径，进行产品深加工，提高附加值。

“市领导的建议为我们的未来指明了方向。”马京龙说，公司准备投资引进韩国生产线，对有机鱼进行进一步深加工，立足于传统养殖业基础拓展产业链，抓住机遇，顺应市委市政府对企业发展思路的要求，融入秦皇岛大健康产业中。“无论怎样发展，前提都是要为百姓守护好这口‘大水缸’。”

秋风渐冷，树木凋零，桃林口愈发静水流深。冬天即将来临，厚厚的冰层覆盖水面，肥美的“胖头鱼”安静地在水底等待春天。

四季流转，不变的只有桃林口水库的清清净水，源源不断地滋养着一方水土。

“我的后半生，就扎根在这里。”马京龙的话，不缓不急。

记者手记：

企业家的担当和责任

毫无疑问，马京龙是个有责任心的企业家。他认为，个人有了能力，就要为国家、为社会多承担责任，要懂得感恩回馈。于是顺应大势，告别破坏生态的铁矿钢铁、沙土行业，投身于水生物（渔业）净化水质的“碳汇渔业”“净水渔业”，发展“以鱼养水，以鱼治水”的环保业，义务建立了秦皇岛人民“大水缸”——桃林口水库清洁保洁长效机制，十几年默默守护水源地。

更值得称道的是，作为一个民营企业家，他爱党爱国，关注国家政策，笃信与国家大环境政策同频共振，才能获得长远的发展。这样的眼界和决断，是企业拥有长久生命力的基础。他的企业就是如此，尽管为保护一湾清水多付出不少成本，收益周期也拉长几倍，但因为符合“绿水青山就是金山银山”的发展理念，符合人们对健康的追求，如今，桃林口的有机野生鱼已经闯出名头，远销北京、天津、辽宁等地，企业稳步发展，前景广阔。而用他的话说，“你做了好事，社会不会亏待你。”

改革开放带来的机遇，造就了一批又一批企业家。在他们手中，往往集中更多的资源和财富，也拥有更强的能力。而一个国家、城市的发展，需要更多有担当、有能力的企业家站出来，以社会责任为己任，把自身发展融于社会发展之中，实现共赢。

知识改变了我的命运

秦皇岛拓源新材料科技股份有限公司董事长张国来

于军涛 李淑丽

秦皇岛拓源新材料科技股份有限公司董事长张国来

他曾经距离知识如此遥远——中学成绩优异，却因为家庭的原因被迫放弃求学路。

他的人生又和知识如此紧密——工作后，对知识的渴求促使他在 11 年间读了 3 所高校，他更是将岗位当成了最好的课堂，边实践边观察、总结、思考、读书、提高……

一个山沟里的穷孩子，逆袭为国内特钢行业最具影响力企业的当家人，秦皇岛拓源新材料科技股份有限公司董事长张国来说：“是知识改变了我的命运！”

被动成长，知识在实践中积累

自主创业之前的 40 年，张国来的人生是在命运的摆布下被动生长。

张国来出生在青龙满族自治县最贫苦地区的一个小山村，自幼父母双亡，张国来在哥嫂的监护下长大成人。穷家孩子也有梦想，他热爱读书，并寄希望于像书本故事里讲的那样，通过读书改变自己坎坷的命运。在他的记忆里，少年生活就是在学校和田间地头之间紧张地奔跑、赶路。

1981 年，张国来进入了法定意义上的成人年龄阶段。那一年，恰逢改革开放之初生产队包干到户，作为一个标准的农村劳动力，队里分给他 7 分薄地。接下来的日子，书是读不成了，而且他还面临着独自养活自己的人生考验。

“7 分薄田怎么养活得了一个大小伙子？”回忆起当年的情景，张国来不胜唏嘘，“不能在山沟里憋死，闯关东去！”

情节和书本里的描述何其相似。他背上干粮，带上课本，坐上出关的火车，一路向北，义无反顾。

透过车窗，张国来一路欣赏着北国的美丽风光，想象着未来的生活，心情多少是激动的。慢慢的，看得多了，也就麻木了。火车途径吉林的一个农场，张国来仓促下了车，在农场里当了一名工人。

东北的天气实在是太冷了。出门的第一个冬天，张国来就遭遇了最严峻的考验，水土不服，身体不断生病。无奈，不久之后他又坐上了返乡的列车。

火车入关了。透过车窗，仿佛都能看到故乡的山了。“当初义无反顾地出来，不混出个人样儿，我就不回去！”张国来暗下决心。他又一次仓促下了车。从此，他就在“两京锁钥无双地，万里长城第一关”的山海关扎下了根。

刚开始他就是辗转各处打零工，只要能挣钱，什么辛苦都能承受。但这样一天累死累活地下来，微薄的工资也仅够维持生活。

一个偶然的机会，张国来进入了当地一家集体性质的企业集团。

这是一家业务横跨啤酒、饮料、模板、冷轧带钢生产的综合性企业集团。从 1983 年入职到 2002 年离职，在近 20 年的时间里，他先后被动地流转于啤酒厂、饮料厂、模板厂和冷轧带钢厂之间，凭借着吃苦耐劳的精神、勤奋好学的韧劲和骄人的业绩，张国来硬是从普通员工做到了 4 家厂的厂长，让不少人对这个来自山区的小伙子刮目相看。

可让人想不到的是，他这个出色的厂长不管在哪个岗位都干不久，只要工作有了起色，就会被莫名其妙地匆匆调离。后来，张国来慢慢明白了：在这个很重视族群关系的当地集体企业里，自己虽然能干，但毕竟不是“圈里人”。

频繁的岗位调换虽然苦恼，但为了生存，更为了积累经验，他一直默默隐忍，低调做人，高调干事，直到最后一次彻底爆发。

1994 年，集团的冷轧带钢厂由于经营不善，欠下了几千万元的债务，濒临停产。和几年前到模板厂救急一样，张国来临危受命，匆匆离开管理有声有色的模板厂到冷轧带钢厂上任。多年来，他已经习惯了这样被调来调去。

不气不恼，不急不躁。凭借着多年来多种岗位积累的经验，再加上细致地调研，他很快就发现这家企业衰落的症结所在——管理不善。“员工干多干少一个样，干好干坏没差别，业绩怎么可能上得去？”张国来说，“甚至有的员工为发泄不满，故意把好端端的材料做成废料，可惜呀！”

病根儿找准了，对管理驾轻就熟的张国来马上有针对性地制定了冷轧带钢厂员工岗位包干和效益工资相结合的管理制度。一开始工人们不理解，闹意见。可效果立竿见影，改革的第二个月，工厂产量就一下子从 300 吨猛增到 1700 多吨，成材率从 60% 提高到了不可思议的 90%。

认真干活的工人收入翻了几番，员工们的积极性和责任心一下子被调动起来了。仅仅一年多，厂里就还清了银行的 1300 多万元欠款，许多老员工感叹：“张厂长妙手施治，让带钢厂起死回生！”

张国来没有满足，他雄心勃勃，计划从日本神户引进先进的设备提高产能和质量，并打算收购国内一个新型钢材项目。但有一天，他正在办公室和客户洽谈收购的具体细节，如出一辙，集团突然派来一位新厂长，要求马上跟他办理交接，要把他调到一个不在一线的管理岗位。

迫不得已，张国来宣布辞职。

“现在回头看，其实我挺感激那段调来调去的经历。虽然被动，但因为用心做了，所以每一段经历、每一个岗位都是知识和人脉的积累，都是一笔宝贵财富！”多年以后，回忆起那段特殊经历，张国来已经释然。

主动学习，知识在书本里闪光

1988—1989 年在河北轻化工学院读书，1994—1995 年就读于秦皇岛经济管理干部专业学校，1996—1999 年就读于河北经贸大学。你也许感到奇怪，11 年的时间，一个人曾先后就读于 3 所学校，这个人就是张国来。

到啤酒厂工作后，张国来干过一线所有工作，凭着吃苦耐劳的精神和勤奋好学的韧劲，他很快成为厂里的业务骨干。厂里决定对他进行奖励，奖品任他选。

“我想上大学！”张国来没有丝毫犹豫。对这一选择，工友们很不解，这哪有丰厚的物质奖励实惠呢？

“第一，上大学一直是从小的梦想，我想借机会把这个梦圆了；第二，通过几年的一线实践，我发现系统知识欠缺这一块也确实是自己职业生涯的短板，因此也算补短板吧。”谈起当年的选择，张国来平静地说。

正好当年厂里有一个河北轻化工学院保送生的名额，他就这样完全脱产，在酿造专业读了 1 年书，此后他又利用业余时间读了另外两所学校。“那真是一段接受系统教育的黄金时光！”张国来这样评价那一段经历。

知识不光在大学的课堂上，也同样在自学的书本里。进入啤酒厂之初，本身机灵再加上勤奋好学，在老师傅的指导下他很快就掌握了啤酒酿造所有流程的操作。“但光知道要这么做还不行，还要知道这么做的原理是什么，每一个工艺流程背后的理论基础是什么。”和别的工人不同，张国来对自己的要求更高。

《啤酒酿造工艺学》《啤酒操作手册》《微生物学》……那段时间，这些酿造专业类的书籍成了他的枕边书。

在刚接手濒临停产的带钢厂时，同样是两眼一抹黑，设计图纸、统计报表、生产数据等统统看不懂，怎么办？张国来买来了冷轧工艺的专业书籍，一点一点啃，一样一样学，并通过掌握的知识研发新产品，开拓新市场。

“边干边学，边学边干。读书的习惯伴随我至今，也让我受益至今。”张国来说。

自由绽放，知识为事业插上翅膀

2003 年，也就是从冷轧带钢厂毅然辞职的第二年，张国来卖掉了房子，决心自主创业，大干一场。

可接下来，干什么？怎么干？一系列现实问题摆在了他的面前。“人的一生可能要经历若干次闯关过坎的重要关口。关键时刻，你过往学识和经验的积累会成为你前行中最明确的指引和最充沛的动力！”张国来这样认为。

多年的冷轧带钢行业历练，让他积累了丰富的生产、管理、市场销售经验和广泛的人脉，张国来决定重操旧业，从哪跌倒，就一定从哪挺着腰板重新站起来。

重来并不意味着简单复制，而是产品审慎筛选之后的另辟蹊径。凭着市场里多年的摸爬滚打，敏感的张国来意识到，普通的粗钢产品已经日渐疲软，高精度、高性能的冷轧优特钢板带却有着巨大的市场需求。他把目光紧紧聚焦在优特钢的生产和研发上。

可是，要建一个够规模的带钢厂，手里只有卖房的区区几十万资金，无异于杯水车薪。然而张国来似乎很有信心，信心来源于多年积累的人脉。许多以前的合作伙伴听说他要出山，纷纷伸出了援手：有人主动出资，有人提前订货，有人派技术人员指导，有人提供生产设备……一切顺风顺水，厂子就这样建了起来。

学识、经验、人脉，天时、地利、人和，张国来正是有了以前的积累，此后的拓源似乎也插上了腾飞的翅膀，一路翱翔。公司的优特钢产品一经推出就供不应求，被广泛应用于冶金锯片、木工锯片、金刚石锯片、摩擦片、离合器片、五金零件、刀刃具等领域，销往全国 20 多个省市及十几个国家和地区。

身份转换了，地位改变了，但张国来多年养成的爱学习、好钻研的习惯一点也没有变。有一段时间，他经常听到老客户“吐槽”：市场上大量应用的包装带长期依赖进口，成本偏高，可由于材料的原因，国产产品又达不到强度和延展性能的要求。

“我们能不能尝试一下？这可是个大市场！”张国来灵机一动。

说干就干。加班加点、通宵达旦，经过无数次的实验，张国来竟然带领技术人员研发出了通过冷轧技术使强度达到 980MPa 的包装带材料。

接下来是生产线的问题。如果整套进口国外设备，肯定省事，但成本实在太高，不划算。那就自力更生！脑子里琢磨流程，笔头下延展图纸，朋友帮忙提供特型钢材，自己动手搭建控制单元……张国来为此成立了专门的团队，几个月下来，又成功了！

“公司自主研发生产的包装带，可以说解决了行业的一大难题，强度和韧性指标跟美国进口产品无异，售价仅是进口产品每吨 16000 元的零头——6000 元。”

不仅如此，作为副产品，公司自主研发的包装带生产线因设计合理、成本低廉而广受市场的认可，目前已经开始整体输出。

秦皇岛拓源新材料科技股份有限公司在石家庄交易所挂牌上市

“为生活所迫打工，为理想所驱创业，一路走来，风风雨雨，终见彩虹，我感谢改革开放的时代提供了舞台，也感谢勤奋好学的自己抓住了机遇！”张国来说。

记者手记：

学习能力决定生存能力

“问渠那得清如许，为有源头活水来。”南宋学者朱熹《读书有感》中这两句古诗脍炙人口、内涵深刻，表面是在讲水，背后却借水折射了更深层的生活道理：社会总是处于发展变动之中，只有新知识、新观念源源不断地补充，才能常变常新，跟上时代发展步伐。

张国来的学历很低，以至于一度只能靠辗转各地打零工勉强糊口，然而他不服输，11 年里读了 3 所学校，系统的学识积累让他脱颖而出，在 4 家企业都先后干到了厂长的位置；初入社会，张国来的家底太薄，薄到只有山区的 7 分薄田，然而他不信命，手捧书本、虚心请教，在实践中边干边学、边学边干，一举逆袭为国内特钢行业最具影响力企业的当家人。生命不息，学习不止，张国来的人生经历很好地印证了学习能力决定生存能力这一观点。

刀不磨要生锈，人不学要落后。人生从本质上讲就是一个认识社会、适应社会进而改造社会的过程，处在这样一个伟大变革的时代，创新发展被提到了一个前所未有的高度。创新能力来自哪里？张国来用自己的创业经历告诉我们，创新力就蕴藏在不断学习的源头活水中。

敢想敢干的新时代弄潮儿

——河北宜居通生活服务有限公司董事长杨征

于军涛 杨琦

河北宜居通生活服务有限公司董事长杨征

秦皇岛市海港区博维新坐标6号，是一座徽派风格的独栋小楼，古香古色。小楼的名字是杨征自己想的——“素养禅心”，听听都觉得闲适、静雅。静处其中，隔绝都市喧嚣，仿佛置身于世外桃源。“我很喜欢在这里招待朋友，三五知己，一杯香茗。茶是自己茶山上的，都是百年以上的古树！”眼前的杨征高大帅气，亲切随和。

杨征特意把采访地点约在了这里，这里也是他自己释放内心、寻求安宁的“基地”。常年商场奔波，这里成了他最喜欢静处的所在，由最心爱的人素手泡茶，享受这份香气四溢的宁静，再没有比这更幸福的事了。

正像任何事物都有矛盾的两面一样，此刻的杨征如此享受宁静，谁又会想到，商场上的他，身体里却涌动着敢拼敢搏、喜欢“折腾”的血液。“我是伴随着改革开放出生的一代人，我们这一代人都有一个共同的特点，不太安分，敢想敢干，志于创新，勇于挑战。”

事实的确如此。

杨征从事过的行业真不少。开过干洗店，开过画廊，经营过霓虹灯厂，南下广州打过工，北上归来当过文化公司老总，期间，组织过当时秦皇岛市“最大的文化艺术节”。

杨征的事业跨度大。供热计量、健康食品、精准食疗……几年来，公司业务不断扩展，形成了“从田间到餐桌，从种植到厨房，从农村到社区”的一站式家庭主粮产业链，创立了“服务 + 产品 + 互联网”的新型营销模式。打造“田间到餐桌”的全产业链，成为国内业态主食厨房的倡领者；构建“精准食疗”康养服务平台，做传承中华传统文化精髓的践行者。

勇于挑战的基因，捕捉商机的敏锐，让杨征实现了人生和事业一次又一次的跨越。

节能减排，供热计量市场“破冰”

跑市场，谈客户，吃“闭门羹”是常事。在屡屡被拒后，多数人往往会放弃，而杨征却从不轻言退缩，他认为干事业必须有股子拼劲儿、韧劲儿。为拿下一家外市热力公司的订单，他“厚着脸皮”足足跑了七八趟。“初做‘热计量表’项目时，开拓市场的难度如同‘破冰’。”杨征说。

国家倡导节能减排，出台供热计量改革的各项政策，杨征瞅准时机，跨入这个极具前景的陌生领域。2008 年，荣创科技发展有限公司成立，并成为德国荷德鲁美特热计量表代理。“当时这种表在河北的销售是空白，东西虽好但市场有待认知！”杨征用他锲而不舍的执着拼劲成功破冰，一年后，业务“遍地开花”。

“光有表没温控，无异于一条腿走路，必须搞研发把上下游的产业打通才能两腿并行。”渐渐地，杨征摸到“门道”。搞研发，人才是根本。一段时间，杨征频频前往北京等地“挖人”，许高薪、送股份、谈理想，为了人才常常三顾茅庐。

如今，他们公司自主研发的“热计量温控一体化节能系统”成功实现用户自行调节室温，供热公司远程监控、采集数据、调节供热管网平衡等功能，最大限度地节约了能源。而且，这一技术标志着荣创科技发展有限公司“水电气暖，多表集抄”的业务体系逐步完善，成功进入智慧供热云计算和物联网领域，有效助力了智慧城市的发展。

“我们公司先后获得国家各类专利多达 13 项。”杨征自豪地说。

舌尖安全，用脚步丈量的绿色食品

“尝尝这款营养配餐，公司新推的。”一会儿的工夫，杨征已经麻利地给记者调好一杯红豆薏仁代餐粉，尝一口，谷香浓郁，味道可口。

“市场上不少同类产品为提高口感，往往会添加糊精，这种取巧的行为在我们这儿坚决禁止。”杨征坦言，做食品追求绝对的良心，常常会遭遇市场“叫好不叫座”的尴尬，这时候需要决策者不忘初心，即便一时不赚钱也要坚持。

“我们进军食品行业的初衷很简单，就是要把健康送到千家万户！”2012 年，杨征创办河北源谷丰农业物产有限公司，“源于信念，谷自耕耘，丰悦汗水，诚信务实”，这不仅是做生意，更是担起一份责任。

可以说，好产品几乎都是杨征“跑”出来的。参照有机农业生产标准，为甄选优良品种，几年来，杨征的足迹遍布全国各地。建立有机、绿色、天然的粮油、野生菌等多个种植加工基地，并与大型农业集团形成战略合作，公司构建起从种植到厨房，从田园到餐桌，一站式家庭主粮配送并可追本溯源的闭环产业链。

2014 年，杨征又创建集主粮产品研发、生产、深加工、销售为一体的综合性企业“谷道优粮”食品有限公司。按照杨征的商业构想，“谷道优粮”将与线下门店“源谷丰食汇”项目完美结合，“从田间到餐桌，从种植到厨房，从农村到社区”，逐渐打造完整的健康食品生态链。

精准食疗，文化传承护航百姓健康

“闯关东，好心酸。走不动，宿西关。大善人，杨健昭，给块饼子度饥寒。”这首一度在山海关街巷中流传的民谣，讲述的是 130 年前一个叫杨健昭的老人开“源谷丰”客栈的故事，老人家乐善好施，诚信经营，声名远播，打造了当地响当当的“百年老字号”。

“论辈分，我是杨健昭的第四代玄孙，祖辈是我们儿孙成长的一面镜子，把老祖宗留下的宝贵遗产发扬光大，做传承中华传统文化的践行者，我有不容推卸的责任，也是我人生的一大梦想！”杨征说。

一个人的成功离不开贵人相助，在杨征心里，年近八旬的孙树侠教授就是他实现梦想的贵人。孙树侠是中国著名营养学专家，更被誉为糖尿病食疗的泰斗，在业界可是响当当的人物。

通过多次上门拜访，杨征的人品及干事业的理念打动了孙树侠教授，不仅同意

河北宜居通生活服务有限公司董事长杨征参加光明之家慈善活动

担任源谷丰公司的资深营养顾问，还在秦皇岛成立了“孙树侠营养中心”，依托杨征所带领的团队及各大绿色种植基地、谷道优粮生产基地等，转化“精准食疗”专利技术成果，助力“国家级星火计划”项目，为秦皇岛百姓服务，甚至向全国进行推广。

“健康是一口口吃出来的，食养就是继承，精准食疗的核心是五谷为养，是弘扬传统文化的精髓，是回归传统中医健康文化的本来面貌。我们做精准食疗的初衷就是为百姓的健康护航，树立健康的生活理念！”杨征说。

“生命早期1000天营养健康行动、学生营养改善行动、老年人群营养改善行动、临床营养行动……”当看到国家发布的“国民营养计划（2017—2030年）”，杨征眼前一亮，“嘿，咱这事儿完全能助力国家的大健康产业！”

杨征做事踏实，他身上的那种责任感尤其让人钦佩。做家庭主粮，本可以代理一些品牌，可杨征偏偏跑到五常，建立了5100亩的稻花香大米种植基地，同时在山东等地建立了农业种植基地，并投资建厂，制定严格的生产标准；做茶叶生意，远赴云南租下了7000多棵古茶树……从产地源头到加工生产，他坚持做到要“看得见，摸得着”。

“我始终坚信，只有民族的，才是世界的；只有诚信的，才是永恒的。我接过了家族的百年老字号，那一刹那，一切已经归零。坚守传统，坚守吃苦耐劳、仁德诚信的民族之魂，需要心无旁骛的付出，更需要百折不挠的胸怀和高瞻远瞩的创新精神。从零起步，踏实奋进，才能通过我们这一代人的手，创造出更多的中华百年老字号！”杨征说。

记者手记：

时代是成就事业的最大背景

杨征是秦皇岛百年老字号“源谷丰”创始人的后代，又是伴随着改革开放出生的一代人，叠加的身份标签，让传承和创新、敏锐和诚信的基因深深融入了他的血液。

他的事业跨度很大，每件事看似毫不相干，但仔细梳理——节能减排、食品安全、精准食疗、大健康理念，背后却是一条国家政策和时代潮流倡导的清晰主线。他干过的行业很多，各行业看似互不搭边，可放在时代背景下审视，却折射出了一个年轻企业家敏锐的商业触角和孜孜求索的身影。

一个人能事业成功，背后有诸多因素在起作用：先天的禀赋，后天的勤奋，对商机的敏感，对事情的执着，时机看天时地利，处事看为人和气……但是，这一切因素的作用，都脱离不开时代的大背景。

正像杨征自己所说的一样：“如果说我的事业还算小有所成的话，那么经验可以概括为一句话——善于捕捉时代和国家政策的脉动，并从中发现机会。20年的商海拼搏，各种体会、收获颇多，然而最幸运的是，我有幸赶上了一个好时代。”

『创二代』勇闯生命健康蓝海

秦皇岛民利众和医疗管理有限公司董事长陈静

于军涛 李淑丽 张宏宇

秦皇岛民利众和医疗管理有限公司董事长陈静

伟大的时代呼唤勇敢的弄潮儿。紧跟时代节拍，陈静在人生的广阔舞台忘我投入，书写人生的华彩。

1999 年参加工作的陈静，原本有一份令人羡慕的职业，生活稳定、收入可观。可她不甘于此，看着时代大潮汹涌澎湃，她按捺不住想到中流击水。

2015 年，在国家“大众创业，万众创新”的号召下，陈静毅然投身于创业的滚滚洪涛之中。市场的海水她呛着了，同行的轻视她经受了，客户的不信任她体验了。然而，她将这一切都当作人生中的一种历练，愈挫愈勇，凭着坚韧，尽情书写“全民健康梦”的壮美画卷。

陈静介绍说，父亲是踏着改革开放节拍最早“下海”的一代，几十年来在道路施工领域创业维艰、苦心经营，辛辛苦苦积攒下了一份家业；如今，与改革开放同龄的自己要努力把父辈身上的那份创业精神传承下去，做一个“敢闯敢试”

的“创二代”。

“或许是继承了父辈的创业基因，按部就班地稳定工作不是我想要的生活，奋斗才是我的人生，趁着自己还年轻，我想出去闯一闯”

2018 年 12 月 18 日，一个平常的日子，阳光透过薄雾慵懒地照射在民众体检的门前，带来冬日里难得的一丝温暖。在体检中心里，前来做健康体检的市民或挂号、或准备抽血、或检查，大家忙而有序。工作人员介绍，中心每天都是这样度过的，平均一天要检查四五百人，他们希望通过自己的努力，把健康送到人们身边。

秦皇岛民利众和医疗管理有限公司成立于 2015 年，创始人是改革开放的同龄人陈静。说起成立民众的初衷，一个源于陈静带着父母求医问药的机缘，一个源于她成就事业贡献社会的一颗心。

有一段时间，陈静经常带着父母去看病。那几年，父母身体不好，父亲患过脑出血、几次脑血栓，心脏下支架，血压高、血脂高。母亲患糖尿病 20 多年，视网膜病变严重。陈静带着父母从这家医院出来，再前往另一家医院。那段日子她几乎就是在各医院之间奔波中度过的。

跟医院接触多了，陈静对原有医疗体系有了很多体悟，也引发了她的一些思考。病人在病前没有机构能给予他们很好的预防和警示，得病从大医院手术完、急救完之后，后期也没有什么机构能够给予他们很好的保健。她就开始寻找，有什么机构可以给病人更好的保健呢？经过一段时间的市场调研，发现秦皇岛缺少一个这样的机构。

她突然意识到“我父母面临的问题，也同样是天下父母面临的问题，既然没有这样的机构，那我就去创办一个”。这个想法让陈静发现了一个巨大的市场需求，也撩动了她一直深埋着的创业之心。

“我没有医疗的专业背景和工作经验，一切都是从市场和用户的角度进行的设计和思维，这让我没有受到原有医疗模式的限制，做了很多的创新，劣势反而转变成了优势”

开拓殊不易，创业有时艰。温室里的花朵，走出来容易，但要真正适应外部环境并开出更加绚烂的花朵，往往要遭受各种考验和波折。

由于没有专业背景，陈静在公司初创时反倒少了一份专业背景带给她的桎梏和负累。她没有从专业人士、医务人员的角度，而是从一个用户、消费者的角度，以用户思维去构建企业机构，始终在想用户需要的是什么，用户感受是什么，怎样让用户信赖我们？得益于这样的思维和基因，陈静一步步倒推着去建设企业，去构建每一步流程。

经过努力，民众公司建起来了，这里聘请了优秀的医务人员，配置了先进的医疗仪器，但由于信息不对称，再加上人们固有的观念认知，对这条刚刚闯入传统医疗行业的“鲶鱼”抱有深深的怀疑，初期业务推广困难重重。业内专家尤其是公立医院的专家，没有一个人愿意站出来为民众说句话。反馈回来的信息都是“他们的设备不行啊、水平太低啊，那么便宜的卡小心打了水漂啊”。

如何打开市场，成为摆在陈静面前的一道难题。面对人们的质疑，陈静将服务作为开拓市场的突破口，全情全力提高客户的服务体验，以服务赢得市场、以口碑打造品牌。

有一位退休的老同志陪老伴儿来体检，老两口被体检中心专业的业务素质和良好的服务体验感动了。老同志感慨道：“这么多年没有体验过这种服务。”他对陈静说：“我准备帮帮你，你看看还有哪些单位需要帮忙引荐一下，现身说法，更有说服力。”随后，老同志就拿出电话本，一连打了 20 个电话，把民众体检中心向大家

秦皇岛民利众和医疗管理有限公司董事长陈静在 2018 年第三届大健康产业交流会上与合作商签约

做了介绍。经过这个推荐，好多客户就拓展进来了。

还有一位老人，做完体检后着急回家照顾老伴儿，但因为坐车不方便，犯起了难。中心工作人员了解情况后，开着自己的私家车把她送回家，整个过程让老人特别受感动。她给自己在一家疗养机构做负责人的女儿打电话，讲述了自己的经历，后来这家疗养机构的几十个人的体检业务也被民众拓展进来了。

就这样，凭着优良的服务和口碑，一传十、十传百，客户越来越多，最终民众赢得了认可和尊重，业务量逐年攀升。

行百里者半九十。经过 3 年的运营，民众公司在秦皇岛行业内站稳了脚跟，打响了品牌。但陈静没有松懈，创业初心不改。公司将“专业、诚实、负责、感恩”作为企业的核心价值，老老实实做人、踏踏实实干事，做负责任的企业，做负责任的医生。

目前，经过发展，公司员工扩展到 260 多名，其中拥有副高、正高职称的专家占到 70% 以上。公司拥有一流的医疗设备，影像、诊断都是数字化、信息化的，其中影像中心还跟德国的一家影像中心进行合作，信息交互共享。

合作才能共赢。民众公司牵头，跟海港区、北戴河、山海关的社区诊所建立起了医联体，实现医疗资源共享，现在签约诊所有 400 家，业务往来比较密切的有 200 家，未来将覆盖全市的六区三县。通过医联体的共同协作，市民可以很方便地在小区门口的民利众和联营诊所进行抽血，标本送到中心进行检验，结果信息化回传，其他的检查也可以实现提前预约、快速检查，极大地方便了市民就医，“服务于民，健康大众”的创业初心，他们重在用行动兑现。

“健康国人是我的创业梦，往全生命健康管家的方向发展，最终形成全产业链格局”

不谋全局者不足以谋一域。在初创、起步的时候，公司就提出了全生命健康管家理念。陈静说：“公司建立的目的，就是从用户角度出发，寻求解决问题的方案。光体检就完了吗？问题没有解决呀。体检完之后，后续应该怎么办？按照这个思路，不断延伸我们的产业链。”

目前，陈静注册了两个品牌：秦皇岛民利众和、河北御享天源。双品牌运行，业务板块从单纯的体检延展为健康实体。公司还在北戴河新区准备建设占地 65 亩的综合康养机构，项目正在做前期规划设计，明年进入实施阶段，预计在 2021 年建党 100 周年之际投入使用。

北戴河新区综合康养项目主要针对京津冀和全国高端保健人群，承接北京大医院术后人群的康养恢复。

陈静介绍，经过3年发展，公司度过了初创期。从2019年开始，公司将进入成长期。成长期是快速的，接下来3到5年的时间，企业争取要发展到百亿元级，真正成为秦皇岛大健康产业的龙头。

淘宝解决了购物，滴滴解决了出行，美团解决了吃饭，陈静经过调研发现：目前国内各大网站上还没有一站式健康服务平台，还没有一个网站解决了就医问题。她正在着手将公司在秦皇岛的发展进行模型打造，未来就会像美团网一样，进行城市版复制，走到哪里、复制到哪里，实现业务的快速扩张，最终形成中高端、高端、超高端的全产业链格局。

记者手记：

心有多大，舞台就有多大

看起来，陈静就是一个身高1.60米左右的小女子，然而随着你跟她接触的深入，你会发现她的心有多宽、多大，她身上蕴含了多少巨大能量。

当人们还在抱怨原有的健康体检模式走过场、态度冷横硬的时候，陈静却发现了其中的商机，并付诸实践，斩获成功；当人们认为她的企业已经在市场占据了一席之地，可以松口气、缓一缓时，她却乘势而上，御风飞翔。一座城、一个地域已经不是她的舞台，她已经放眼全国、海外。

常常有人问陈静：你成功的背景和后台是谁？她回答：“改革开放的好政策就是我的背景，国家大力鼓励‘大众创新，万众创业’就是我的后台。”

唯善借势者，才能成其大。

陈静是改革开放的同龄人，时代的烙印深深地印记在她的身上，让她拥有了不一样的格局和视野，淡定从容而不沾沾自喜、勇往直前而不瞻前顾后。时代成就了她，她用实绩回报时代。

陈静说，她最羡慕被人称为“先生”。通常两种职业有此殊荣，一个是“看病先生”，一个是“教书先生”。健康医疗产业，治病救人，健康国人身体，她正在身体力行；将来她希望自己能去做教育，答疑解惑，健康国人心智，强我国家民族。

褊狭小器，致踟蹰徘徊；胸怀宽广，才能勇敢向前。使命召唤，时代召唤，陈静正疾速走向她的梦想舞台，去倾情演绎她的人生，绽放她的生命，贡献她的力量。幸福是奋斗出来的，奋斗的人是幸福的，愿更多人也拾起步履，放飞梦想，在时代的大潮中破浪前行！

小三轮蹬出大物流

河北中运投资集团有限公司董事长杨庆利

于军涛 杨琦 李淑丽

河北中运投资集团有限公司董事长杨庆利

“好的，我马上下订单，两天之内就能装船！”放下电话，杨庆利自豪地说，“一个电话，我就订了8000吨香蕉，从菲律宾直接海运过来，只要一周时间！”

2018年6月25日上午，走进河北中运投资集团有限公司董事长杨庆利的办公室，三言两语的寒暄间，他的电话就没断。

15岁独自来秦皇岛闯荡，汤馆里打工、烤白薯、卖冰棍……没想到，如今纵横商海的杨庆利也是个“苦出身”！

艰难创业：三轮车蹬到了山海关

杨庆利是唐山丰润人，1983年，只有15岁的他独自到秦皇岛闯荡。汤馆里打工，夏天卖冰棍儿，冬天卖烤白薯，3年间，浑浑噩噩的生活，让年少的杨庆利倍感失落、沮丧、无助……

有时候整夜独自坐在海边，对未来，他看不到什么希望。

夜里的海风像刀子，扎得皮肤生疼，但也使人清醒。

“就这么沉沦下去吗？不行。一个大小伙子，就这么轻易认怂了？”

“再苦、再难，也要咬牙挺住。经历过大灾大难的唐山人，永远不会向命运认输！”

下定决心，白手起家，杨庆利手拎秤杆儿，迈出了艰难创业的第一步。

他带着仅有的200元钱，租了一间下房，买些生活用品，剩下几十元钱成了做生意的本钱。“我那时在马坊市场，每天很早起来，从市场东边进韭菜再到西边卖，一天能赚个十块八块的！”

一个月后，杨庆利靠提溜小秤杆儿挣来的几百元钱购买了一辆三轮车，那是他人生的第一辆车，至今他还记得是雄狮牌的。

有了车，就能搞批发。山海关回马寨村当时是韭菜种植基地，不管刮风下雨，杨庆利每天凌晨蹬着三轮车赶往山海关。返程时，车上拉着几百斤韭菜根本蹬不动，他就推着走。凌晨4点多抵达市场，再批发给各个商户。“现在回想那时候，应该算是我最早的物流生意！”杨庆利笑着说。

一年后，杨庆利进到了水果批发市场，9年间，他奔波于全国各地做水果批发，结识了众多客户，也积累了事业的第一桶金。1995年，满载香蕉的第一艘货轮从厄瓜多尔抵达秦皇岛港，杨庆利天天泡在港区服务客户。为人勤快、做事公道，香港、新加坡的大客户对他赞赏有加。第二年，杨庆利顺利成了代理商。

“做生意必须要讲诚信！”这是杨庆利所坚持的信念。当时香蕉的行情非常好，很多商户争着从杨庆利手里进货，只要他稍稍加价就能多赚百八十万，但杨庆利更看重诚信和口碑。

1998年，杨庆利直接涉足香蕉进口生意，事业迈上一个大台阶。

那几年生意太好做了，几百台拉香蕉的大车围在公司周边，一下子能堵出去好几千米。车多人杂，不好管理，甚至有人动起歪脑筋，用假手续浑水摸鱼，愣是从杨庆利手里骗走了10多车香蕉。

怎么办？杨庆利顺势投资创办了北港物流公司，正式进军物流产业。

至今杨庆利还记得，他的第一辆九米六长的大货车是从青岛买的，当时他兴奋得像个孩子，专门跑到青岛亲自把车开了回来。

中国物流与采购联合会理事、河北省现代物流协会副会长及秦皇岛市交通与物流协会会长，一个奋力蹬三轮的创业小伙成长为名副其实的物流行家。

“将秦皇岛打造成全国最大的水果进口口岸！”

“菲律宾达沃—秦皇岛”是河北省目前唯一可以直达东南亚的集装箱航线，开辟了华北、东北地区连接外界的“海上通途”。对于这条航线，杨庆利的评价是“来之不易，意义重大”。

杨庆利公司旗下产业有很多，其中，物流和贸易一直是他的“心头肉”。2017年，秦皇岛禾港有限责任公司正式成立，公司以发展农产品进出口贸易为平台，创新物流模式，提供经济便捷的港口物流全程服务。作为禾港公司的总经理，杨庆利迎来大施拳脚的广阔空间。

“想发展光有港不行，必须得有船和直达航线！”身为业内专家，杨庆利拥有远见卓识的决策力。在政府支持下，杨庆利坚定信心，频繁出国考察、洽谈客户、对接外商和船务公司等，忙得不亦乐乎。2017年10月26日晚，当载有百余吨香蕉的第一艘菲律宾集装箱直达班轮缓缓驶入秦皇岛港，杨庆利心里像抹了蜜一样甜。

也许很多人不知道，20世纪90年代，凭借得天独厚的地理优势，秦皇岛港曾是国内的进口香蕉集散地，连续多年保持进口香蕉集散市场全国第一的位置，但由

河北中运投资集团有限公司2019年年会迎新春携手大奋进

于多种因素影响，这一产业逐渐衰落了。

“1995 年，秦皇岛第一船进口香蕉就是我做的业务，我经历并见证了那时的辉煌。如今这条直达航线重新起航，我一定能把失去的拿回来！”杨庆利说，“目前正在菲律宾、越南等东南亚地区打造种植基地，我们有信心将秦皇岛打造成全国最大的水果进口口岸！”

在杨庆利眼中，香蕉只是一个点，这条航线有其更广阔的意义。带动秦皇岛“大物流”产业的快速发展，为本地的出口企业节省了物流成本，有效助力秦皇岛港的转型，更重要的是，契合国家“一带一路”的发展倡议。

“跟他出趟门都能‘跑断腿’”

杨庆利的精力旺盛是出了名的。在员工们眼里，他就是个“铁人”。

早晨六点多就在微信群里发信息安排工作，中午从不午休，一天里经常马不停蹄地连走几家公司；出一趟差，先后赶到北京、天津、唐山三地对接客户；出国从不倒时差，第二天照常工作；一天内连倒 3 次飞机前往 3 个国家，还要陆续乘车赶 2000 多千米的路……这是几张杨庆利的日程表，每一张的紧张节奏和强度都能压得人喘不过气来。

助理小温是武警转业，身高一米八六，年轻棒小伙一个，即便这体格跟杨庆利出差也常常感到吃不消，他忍不住“抱怨”：“跟杨总出趟门都能‘跑断腿’。”

“我的体力、脚力不错，这都是蹬三轮那阵子练出来的！”杨庆利笑着说。

事业已经很成功了，为什么还这么拼？

“责任！”杨庆利特意把这两个字咬得很清。

“早上一睁眼，想想这么多员工跟着我干活吃饭，这么多客户和你合作发展，浑身上下就有使不完的劲儿！”杨庆利说。

在员工们眼里，杨庆利不仅是能力极强的老板，有时更像一个“大家长”。谁在工作上出现了问题，便会被他劈头盖脸的一顿骂；谁在生活中遇到了困难，他也会热心地帮忙解决，就连哪个员工年纪大了还没结婚，他都会跟着着急。

这些年，杨庆利从没有开除过一个员工，这个“大家长”尽力挖掘每一个人身上的专长，大家也都愿意死心塌地跟他干。

记者听到这样一个段子，当初，杨庆利在创办北港物流的时候说：“我要让一期员工都开上宝马车！”很多人觉得，老板在激励大家，也就是随便说说。没想到今天，这个诺言兑现了！

眼睛不能只盯着效益，心里还应装着这座城市。

秦皇岛，让杨庆利这个异乡人收获了事业成功的城市，也成为他心中一份沉甸甸的责任。借着建设国际化城市的东风，发展冷链物流产业、做大做强进口水果及农产品贸易、建立北方最大的农副产品交易市场平台……蓝图在杨庆利手中展开，脚步永远在奔波的路上。

记者手记：

美好生活是奋斗出来的

从白手起家拎秤杆蹬三轮的小商贩，到运营国际航线的物流“大咖”，杨庆利的人生可谓丰富多彩、充满悬念而又完美。

正因如此，他成为无数年轻创业者羡慕、模仿、对标的目标。年轻人有目标是好事，问题是，我们应该从成功的目标对象身上学什么？

每一个或励志、或逆袭的故事，之所以动人，不在于结局有多美好，恰恰在于过程有多丰富。如果把杨庆利的奋斗历程比喻为一次爬山，那么从山脚到顶峰，中间就是数不清的台阶甚至不可预料的沟沟坎坎。这个爬坡的过程，有迷茫，有纠结，有辛酸，有泪水，有成功，有挫折，但更多的是一个创业者永不言弃的奋斗精神。

“临渊羡鱼，不如退而结网。”从某种程度上讲，“结网”只代表着定了一个目标，开启了一段行程，这之后，还有更多的风雨、风波甚至风浪。最后结果能不能捞到鱼，比的就是谁有奋斗到底的那股子劲头。

一个人生赢家，成功了依然这么拼，正在路上的年轻人，还有什么纠结和抱怨的呢？

奔跑 在希望的土地上

秦皇岛冀盛物流有限公司总经理程淑艳

于军涛 李淑丽 孙文志

秦皇岛冀盛物流有限公司总经理程淑艳

你印象中的物流业是什么样？人声嘈杂，车辆穿梭，一群糙老爷们儿甩着膀子吆喝……

你印象中的女强人是什么样？衣着光鲜，气势逼人，走起路来风风火火……

面对程淑艳时，这些印象都得颠覆。

一杯清茶，几样自种的蔬果，话匣子慢声细语地拉开。如果没人介绍，你恐怕不会想到，这个衣着朴实、笑容和善、语调轻柔的大姐，会是一家物流企业的总经理。

她是秦皇岛大型物流企业中唯一一位女性掌舵者。一个闯进男人地盘的女人，如何把冀盛物流打造成众人口中秦皇岛物流企业“最成熟”的一个？

“当一个企业的发展和城市的脉搏一起律动，就一定会发展好。”开口第一句话，似乎就解开了谜题。

投身物流业，人生一次重要“转型”

程淑艳和爱人老郭都是土生土长的秦皇岛人。两人原本都有着体面的工作，日子很安稳。1995 年，看准在秦皇岛创业的前景，爱人老郭辞职下海，创办了“冀盛糖酒公司”，程淑艳利用业余时间帮忙打理。

说是公司，其实更像一个小超市。几节柜台里摆上货，雇上六七个人忙活。

“诚信”，初入商场，夫妻俩的经营秘诀唯此二字。

“企业做得好不好，关键得看人做得好不好。我们主要经营的是一级白砂糖，出现问题从不让顾客承担损失，都算我们的。”程淑艳回忆，时间长了，顾客们都说，从他家买东西，没问题。

靠着一股子实诚劲儿，公司的生意越来越红火。到了 2010 年，又一次机遇摆在面前。

“临港物流园区成立了，我们觉得这是个机遇。”其实，当时程淑艳面临着两种选择，手头有点钱了，是买几间门市房，安安稳稳当个“收租婆”？还是买地创业？

物流业和人们生产生活息息相关，是基础性、战略性产业，也是秦皇岛四大产业定位之一。秦皇岛的地理位置优越，临港产业园毗邻秦皇岛港和京哈高速，发展前景广阔。思前想后，程淑艳和爱人决定放弃当“收租婆”的安稳日子，投身到陌生的物流行业。

“现在有时我还想，当时要是买了门市房，安安稳稳收房租，何必这么累。不过看到现在能带动这么多人就业，让他们能够安居乐业，就觉得当初的选择没错。”程淑艳笑着说。

夫妻俩买的地位于东港北路路边。果树、菜地、狗棚、花圃，还有一片两米多深的大坑，杂乱无章。但当时站在这里，自称“阳光型人格”的程淑艳心中只有一个想法：这是一片希望的土地！

2010 年，冀盛物流有限公司注册成立。

“那时候，我们对物流行业仍然是个门外汉。”程淑艳甩下常说的一句话：困难面前有我们，我们面前没困难。

企业成立需要办各种手续，公司派 5 个人“常驻”政府办事大厅，程淑艳也跟上班一样天天跑。从立项到拿到土地证，一般没两年办不下来，他们 13 个月就拿下了，“当时大家都夸赞，说我这叫‘老程速度’”。

机遇总是垂青更努力的人。公司成立不久，程淑艳捕捉到了一个信息：邮政速递要找地方建分拨仓。她拍了胸脯：“交给我们，你说怎么建，就怎么建。”

当年9月打下第一根桩，仅仅3个月后，分拨仓交付使用。“入门仗”漂亮地打赢，程淑艳和爱人的人生也实现了一次重要的“转型”。

做好“管家婆”，打造“真正”物流企业

库房规整，道路平坦，来往车辆次第通行……冀盛物流的库区，没有传统物流配货的喧闹杂乱，让人感觉到的是干净、安静、井然有序。

“在我心里，这才是真正的物流企业。”程淑艳微微点点头。

初入行时，秦皇岛的物流行业普遍小、散、乱，“那时我们就下定决心，不做‘快餐’企业，要做就做百年企业”。

程淑艳和爱人没有食言。依然靠着“诚信”这两个字，冀盛物流从建设到服务一切对标一流，用高标准的设施和服务迎接客户。

库区里安保人员24小时不间断巡逻，半小时定位打卡；食堂里选用有机蔬菜、土猪肉和品牌油，公司为此一年补贴50万元……这样一个个小细节，体现出的正是服务的水准和诚意。

“人家来我这儿，我就是‘管家婆’，吃喝拉撒睡都得管好了。”程淑艳透露，尽管他们的收费略高，但始终是“供不应求”，秘诀就在于高水平的服务。

现在，冀盛物流已经成为一家集第三方仓储物流、大宗商品贸易、金融服务、互联网信息服务于一体的综合型供应链服务企业，吸引邮政速递EMS、京东商城、顺丰速运等多家国内外知名企业入驻，成为华北地区重要的货运枢纽场站。

“这一步步走来历经艰辛，当你努力战胜所有困难，就会感到欣喜、快乐。”的确，不到8年时间，一个门外汉的神奇生长，怎么会一帆风顺？

“成功和不成功，就差在‘执着’二字。”这两个字，是经验，是秘诀，也是程淑艳个性的写照。有执着的毅力，有高瞻远瞩的思考能力，她才能屡屡以柔克刚。

2016年12月，冀盛物流获批成为郑州商品交易所白糖交割库，并着手规划建设食糖交易流转市场。这对于推进秦皇岛打造全国物资流通“中转站”、提高港口货运吞吐能力、带动本地相关产业发展、形成区域大宗商品交易中心具有重要意义。

这一具有“历史意义”的事件背后，是程淑艳一次次夜不能寐的思考和执着的奔跑。

“食糖交割库是做糖企业的梦想，因为可以很好地套保，保护现货。”全国只有30多个食糖交割库，这是荣誉，也是责任，更重要的是能给冀盛物流和秦皇岛带来提档升级的发展机遇。

秦皇岛冀盛物流有限公司精准扶贫向青龙大巫岚村捐款

民营企业申请交割库有很多苛刻的条件。为了得到政府的支持，程淑艳面对市领导，鞭辟入里地汇报了一个多小时。

市里主要领导听了以后，当即拍板：“这是件好事，咱们得帮她。”

之后，副市长带着程淑艳亲赴郑州，直到程淑艳心愿成真。

“冀盛物流的发展离不开市领导的关怀和支持。”程淑艳说，这得益于他们坚守的一个理念：企业的发展一定要和城市的发展保持“同频共振”。这样才能抓住机遇、好风借力。

念好管理经，把舞台交给年轻人

退休前，程淑艳在国企工作多年，拥有着丰富的管理经验。她把这些经验改进移植到冀盛物流，形成一套“管理经”：

——做一个有爱的企业，让企业文化慢慢融汇在员工心里。当企业充满爱时，才会越走越好。

——企业的管理要适度，不管不行，过度管理也不行，要靠管理出效益。

——坚持“诚信”的主旋律。

——做好人才梯队的建设，给年轻人充分施展才华的舞台。

——不断学习。在为客户做好服务的同时，也要学习客户的先进管理经验。

在冀盛物流的办公楼里，看到的基本都是一张张富有朝气的年轻面孔。

“企业能飞多高，关键看个人的能力，能把它推多高。”程淑艳非常认同一句话：人才是企业最核心的竞争力。

“公司的中层领导基本都是“80 后”“90 后”，年轻、高学历。”她告诉记者，现在公司的管理岗位招聘学历要求得一本、研究生，门槛很高。

“80 后”姑娘张小娟是毕业于燕山大学的研究生，在公司工作 7 年，如今年纪轻轻就被委以重任：冀盛物流公司副总经理、冀盛贸易有限公司董事长。

“没有论资排辈，公司给了年轻人自由发挥的平台。”她告诉记者，公司特别注重对年轻人的培养。要求大家每天写工作日志、做形势分析，激励大家主动去做、去思考。每天的“作业”，董事长都要在网上亲自过目，写得好的点赞，写得不好的发一个“猪头”。员工的生日和各个节日都能收到公司发放的礼物，还经常举办演讲比赛、拓展训练、厨艺大赛等活动，“公司就像一个充满活力的大家庭，让我们有归属感”。

“所有东西都会一去不复返，青春也一样。”在不久前的一次“无奋斗、不青春”座谈会上，程淑艳激励年轻员工：“年轻人可以犯错，但不干不行，就得往前冲！”

“年轻人成长起来，企业的发展才有后劲。”程淑艳说，不管他们以后会不会一直在冀盛工作，只要能成才，就令人欣慰。

“我生长在秦皇岛，对家乡有种情怀。”身为秦皇岛市人大代表、海港区政协常委、秦皇岛市总商会副会长，程淑艳总觉得肩上有沉甸甸的责任。

她把责任化作对秦皇岛迈向国际化城市的殚精竭虑。“推进港产城互动发展”，这条富有见地的建议，成为 2018 年区政协 1 号提案。

她把责任化作对家乡百姓的牵挂和回报。了解到龙潭村“信息闭塞”，协助建基站；十多次到窑上村调研，为村民脱贫致富捐款 15 万元；自 2017 年至今，捐赠各项公益物资价值 25 万元……

“从开始到现在，一步步感受到物流业的活力和潜力。”程淑艳在心中已经为冀盛物流描画好未来之路：打造以物流仓储为基础，以大宗商品交易周转为核心，以“互联网 + 物流”为支撑，融合线上电子商务和线下业务的现代化、信息化物品流通集散中心。

8年前，程淑艳所面对的那片希望的土地，正一步步，把希望变成现实。

记者手记：
奋斗的青春最美丽

对程淑艳和冀盛物流的采访，让记者改变了很多固有印象。

谁说女子不如男？在物流这个以往被男人主宰的领域里，程大姐的柔显得引人注目。她身上看不到“女强人”标签化的一些特点，却用执着、坚韧、睿智、成熟，证明了一种内敛的强大，完成了很多男人都做不好的事。

而冀盛物流，也已经完全脱离了传统物流业的小、散、乱，用更高水准的服务、更现代的经营管理，登上了更广阔的平台，赢得了更快速的发展机遇，从而成为推进转型升级、高质量发展的一个典范。这取决于企业经营者的高瞻远瞩、打破传统思维；取决于政府的积极引导、鼎力扶持；取决于个体和城市在发展上的同频共振、不懈坚持。秦皇岛的绿色发展，需要更多的冀盛物流出现。

程淑艳开玩笑说，她是在退休后又焕发了第二春。英雄莫问出处，有志何惧年高，就像她给年轻人讲的那样：无奋斗，不青春。

程大姐，你奋斗的身影，正青春！

与时代同行 让『星晨』闪耀

江苏星晨环保集团有限公司秦皇岛分公司董事长丁叶民

于军涛 杨琦 武艺群

江苏星晨环保集团有限公司秦皇岛分公司董事长丁叶民

傍晚时分，海港区东港镇西向河寨村一片宁静，村民邹继仁带着外孙女在家门前的青年大街上散步。眼前干净平整的马路与邹继仁记忆里的样子形成鲜明对比。“以前道路坑洼不平，垃圾、污水满大街倒，没干净的时候。”邹继仁说。自打村里建起污水处理站，环境明显改善了。

距离邹继仁家不远处的农村污水处理站里，机器正在运行，村民家中排放的生活污水通过排污管道汇集到这里，经过多道程序的处理，清澈的水从站房东侧的管道里“哗哗”地排入周边河道。

几十里外的开发区，江苏星晨环保集团有限公司秦皇岛分公司董事长丁叶民打开手机上的 APP 软件，就可以随时了解污水处理站的设备运转情况。西向河寨村的污水处理站是公司在秦皇岛接到的第一个工程，丁叶民格外在意。

公司拥有员工 300 余人，年销售额 5 亿元……伴随着中国环保产业走进历史性的大发展时期，丁叶民在 23 年间经历了企业从无到有、由弱变强的发展历程。当下，在环保产业正处于大有可为的战略机遇期和产业结构深刻变革期，他又是怎样走在行业的前列？

失业不失志，艰难创业铸辉煌

大学毕业能找到一份稳定的工作是很多毕业生的梦想，丁叶民也不例外。1994 年，环境工程专业毕业的丁叶民在家乡的化工企业找到了一份技术员的工作，可刚工作一年，企业效益差，他就遭遇了下岗，这对丁叶民而言是沉重的打击。

重新出发，是继续找份工作，还是自己创业？失业后的丁叶民为自己的前途增加了一个选项。

家乡江苏省宜兴市高塍镇是全国闻名的“环保之乡”，其环保工业几乎与我国环保事业同时起步。改革开放以来，随着市场需求增加，环保设备制造企业在高塍如雨后春笋般出现，崛起于江南大地，走在全国前列。1994 年，环保产业已是高塍镇的支柱产业。

“当时国家对环保还没有非常重视，但从家乡环保企业迅猛的发展势头来看，大的方向已经很明确。”丁叶民仿佛触摸到了国家环保产业跳动的脉搏，经过一番自我调整，他大胆地选择了自主创业——运用所学专业，在家乡创办了星晨环保公司。

家乡无处不在的环保企业如繁星闪耀，交相辉映，而丁叶民靠 5 万元创立的“星晨”起初黯淡无光。

公司规模小，工艺落后，装备水平低下，不具备竞争力，难以得到客户信赖，“星晨”一度陷入困境。

“最窘迫时，我甚至拿不出请外地客商吃一顿饭的钱，只好把自己的婚戒送去典当行。”丁叶民说。

然而，创业的艰难并没有消磨掉丁叶民做事的魄力和拼劲，困境中，他敏锐地把握住了发展良机。

一家大型冶金企业的生产线需要一套除油装置，而市场上的大众产品存在诸多不足，丁叶民的公司也没有适合的技术和产品，但是机会难得，“没条件，创造条件也要上”。丁叶民决定投入资金，聘请科研人员进行产品研究实验。最终，公司成功研制出除油专用装置，产品在冶金企业投入使用后，取得了良好的效果，并成功申报国家专利，被评为高新技术产品。星晨环保由此获得了发展史上的第一大单，新产品投放市场，企业效益大幅提升。2002 年，“星晨”开始加速发展。

经过数年苦心经营，“星晨”的规模和业务范围不断扩大，在全国近百个大中城市设有多家营销机构，成为当地的明星企业。丁叶民也荣获“江苏省十大创业明星”“中国榜样人物”等称号。

2016 年，丁叶民在秦皇岛设立分公司，他正谋划下好更大一盘棋。

把握时代脉搏，扩大企业版图

2015 年，秦皇岛一家污水处理厂出现问题，水质严重不达标，丁叶民作为环保业内人士，被请来进行问题会诊。环保专业科班出身，自身在水污染治理方面有较多的研究，经营的公司有 20 多年的水处理经验，参加会诊的丁叶民很快找到问题的症结所在，并提出了整改方案，成功地解决了水质不过标问题，这次会诊也让丁叶民与秦皇岛结缘。

彼时，国家对环保的重视程度越来越高，环保企业发展的政策东风接连吹来——新《环保法》实施，“水十条”颁布，美丽乡村建设的推进，环保产业的市场空间无限广阔，环保企业迎来了前所未有的发展机遇，而丁叶民早已做好了抢占市场的准备。“水十条”颁布前，他就看到了区域黑臭水体治理的前景，开发了一种用于河道治理的新型产品，比一般的设备节能 30% 左右。

对于企业家丁叶民来说，秦皇岛之行让他发现了新的发展方向和空间，这无疑是企业走进秦皇岛的大好机会。

秦皇岛将“生态立市”摆在全市发展战略的首位，以生态为核心竞争力，正在加快改善生态环境。在秦皇岛，站在政策的风口，丁叶民把眼光投向了更远的未来。

“秦皇岛市委、市政府对生态建设高度重视，城市生态环境在中国北方首屈一指，未来有着无限的发展空间。”自然禀赋优越，创业环境优厚，丁叶民决定在秦皇岛成立分公司，把秦皇岛作为重要的生产加工基地和企业在华北、东北的中心，力争为秦皇岛生态建设作出贡献的同时实现企业的快速发展。

分公司很快迎来了农村生活污水治理的市场竞争，政府让环保企业拿出一套可行的、运营成本低、效果好的治理方案。

“农村污水比较分散，需要采取分散式处理方法。政府的要求对于我们公司来说并不难，我们在这方面不仅有专利技术，而且在南方比如贵州山区，做过很多类似的工程，效果很好。”针对秦皇岛农村地区的实际情况，丁叶民提出建小型污水处理站的方案，并在海港区东港镇西向河寨村开工建设作为样板。

2016 年 6 月，西向河寨村的小型污水处理站投入运行，有效地解决了污水直排造成的环境污染问题，村里的污水经过处理后达到《城镇污水处理厂污染物排放标准》规定的一级 A 标准，而且污水处理站的环保设备采取智能监控，不需要人员值守，大大降低了运营成本。市委书记孟祥伟带领专家到实地调研，对污水处理站给予了很大的认可，孟祥伟提出在全市范围内推广复制。在秦皇岛，丁叶民顺利地抢占了市场先机。

两年来，分公司承接了秦皇岛数十个村镇的农村环境连片整治项目，这在丁叶民看来，只是分公司发展的良好开端，他说："我们力争将秦皇岛打造成北方地区城镇污水治理示范区。"与此同时，丁叶民不断把业务向东北、华北地区拓展，在雄安新区，公司也争取到了市场份额，承接了白洋淀周边水治理的部分工程。

不断创新，向多元化方向发展

"10 月份，山海科技公司的大气监测网格化微型站就要投放市场了，还有便携式大气监测智能设备，带在身上就能知道所处的地方空气质量怎么样……"说起公司即将推出的新产品，丁叶民的脸上有掩饰不住的兴奋。

他所说的科技公司是与秦皇岛分公司同期成立的山海环保科技有限公司，专门做智能环保产品的研发和销售，他对这个公司倾注了很大的希望，将其视为企业未

江苏星晨环保集团有限公司秦皇岛分公司场景图

来的发展方向。

两年前，丁叶民的儿子从美国留学归来，本想按照自己的意愿找一份安稳的工作，但是丁叶民却打消了儿子的念头，说服儿子管理秦皇岛分公司和山海环保科技有限公司，引领企业朝着高科技、多元化的方向发展。

“环保产业发展初期，行业规则主要是低价竞标，存在大量应付性工程。如今环保产业进入新的发展时期，市场空间虽大，但是民营企业的压力也越来越大，越来越多的国有企业转型进入环保产业，行业内的竞争逐渐发展为高质量、高技术的竞争。要在竞争中站住脚，必须不断地进行技术创新，加速科技成果转化，走多元化发展之路。”丁叶民认为，我国的环保产业已从过去以量为主的扩张方式，走向以质量为主的发展阶段。

多年来，企业在激烈的市场竞争中生存发展，丁叶民深谙科技就是第一生产力的道理，他也始终没有放弃对创新的追求，一直以求贤若渴的姿态，重视引进人才，与多所科研院所、大专院校建立稳定的技术协作关系，将科研、生产、市场有机结合，把环保科技成果有效地转化为生产力，使企业走出了一条依靠大专院校、科研设计单位开发环保设备与产品的发展道路。

集团招聘名校重点专业毕业生，设立新技术研发部门；在江南大学和常州大学分立“星晨”奖学金，将公司定为大学生户外实习基地；与东南大学合作建立东南大学中国环保装备产业基地研发中心实验室，致力于大气污染治理技术和装备开发及其产业化……

“目前‘星晨’有员工300余人，年销售额5亿元。每年，公司都会在国家专项扶持资金的基础上拿出全部产值的3%～5%用于技术创新。”丁叶民认为企业不能吝惜在创新上的投入。

在秦皇岛分公司，一台高大的设备摆放在一楼大厅里，丁叶民介绍说：“它是公司与合作伙伴新研制出的小型垃圾焚烧炉，能够有效地解决农村垃圾处理问题，这也是公司多元化发展的尝试。”

2017年年底，丁叶民牵头成立秦皇岛环保产业协会，力求把优质的环保企业和先进的环保技术引进秦皇岛，打造环保产业新高地。

让企业繁荣发展是丁叶民奋斗的目标，但不是他衡量成功的唯一标准，他看重的还有企业家对社会的责任与担当。

在他看来，如今的成就是国家改革开放和政府扶持的结果，更是社会各界支持和全体员工共同努力的结果，企业家应致富思源，回报社会。在家乡，他因热心公益事业而荣誉加身，在他乡秦皇岛，他仍不忘初心。

2017 年 5 月，丁叶民捐款 10 万元，为环卫工人送早餐，支持秦皇岛创建全国文明城市；2018 年 6 月，秦皇岛分公司与青龙满族自治县青龙镇平顶山村达成村企共建，成立“星晨扶贫基金”，公司计划 3 年捐款 10 万元，促进贫困乡村文化事业发展，并优先为贫困村民提供就业岗位……

记者手记：

抓住机遇，挑战未来

一个下岗失业后通过艰难创业走向成功的企业家，一个有着 23 年发展历程的环保企业，丁叶民和他的“星晨”应该是有很多故事可以讲述的，可采访过程中，丁叶民却是轻描淡写地聊起过往的一切，而说起新产品、新技术，他却侃侃而谈。在他身上，我们更多地看到那股倾注在企业未来发展上的热情和闯劲儿，而且这股劲头始终不减。

大学毕业后工作一年遭遇下岗失业，丁叶民本可以再次择业，但他却选择了自主创业；他深知创业不易，仍说服儿子放弃选择安稳的工作，丁叶民的选择体现出一种人生态度——不选好走的路，走好选择的路。在走向成功的道路上，他牢牢地抓住企业发展的机遇，时刻做好迎接挑战的准备。

从 5 万元成立公司到如今的年营业额 5 亿，伴随着国家环保事业的发展，丁叶民抓住了改革释放的巨大红利，使企业走出的每一步都踩对了市场的节奏。

“世界上唯一不变的就是变化本身”，而今，环保产业迎来好时代，国家对环境越来越重视，产业预期看好。面对巨大的市场空间，在激烈的竞争面前，丁叶民给企业树立了更远大的目标——积极迈向国际市场，迎接新的挑战。

雨汇江河润乡梓

昌黎佳朋集团董事长蒋雨江

于军涛 李淑丽 卢纪锋

昌黎佳朋集团董事长蒋雨江

初次听闻雨江这个名字，很自然就联想到了及时雨宋江。细究起来：雨有润泽、人脉广之意，常用来比喻朋友；江则代表着大江、大河，有持之以恒、生生不息之意。

人如其名。蒋雨江把自己的集团公司命名为“佳朋”，本意便是“聚天下朋友，成一番伟业”。在改革开放的浪潮中，作为一名民营企业家，他自强不息，闯出了一条艰苦创业路。富而思源，他建起全国最大的皮毛生皮交易市场，将家乡昌黎的传统皮毛产业推向全国乃至世界。

雨汇江河润乡梓。蒋雨江所创造的财富，如同雨汇江河一般，回归本源，润泽着故乡——昌黎县荒佃庄镇。

注定不是打工仔

荒佃庄最早是个村子的名字，后来又成为乡镇的名字。荒佃庄村后来则成为荒佃庄镇镇政府的驻地。

蒋雨江出生在荒佃庄村。20 岁前，他没离开过这片土地。他高中毕业那年，正是改革开放开始的 1978 年。

在学校，蒋雨江的表现很好，从小学一年级到高中，他一直是班上的班长。但是高中毕业，他并没有考上大学。

不过，高考分数还没下来，蒋雨江就已经被生产队选上当了会计。学校的老师都觉得蒋雨江不念书可惜了，纷纷到家里劝他复读。蒋雨江却对念书失去了兴趣，觉得当个生产队会计也不错。干好了，也挺受人尊敬。

就这样干了一年多，村里落实包产到户政策，开始分地了，蒋雨江却有了离开的想法。“就想着自己这么年轻，得挣点钱，攒点资本，没有资本干啥也不行啊。守着家种地终究不是长法儿，得出去闯自己的一片天地。”

家里父亲、大哥都已经在秦皇岛打工，所以家人觉得他就应该在家老老实实种地。然而，心中有梦想的人却不可能被现实的土地拴住，心大的人总要飞翔。

从打工的第一天起，蒋雨江就抱定自己肯定不会打一辈子工的想法，“打工就是为了学技术、学业务、学东西”。闷头向学的他到建筑公司当木工，三个月没回家，跟着技术师傅很快学会了看图纸，之后不到一年就当上了工长。

两年之后，蒋雨江就自己当起了老板。头脑活络的他从建筑市场敏锐地捕捉到了商机，在和平大街租了 6 间房，卖起了那时候每个建筑工地都要用到的搅拌机，还有一些其他建筑机械设备和水暖件、陶瓷制品等。

后来，蒋雨江又组建起自己的建筑队。“开始可不是建房子，而是拆房子。”他笑着说。

1990 年，秦皇岛市区的一处建筑要拆迁。别人一间房出 18 块钱，蒋雨江出 20 块钱，就是这多出来的两块钱让他得到了这一大单拆迁生意。

通过干这单大活儿，蒋雨江和他的建筑队的诚实、守信与干活又快又好，在业内得到了广泛认可。打这起，从团结里到耀华，秦皇岛市区内的拆迁活儿，几乎 80% 会找到蒋雨江。

慢慢地，蒋雨江又开始建房子。当年他建的房子今天还有一些保留下来的，诸如河北大街与红旗路交叉口的海鲜居。

从拆到建，蒋雨江赚得了自己人生的“第一桶金”。

弯针铸造新辉煌

荒佃庄号称“中国弯针之乡”。所谓“弯针”，指的是工业缝纫机上使用的各种零部件。

荒佃庄的“弯针”产业，源起于20世纪60年代末由天津市工业缝纫机厂返乡的工人孔广和带回的一手磨制弯针的绝活儿。在孔广和的带动下，20世纪70年代，荒佃庄公社的后双坨大队和荒佃庄大队先后办起了缝纫机零件厂。

1978年12月，党的十一届三中全会召开，提出“社队企业要有一个大发展”。乡镇企业突破禁锢多年的壁垒，后双坨大队和荒佃庄大队的缝纫机零件厂先后在全国打开了销售市场。

1985年，中国农村改革的第二道帷幕拉开，党中央提出“无农不稳，无工不富，无商不活”的战略构想，农村经济进一步得到活跃。在昌黎县的荒佃庄，小小弯针打开了人们的视野，解放了人们的思想，唤醒了人们沉睡已久的商品意识。一个个联户、个体缝纫机零件厂如雨后春笋般出现。

1992年，中国改革开放的春风吹来之后，荒佃庄的个体、私营缝纫机零件生产企业越办越多，这里迅速成为全国有名的缝纫机零件生产基地。

蒋雨江进入到这个行业，却是迟至将近10年之后的2001年。那一年，为了一家濒临倒闭的企业，当地乡政府到秦皇岛市请回了蒋雨江。

蒋雨江接手这家乡政府与中国科学院、昌黎县电力局合办的科昌联合制造厂后，改制组建了新和铸业有限责任公司。1年多的时间，他吃住在工厂，和工人一起钻研新工艺、新设备。产量和质量搞上去了，又抓住管理和销售两个关键，工厂很快就打了“翻身仗”，之后便是产值连年翻番。公司的产品逐渐达到5000多种，远销大连、西安、上海等城市和日本、新加坡等国家，年产值突破2000万元。

市场带动大产业

2006年，昌黎县委、县政府又找到蒋雨江：“县里打算建个皮毛交易市场，张罗了7年也没建成，你能不能涉足皮毛产业？”

这么一个涉及上千万投资的大项目，谈了不到半个小时，蒋雨江就爽快地应承下来。因为他觉得，能为自己家乡的传统特色产业出钱出力，是自己的荣耀，也是自己的责任。原来，“中国弯针之乡”外，荒佃庄又号称“中国养貉之乡”，20世纪七八十年代，这里的人们便开始养殖貉、狐、貂等珍稀皮毛动物，但由于缺乏有效的信息和统一的交易平台，产业发展缓慢。

筹集8000万元资金，从动土到开业，蒋雨江用100天就建起了当时冀东地区最大、设施最完备、功能最齐全的生皮交易市场——昌黎皮毛交易市场。

刚刚建立起来的市场，因为欺行霸市、强买强卖、不公平交易等原因，一天里发生各种争执不下10起。通过规范交易、制定条约、治安维护，公平交易的规矩一点点立了起来，公平、文明交易成为各方共识，大家共同珍惜这来之不易的市场。2008年，昌黎皮毛交易市场被中央精神文明建设指导委员会评定为“中国首批文明专业市场”。

为打响昌黎皮毛的知名度，蒋雨江带领团队常年奔波在国内各个皮草重镇，参加皮草界的国际性展会，多方联系生产和销售企业，为养殖户提供充足的供销信息，有效解决了过往养殖户消息闭塞、销路不畅的难题。依托交易市场这一平台，以前分散的养殖户实现了和国内、国际市场的对接，不仅提高了销售数量，而且每张生皮的价格也增收30至50元。

冲破守土安业的局限，摆脱家族式经营模式，积极借鉴先进企业管理经验，经过12年的发展，昌黎皮毛交易市场已成为全国最大的生皮交易市场，年交易额突破60亿元，业务遍及全国各地毛皮生产贸易区，以及加拿大、奥地利、俄罗斯、韩国、土耳其、意大利、印度等几十个国家和地区。

昌黎皮毛交易市场的发展壮大，催生了冷库、兽药、饲料等相关延伸产业的迅速发展，带动了整个昌黎县皮毛产业的蓬勃发展。2017年，昌黎县毛皮动物养殖总量达到870万只，占全市的80%以上、全省的40%，创产值35亿元，全县养殖户获利约15亿元，4.5万人在皮毛产业的带动下走上了致富之路。

好大一座裘皮城

46岁才进入皮毛行业，但蒋雨江硬是凭着自己“干一行钻一行”的精神，成为皮毛行业的专家。一张皮子，他一经手、一掌眼，就能说出好坏、价格，敢跟交易市场里任何一个经纪人一较高下。高峰论坛，他接地气、有内容、懂行情、讲实话的发言，最受业内人士的欢迎。

对于昌黎县皮毛产业的发展，蒋雨江的眼光放得很长远：“皮毛产业只有上档次，走规模化、产业化的发展道路，打造全产业链条，才能成为既富民又强县的产业。”他也从未停止过跨越升级皮毛产业的步伐。

大力发展清洁健康养殖和生态循环加工，依托互联网发展市场商贸，2014年

昌黎佳朋集团毛皮市场鸟瞰图

到2017年间，蒋雨江投资3亿元扩建皮毛市场（二期），增加了培训中心、创业园、裘皮服装加工厂、冷藏库、商贸街等功能，规模从原来的140余亩扩建至330余亩。

要实现真正的皮毛产业一体化，打造皮毛产业全产业链条，必须引入终端产品。2016年8月，昌黎佳朋集团投资打造的昌黎裘皮城（一期）正式成立并投入运营。按照“立足唐秦，辐射京津冀，带动辽吉蒙，走向全中国”的发展理念，依托“皮毛＋旅游”的发展战略，作为秦皇岛地区首家专业性的裘皮购物商城，昌黎裘皮城投入运营半年时间便创下了裘皮服装单位面积销量全国第一的惊人业绩。

在省政府批准建立省级皮毛园区的政策红利支持下，佳朋集团将大力招商引资，启动建设占地200亩、建筑面积10万平方米的秦皇岛国际皮草文化小镇。“不仅仅是带动昌黎皮毛产业从低端向高端进档升级，还要填补秦皇岛冬季旅游的空白，为秦皇岛全季全域旅游提供资源。”在蒋雨江心中，这是好大一座城。

记者手记：

商之大者，兼济天下

“2015中国毛皮动物养殖十大人物”“中国毛皮养殖委副主席”“河北省农业劳动模范”“河北省创业功臣”“河北省首届百强优秀企业家”“秦皇岛市优秀民营企

业家”……这些年，蒋雨江获得的荣誉不少。但“金杯银杯不如老百姓的口碑，金奖银奖不如老百姓的夸奖”，关于蒋雨江在当地的口碑，有这样一个故事：

有一年，山东恒泰皮革制品有限公司的董事长在与蒋雨江合作前，特地到荒佃庄镇住了 40 多天，在附近几十个村庄了解蒋雨江。最后他佩服地对蒋雨江说：“不知道你的，就说不知道，或说听说人挺好。认识你的夸起你来是没完没了。我最奇怪的就是，咋没有一个人说你不好呢？我在山东老家也做了不少好事，可对我有意见的人还是不少。”

到荒佃庄镇走走，或许就能明白这样的口碑从何而来。一个名字听上去不知多偏僻、多荒凉、多穷的地方，小小的镇子上有几十家餐饮、住宿、商店；随处可见高档的小轿车，小镇上下班、节假日常常出现堵车。这里处处都显露出生活在这里的老百姓的富裕。富而思源，老百姓怎能不说带他们走上富裕路的人好？

“商之大者，兼济天下”，真正的企业家懂得让财富回归本源，借助商业推进文明、改变世界。从家乡出发，蒋雨江正在践行一位真正的企业家富而思源、富而思进的创新之路。

从矿老板到『药痴』

秦皇岛市同盛医药有限公司董事长程立志

于军涛 张辉 李淑丽

秦皇岛市同盛医药有限公司董事长程立志

采访地点定在了青龙满族自治县河南村，程立志约好在进村的岔路口等我们，远远地看到一个肤色黝黑、中等身材的中年汉子站在一辆布满尘土泥浆的越野车前，直觉告诉我们，这就是他了。

走近了，这辆黑色的越野车通身上下糊满了泥浆，几乎看不出底色，只有前挡风玻璃处是干净的。看出我们对他的“伙计”感兴趣，程立志有些不好意思地挠挠头：“农村条件差。我每天早晨雷打不动，准时 5 点起床，开车到基地转悠，看看药材的生长情况、有没有发生病虫害。忙忙活活地跑一天，也只能看一个基地，实在没有时间洗车。”

眼前的程立志穿着一件半旧的体恤，裤管和皮鞋上都是土，丝毫看不出这曾是一位在青龙小有名气的矿老板。

回忆起 2013 年之前 10 年矿老板的日子，程立志的最大感受是——“钱都不知道怎么花”。然而，让人费解的是，从那一年之后，他“放着好好的日子不过”，非要转型当药农。

合作伙伴们笑他傻，乡亲们笑他痴。然而谈起那次转型，程立志笑眯眯的双眼里闪烁着一丝农民的狡黠：“现在他们看到了，我这是有远见！”

转型之路并不容易。3 年中苦苦找寻项目、一年里反复在田间地头实验，才终于让他下定决心——种植中草药，并把这当成一辈子的事业！2014 年春天，秦皇岛市同盛医药有限公司第一个 1000 亩的中药材种植基地开始育苗，经过 4 年的生长，千亩北苍术已经带来了超过千万元的效益。

熟悉程立志的人都喊他“药痴”。

“我这个人最大的特点就是——干啥务啥。”程立志说，这个没事喜欢琢磨的癖好在很大程度上成就了他的中草药事业。从一开始的毫无经验，到田间地头的反复摸索成为中草药种植“土专家”；从当初流转 1000 亩地“小打小闹”的试水，到在他的带动下当地中药材种植遍地开花，成为实实在在的富民产业；从单纯的种植，到成品加工、中草药博览园全产业链的打造……程立志一头扎进了中草药行业，当起了现代“药农”。

矿老板转型当药农

嗓音略低，语速略慢，初见程立志，觉得他不太健谈。然而没想到话题一转到药材上，他打开的话匣子就收不住了。

“我应该是青龙搞矿山的人里面转型最早的。”2003 年程立志涉足矿山行业时，正是矿业发展最好的时期，他也成为人们羡慕的矿老板。谁也没想到，2009 年的时候他毅然决定转型。

放弃日进斗金的行业，进行不太确定的转型，无论对谁来说都需要莫大的勇气，然而程立志这次的“转身”义无反顾：“很多人都整不明白，好好的为啥转？我这人干事爱琢磨，钢铁行业貌似风光无限，可高峰波谷的周期性很强，越是行业最好的时候，越要趁早谋划转型。”

决定下了，可到底干什么呢？程立志琢磨上了，这一琢磨就是 3 年，最后被省农业厅一位朋友“点醒”：现在农业政策好，干啥也不如回家搞“大农业”。

大目标定了，接下来是具体项目。程立志是土生土长的青龙人，小时候因为家里穷，他经常放学后背着篓子上山挖药，然后用卖药的钱买一些书本。在高中毕业后，他还做过三四年的药贩子，由此深知青龙的道地中药材深受市场欢迎。

青龙产的中药材有数百种，挑选哪个或者哪些品种来种植呢？经过 2013 年 1 年的试种，并在此期间考察市场和品种，2014 年正月，程立志和合伙人最终敲定，要大规模种植北苍术。

“我们小时候北苍术卖几分钱一斤，后来几毛钱一斤，价格一直呈上涨趋势，‘非典’期间曾卖到 100 多元每千克，到种植前已经卖到了每千克 38 元。”

吸引程立志种植北苍术的除了一路上涨的价格，还有北苍术野生资源越来越少的现状，“以前放学很快就能刨一篓，大的每株能达到七八斤，现在一天也挖不上一筐，而且植株也很小”。

同年春天，一个近千亩的种植基地在七道河乡建成，第一次种植的母本来自从山上挖来的北苍术野生根。“这个投资 400 多万元的北苍术种植基地，是国内第一家种植北苍术的基地，同时也是面积最大的。”

潜心研究成“药痴”

干一行，爱一行，研究一行。这是程立志多年来的行事风格，而在中草药种植方面，程立志已经达到了视药如宝、爱药如痴的地步。

北苍术的野生驯化家植根本无经验可循，程立志采用了最传统的种植方式——移植。“当时网上查找不到任何资料，只能一步步摸索着来，真种植时才发现，自己根本不了解北苍术的习性。”程立志静下心来边研究边总结，慢慢地掌握了一些门道。北苍术怕水，一旦涝了就会烂根，他就改平地种植为起垄培土种植，这不仅可以防治根腐病，亩产量还可以提高 10% ～ 20%。

除草问题也没少让程立志费脑筋。为了保持中药材的品质，程立志坚决杜绝使用除草剂，但是靠人工除草成本太高，于是他反复试验，寻求一种省力又有效的除草方法，白膜、黑膜、滴灌、微喷……每样都达不到想要的效果。

最后他将目光投向了防草布：整块地全部用防草布覆盖，再根据种植行距要求在布上打孔。想法有了，工具又成了问题。程立志先去集市上买了 5 元一个的小铲，但是打孔速度太慢。他又找来 2 寸直径的铁管，由于管口太钝，使用费劲。将铁管口切割成斜口呢？一次次实验，一次次切割，钢管直径由 2 寸变 1 寸、由 1 寸变 6 分，终于符合了种植要求。最后在切割好的钢管底部焊上脚踩装置，找工人一试，还挺实用。

“为了造出顺手的工具，有一段时间都魔怔了。”程立志笑着说，“我们的好多种植工艺改进和工具创造，都是我这么一点点琢磨出来的。”

种植的过程虽然辛苦，但意外收获也会不期而遇。在第一次大规模种下北苍术不久，有一次他去安国，提起种植北苍术，没想到人家开口问“有没有种子”。这让程立志一愣，以前挖药也没有留意过北苍术的种子啊。接下来对方的话让他更是惊诧：一斤北苍术种子的收购价格竟然是 600 多元！

2015 年，经过两年的生长，基地里面的北苍术收获了 2600 多斤种子，带来了 160 多万元的收益。2016 年、2017 年，又连续两年收种子、卖种子，没想到，3 年仅卖种子一项收入就超 500 万元，一下子收回了投资。

独到的眼光，辛苦的付出，最终为程立志带来了丰厚的回报。2017 年年底，第一批种植的北苍术迎来收获季，种植时市场价 38 元 / 千克，几年下来价格猛涨，当年已达 110 元 / 千克，价格涨了近 3 倍，4 年纯效益超千万元。

“要么不做，要做就做同行业一流”

北苍术种植的大获成功，让程立志尝到了转型的甜头。几年间，他扩大规模，打造了 9 个自营的种植基地，分布在青龙的 9 个乡镇，至 2017 年年底，公司自营基地达到 4800 亩，60% 的面积种植北苍术。

沿着承秦高速广茶山下道口前行不远，就到了同盛中医药产业园，在园区西侧，一排崭新的温室大棚已经建成，这里是程立志的“宝贝”之一——工厂化育苗车间。3000 多平方米的车间宽敞舒适，南北两侧长达 40 米的车床上摆满了育苗盘，靠近门口，早先栽种的一批育苗盘已经一片青翠，绿油油的小苗舒展着嫩叶，显示着勃勃生机。

从源头做起，做到良种良苗，运用科学手段管理种植，药材收获后进行粗加工制作中药饮片……在程立志的规划里，一条中药从育苗到种植到加工的整个产业链已经形成，并且正在一步步走向现实：与国内顶级的中国医学科学院药用植物研究所合作，利用克隆技术快繁实现工业化制种，填补国内行业空白；规范药材种植流程，直至制定行业规范，保证药材品质，提升产量；建设中药饮片加工厂，对各种中药粗加工，年产 2000 吨……与此同时，一座以中草药种植为主题、占地 4870 亩的中草药博览园也已经立项，建成后，将集中草药研发、观光休闲、养生保健为一体。

在自己努力发展壮大的同时，程立志不忘带动乡邻一起致富，共同擦亮青龙道地药材的招牌。2014 年 12 月，程立志牵头成立了秦皇岛市中药材商会，并任商会会长，商会与国内多家中药材商会、药企建立密切联系，实现了信息共享和广泛的业务合作。

秦皇岛同盛医药有限公司董事长程立志向记者介绍中药育种大棚的情况

2016 年，青龙满族自治县把中药材产业作为扶贫攻坚支柱产业，把同盛医药公司作为全县中药材产业的龙头企业。此后，同盛医药开始与全县 25 个乡镇的 72 个贫困村合作，从种子前期赊付到手把手技术指导，再到药材保护价收购，一年就帮助合作农户人均增收 2000 多元，帮助贫困户及早稳定脱贫。

家里有了梧桐树，不愁招不来金凤凰。燕山山脉独特的地理环境和生态造就了青龙中药材的好品质。几年来，同盛医药的种植基地吸引了大批科研院所、药企、高校的注意，北京中医药管理局、北京中医药协会、国药集团以及北京数家大型医院均到基地实地考察过中药材品质，并积极把青龙作为北京中药材原料基地。

“要么不做，要做就做同行业一流，必须拿良心来做药。”程立志的这句话掷地有声。几年的实践，程立志比谁都明白，中药材种植看着简单，其实做起来很难，“种中药材本身是个细活儿，跟拉扯小孩一样。”

从 2013 年至今，程立志每天早晨 5 点准时起床，开车跑基地，几乎每天都忙到晚上 10 点以后。前不久工厂大棚开始育苗，他就更忙了，近在咫尺的家竟然一周才能回一次。

“心在大棚里呢。”说到这，程立志又眯眼咧嘴笑了。

记者手记：

痴于一艺事竟成

一个长期从事粗放开采业的矿老板，有一天立志转型，几年的时间，竟然把一个科技含量很高的绿色药材种植企业打造成了科技型中小企业和当地扶贫攻坚龙头企业。如此华丽的蝶变、如此跨度的转身，靠的是什么？

答案就是程立志身上的“痴”字。

在记者看来，这个“痴”，可以理解成专注，可以解读为用心，或者用程立志自己朴素的解释，就是“干啥务啥”的动手动脑能力。

迷上了中草药种植，遂念兹在兹，日夜思之，可谓专注；种植北苍术，没有种苗，北苍术怕涝，便一步步摸索着从山上移植野生母株和起垄培土种植，可谓用心；绿色种植，除草不能用药，于是就琢磨出了防草布覆盖法，并创造了顺手的工具，可谓超强的动手动脑能力。

程立志的经历启示我们，世上无难事，只不过大多数的失败者缺少专注和用心的“痴劲儿”罢了。

把企业深深扎根家乡故土

河北顶大食品生产集团董事长曾宪友

于军涛 李淑丽

河北顶大食品生产集团董事长曾宪友

在乡亲们的眼里，他是令人尊敬的乡贤和先生：20 年来，他把企业深深植根家乡故土，带领农民增收致富；他认为“在农村办企业就是在办一所启发农民心智的学校”，就是在田间地头传播工业文明。

在员工的眼里，他是沉稳睿智有思想有情怀的大叔和“暖男”：在员工大会和企业转折的重要关口，他总是侃侃而谈，脑袋里不断冒出想法和创意；在一些事关员工生活的细节上，他总是体贴得像个“暖男”。

在不熟悉的人眼里，他就是一个地地道道的农民：肤色黝黑、短发斑白，身上常年穿着那套绿色工作服。

然而无论在谁的眼里，他怎么看都不像一位执掌年加工农产品 3 万余吨、年产销值超过 3 亿元的现代化国家级农业产业化经营重点龙头企业的企业家。

“暖男大叔”带领企业抢占 75% 的市场

打开包装，倒进开水，合上盖子，闷泡五六分钟，然后倒走热水，经凉水一过，加入调料略一调拌，一会儿的工夫，一碗香喷喷的速食粉丝就摆在了记者面前。尝一口，满嘴依旧是食摊档里刚出锅时又香又滑的原汁原味。

如今，走进长江以北的高校或是任何一个年轻人扎堆儿的地方，你都能看到顶大食品的身影：顶大方便粉丝、顶大米线、顶大凉皮儿、顶大热汤面皮儿……都能看到不少“好这一口”的年轻人捧着顶大速食盒大快朵颐。

“有年轻人的地方，就有顶大食品。”拿着一个精美的包装盒，曾宪友自豪地介绍。经过将近 5 年的精耕细作，顶大的非油炸健康系列食品在长江以北的主销区市场占有率已经由原来的 15% 提高到 75%，牢牢占据了市场老大的位置。

20 年前创业之初，顶大主要涉足的是膨化休闲食品加工领域，最初几年，业务发展也算顺风顺水。“但我总隐隐觉得膨化食品是夕阳产品。因为随着社会的发展，人们追求健康的理念不断提高。”曾宪友说，“因此，企业的起点并不算高。”

他的这一危机感在 2008 年达到了顶点。金融危机外加休闲食品市场需求急剧下滑的叠加效应，使顶大面临创业以来第一次真正的危机。

面对上百号跟了自己 10 年的大学生和几百号指着企业养家糊口的农民，企业向何处去？有一段时间，眼看着销售业绩蹭蹭下滑，细心的员工们发现，那个平时有说有笑的暖男大叔沉默了。然而，这段沉默并没有持续很久，不久之后的一次大会上，曾宪友语句铿锵地宣布，公司要转型做非油炸健康速食品。

这个决定是他一段时间以来深入思考和细致调研的结果。原来，他早就开始关注“速食小吃”这一小众市场，正好家乡一带盛产优质红薯和马铃薯，可不可以将家乡特色农产品和粉丝、凉皮等传统小吃结合，来一场工业化的约会呢？

河北顶大食品生产集团在北戴河新区建设的集团总部全貌

这个想法得到研发团队的响应。3 年研发，上百次改进。产品一经面市，凭借着健康非油炸的工艺和香滑、原汁原味的口感，深受年轻人追捧，很快成为公司销售的“当红花旦”，长期支撑起了 80% 以上的销售额，并获得了河北省科技成果奖。

“任何企业，朝阳也好，夕阳也罢，都离不开面向市场的快速响应和创新。”曾宪友强调：“但这一切都依赖于一个强有力的团队做支撑。”曾宪友从创业之初带着 20 名大学生到农村建厂，到带领越来越多的农民走上工业化的道路，靠的就是人才带动。发展壮大的顶大公司组建了“方便食品”研发中心，该中心拥有专职研发人员 118 名，聘请了国内知名专家、学者作为公司技术顾问，并和全国不少高校、科研院所建立了紧密的互动机制。

曾宪友是 1961 年生人，年过五旬了，但他的队伍却很有朝气。“管理团队来自全国各地，大部分都是年轻人，‘90 后’占 10%，‘80 后’占到 60%。”

曾宪友把这帮孩子当成了自己的宝贵财富。一方鱼塘云影徘徊，数株绿柳大树成荫——园区里这片最美的风景就在职工宿舍楼前；食堂一餐五菜一汤，只需 3 元钱；“花巨资”把厂区搬到北戴河新区，就是为了给员工提供更好的生活条件。在这些年轻人的眼里，曾宪友对他自己很“抠”，对大家却很大方。

“农民乡贤”帮扶乡亲，增收致富更扶志

曾宪友从不避讳自己是个农民。可不，50 多岁了，他的脚从来没有离开过泥土，他的心从来没有远离过家乡的农民兄弟。

曾宪友是昌黎县靖安镇人，小学只读到三年级就开始在村里种地。这地一种就是 4 年，人晒黑了，手磨厚了，虽然年龄不大、个子不高，但从外形看，已然活脱脱一个北方标准的农民了。

由于当时那个特殊年代父亲的成分问题，曾宪友被迫流落黑龙江林场谋生。1977 年恢复高考，曾宪友的心动了。他找到当地的一所学校，想要安下心来系统复习。负责招生的老师问了他几个最基础的数学公式，他吭吭哧哧地憋了半天，弄得脸红脖子粗，一个也没有答上来。最后老师乐了：“基础太差，复习也白搭，回去吧。”正当他低头灰溜溜往外走的时候，旁边另一位和蔼的老师拦住他问：“小伙子，你有啥特长啊？”

“俺会种地！”曾宪友脱口而出。

“噗嗤”，两个老师都乐了。就这样，他被留了下来，而且居然破天荒地当上了班里的生活委员，因为学校里正好有一块地。

事实证明曾宪友不光会种地。“那一段时间，除了洗澡和换衣服，当然，还有带领大家种地，我几乎一天 24 小时都待在教室里学习，包里放一摞煎饼，饿了就吃，困了就趴会。”就这样复习了一年半，参加高考，居然考上了。

大学读的是牡丹江商业学校，毕业后他被分配到黑龙江商业厅成为一名国家干部。

好不容易脱掉农民的身份了，可曾宪友非要到机关下面的企业里当经理，而且，他这个经理和别人不一样，招工专招家乡昌黎的农民。

“虽然出来久了，但总是忘不了根，能帮一把，就拉扯家乡的兄弟一把。”可时间久了，曾宪友又发现一个问题——相比在家种地，这些农民兄弟收入是提高了不少，但他们长期背井离乡，并不能轻松融入城市，住房、结婚及子女就学成了老大难的问题。

“如果把企业开到他们家门口呢？”曾宪友是个有了想法就要见结果的主，回乡考察，发现这两年家乡变化也挺大，优质红薯和马铃薯的种植很有优势，那就开一家食品加工企业吧。

当时正赶上中国大地乡镇企业和民营企业遍地开花的热潮。“顶大集团的第一座厂房，就建在靖安镇张各庄村的一片废弃韭菜地里。”这一次，曾宪友又彻底把自己打回了农民身份，大半年时间，吃住都在简陋的工棚里。

“市场经济如大浪淘沙。那些年，眼看着一大批的民营企业竖起了招牌，又眼看着一批批的企业因为经营不善纷纷倒了下去。”曾宪友总结，“顶大一路走来，虽经历风风雨雨，却最终茁壮成才，归根结底是扎对了根。”

曾宪友所说的“根”，既指公司扎根农民家门口，也指公司借以连接农民利益的原料生产基地。多年来，顶大坚持“公司 + 农户 + 基地”的经营模式，把农田视为“第一车间”，和农民签订合同，保护价收购原料。

仅以马铃薯种植为例，过去农民种植一亩收入仅为 400 元。引进公司薯种和技术后，每亩纯收入就能达到 1000 元以上，每年单此一项就能使农民收入增加 9800 元。这还不算，毛淀粉按公司标准进行精加工后，每吨仍可以为农民增收 1200 多元。

不仅帮致富，顶大还帮农民扶志。“顶大是一家食品企业，也是一所办在田间地头的启发农民心智的学校。”曾宪友说。采用大学生和农民结对子的形式，近年来已经有 2 万多名当地农民接受了系统的工业文明教育，其中 200 多名成为集团业务骨干，800 多名离开顶大后成为社会管理精英。

记者手记：

乡村振兴的领头雁

毫无疑问，曾宪友是一个有着深深“三农”情结的人。

小学只读了三年，就开始下地种田，成为耕种犁耙样样精通的标准农民。

下海经商，因为牵挂，他专招家乡的农民到自己的公司务工。

为了彻底破解农民进城难的问题，他大气魄地把企业办到了农民家门口。

他心里最惦记着农民。他把企业办成了农民产业致富的抓手。以“公司＋基地＋农户”的形式，将企业和农户的利益紧紧连接，普及了新种植技术，推广了良种，提高了农业生产效益，20年来，累计安排农村剩余劳动力2万余人，累计为农民增加收入8.5亿元。

他心里也最了解农民。他知道农民迫切地需要“富口袋”，也更急切地需要“富脑袋”。20年中，他不仅办工厂，更把工厂办成了一所“启发农民心智的学校”，把农民组织起来，接受工业文明的教育，在农村传播工业文明。

当地农民也最信赖他。20年了，他们早已经把这个“最像农民的企业家”当成领头雁，追随他一起奔向生活富裕的全新未来，奔向乡村振兴的美好前程。

草根企业家的逆袭之路

秦皇岛市华远工贸有限公司董事长夏学华

于军涛 储学敏

秦皇岛市华远工贸有限公司董事长夏学华

没有天赐良机，更没有一夜暴富，没有光鲜的家庭背景，也没有雄厚的后台和靠山，没有高知识、高学历，只是一位地地道道的农民。谈起自己的创业之路，夏学华笑着说："'草根'，用来形容我最贴切。"

夏学华生于1959年，长于农村，经历了特殊的岁月。那么这位草根企业家是如何从农村一步步走出来的？在新时代、新背景下，又凭借什么在竞争激烈的汽车市场行业中屹立不倒，成为今日坐拥近亿元固定资产的成功企业家呢？

与汽车结缘，技术过人创业三十二载

"在抚宁一中高二分班时被分到农机班学习农机课程，毕业后便到当时秦皇岛市抚宁县交通局的下属单位当了一名司机。从此，我的人生就没有离开过'车'这

一行业。”回忆过去，夏学华清晰地记得他和拖拉机第一次“亲密接触”，他当时根本不会想到，这份缘分一旦结下，便是一生。

20世纪80年代初期，改革开放的春风吹满全国。当时家住秦皇岛市抚宁县留守营镇的夏学华有了在单位开车的经历，当时市场经济的大潮，让他看到了家门口的商机：“那时候我家就在205国道和铁道交叉口，车流量大，当地养车的人家也多。我就想，开个服务汽车市场的门店，肯定会有商机。”

就是这么一个简单质朴的想法，夏学华在留守营镇开了一家汽车配件门市。

“当时旁边不远处还有县交通局下属单位两个、大队一个共三个经营汽配的商店，他们又都有车队，对我而言，竞争压力可想而知。”压力归压力，但真正做起来，夏学华有板有眼。因为喜欢，所以爱钻研，多年来，他对汽车各部件的工作原理摸索的门清儿：“别家卖的只是配件，我提供的可是专业服务，谁的车有个小毛病，到店里来让我一分析，问题解决了。”再加上配件质量过硬、价格合理，自然受到顾客的青睐，因此，夏学华的小店声名远扬。

小名气还给夏学华带来了意想不到的“贵人”。

“那时候我都是从长春进货，有一次，正赶上有货车要到秦皇岛来，我就想借着这趟车多进点货，可身上钱又没带够，足足差了16万。”夏学华一方面不想浪费这趟车到秦皇岛的机会，另一方面又为没有足够的钱而犯了难。

后来，厂家代表不知从哪听说了夏学华的创业故事，出于信任，毫不犹豫地把16万元的货赊给了他。

16万元，在20世纪90年代初期，那可以称得上是一笔巨款了。

1994年，小商店变成了汽配及维修一体化工厂，夏学华建了占地4000平方米的留守营道口汽车维护厂。1999年，他又入驻秦皇岛经济技术开发区汽配城，形成了以配件批发代理、汽车维修于一体的经营网络体系。

生意从县区做到了市里，看起来市场更大了，可问题也随之而来了。

夏学华说，他刚到汽配城的时候，市场几乎都被当地人和东北人占据，他们在那干了至少五六年。一个农村来的外来者初来乍到，凭什么能在这里站稳脚跟？

“必须要有过硬的技术、公道的价格和真诚的服务。”那些年，夏学华和工人们吃住在一起，奋斗在车间一线，愣是凭真本事闯出一片天地。

众所周知，汽车保养是个技术活，即使是在信息传播发达的今天，一样有不少车主因为不懂得保养、驾驶不善，致使车辆反复出现故障而出入修理厂。当然，如果遇到一味追求利益的汽修商家，巴不得这种情况发生呢，反正是车主自己使用造成的。

可夏学华偏偏有个倔强的牛脾气，就是不愿意“投机取巧”，每次修完车，他总会把一些汽车保养小妙方教给车主，“我们修过的车，就是要一步到位”。

随着企业不断壮大，2006 年，夏学华在秦皇岛北部工业区建成了华远汽车维修服务有限公司。2008 年，投资 6000 万元，购置 26 亩工业项目用地，新建工业生产项目。

时至今日，秦皇岛市华远工贸有限公司已经形成了集各类汽车销售、售后维修服务、汽车配件销售、机动车检测、汽车运输车队等于一体的汽车商贸服务平台。

守底线做事，诚信务实成就人生赢家

在采访中，夏学华反复强调，华远是个服务公司，始终坚持以人为本，提升服务质量。

“他是一个特别不会来事儿的人。”问及对夏学华的评价，华远工贸有限公司执行总经理肖立华却用了一句令人意想不到的话来概括。

秦皇岛市华远工贸有限公司 2018 年度总结大会

这又是为什么呢？

肖立华说，刚结识夏学华时，就发现了他在“走关系”“会来事儿”这方面一窍不通。“有部门领导过来检查，他都不知道递上一杯水，公司一个月才开一次例会，他却利用大部分时间讲国家美好的生活环境，讲社会正能量的事儿，讲感恩，讲教育。”

肖立华一直想不通——这般“不会来事儿的人”是如何一步步成功的呢？

“改革开放40年来，比他头脑聪明灵活的人数不胜数，可他能成功并一直到今天，必有他的过人之处。”慢慢地，在夏学华身边久了，肖立华发现，“他的身上确实有许多不同寻常的地方”。

20世纪八九十年代，私家车在大街上还没几辆，汽车大多在公家单位和企业部门。也就是说，如果夏学华“走走关系”，联系几家单位，把华远作为这些公务车的定点维修厂，这将为华远增加一笔不菲的稳定收入。

可牛脾气的夏学华偏不这么做：“如果这位领导是真君子，那样做岂不是被我拉下了水？如果他惯于搞不正之风，那正是我最痛恨的，我又何必去讨好他？”夏学华自有一套处事的逻辑。

对待别人眼里那些社会上“有用”的人，夏学华敬而远之，可对待自己的员工，却如家人般亲切。

华远现有60多名员工，他为所有员工免费提供就餐；临近入冬，他总是第一个想到为车间的汽修师傅们准备好棉衣；逢年过节的慰问、餐会，更是少不了。

作为一名非公非党私企老板，他平时讲得最多的是爱国，是坚定不移跟党走。2015年，为纪念中国人民抗日战争暨世界反法西斯战争胜利70周年，他安排公司员工放假一天，即使是聘用新员工，也是优先录取党员和退转军人。

做人刚正不阿、讲政治、讲情怀，对工作谨慎认真，为客户真诚服务，对员工如家人一样亲切，这也是为什么夏学华从事服务行业30多年却从未吃过一次官司的原因，并且无论他把企业开到哪里，都总有一批老客户跟他到哪里，他们就是瞧准了夏学华这个人。

“做到这些，我才会睡得安稳。”夏学华说。

有责任敢担当，用行动践行企业家精神

作为一名从农村走出来的草根企业家，从小门脸起步，到今天拥有近亿元固定资产的大企业，夏学华经历了比常人更多的创业艰辛、坎坷险阻，可他却牢牢将“责任”二字镌刻于心。

夏学华一直认为他做的这个行业比较特殊："如果配件质量不过关，维修技术不过关，轻则使客户经济利益受损，重则车毁人亡。"

为此，30 多年来，夏学华本着对客户的利益负责，对车主的安全负责，始终谨慎经营、仔细维修，勇于担当。正因如此，夏学华开创了属于自己的一片蓝天，华远公司连续多年荣获省、市优秀个体工商户，全国汽配市场信誉经销商，河北省质量信誉服务诚信单位等称号。他本人也先后 2 次获得了秦皇岛市劳动模范称号、秦皇岛市首届诚实守信道德模范提名、河北省首届优秀私营企业家称号等奖励，连续 3 届当选秦皇岛市政协委员。

"政协委员是反映民意和民心的通道，就个人而言，政协委员的作用可能是有限的，但担负的责任却是无限的。"夏学华常说，"要积极参政议政，建言献策，履行好一名政协委员的职责，为家乡人民做出自己应有的贡献。"

经常喜欢一个人到海边游泳的夏学华发现，进入旅游旺季后，秦皇岛在旅游志愿服务上还存在漏洞和欠缺。而秦皇岛进入旅游旺季和学生放暑假的时间刚好重叠，于是，他就撰写了一份提案，建议相关部门组织和利用好学生这一群体，加入旅游旺季志愿服务队伍，既带动学生参加社会实践，又为秦皇岛打造沿海强市、美丽港城和国际化旅游城市添砖加瓦。

通过留意观察、深入了解，2009 年以来，夏学华先后报送《抓紧开发海洋旅游资源》《发展城市立体交通，促进旅游立市战略实施》等 30 多份提案。其中近半数提案被评为秦皇岛市政协优秀提案，为党和政府研究制定改革发展决策提供了有益参考。

2013、2014、2015、2016 连续 4 年，夏学华被评为秦皇岛市政协提案先进个人，并荣获"五个一"献计献策优秀奖、秦皇岛市十佳政协委员和优秀中国特色社会主义事业建设者等荣誉称号。

他出资组织开展各种形式的专业技能培训，为员工实现自我价值、成就人生理想搭建平台；为灾区、贫困家庭、孤寡老人和失学孩子捐款捐物；带领风行"爱心车队"开展义务助残；响应"万企帮万村"号召，为 213 户村民送去米面等，开展安置闲余劳力、免费培训技能、定向投资帮困等精准扶贫。

对客户负责，对员工负责，参政议政履职尽责，精准扶贫勇担社会责任……夏学华就是这样用实际行动诠释了企业家精神。

记者手记：

靠技术立身，凭良心做事

俗话说，“没有金刚钻，不揽瓷器活”，“没有三板斧，不进瓦岗寨”，夏学华作为一名从农村走出来的“草根企业家”，从小门脸起步，到今天拥有近亿元固定资产的大企业，靠的就是用心专一，技术过硬，手艺立身，良心做事。

正是因为用心专一，在这个竞争激烈的生意场上，他显得“特另类”“特不会来事”。明摆着多活动活动，多跑一跑、送一送、请一请，就能长期拢住一些单位的大客户，一本万利的捷径，可老夏偏不屑于走。

正因为痴于一技之长，当司机的时候，胆大心细的他能比师傅倒车还要好；当修理工的时候，谨慎认真的他又善于摸索，永不服输；如今，当老板了，可偶尔在修理车间露一手，过硬的技术连公司的老师傅都不得不佩服。

正因为凭良心做事，老夏从不投机取巧用假料次料，不搞技术屏蔽，甚至经常做一些免费传授车辆保养小妙方之类“断自己财路”的事。

大凡有成就者，都绝非三心二意之人，而是能专注于一个目标。的确如此，老夏凭技术立身，凭良心做事，不屑于走拉关系的捷径，以“工匠精神”经营企业，貌似很“傻”，却最终生意红火，回头客不断，为自己赢得了客户的口碑和精彩人生的奖杯。

这，或许就是生意场上的人生哲学。

顺势而为 得舍有道

秦皇岛瑞鸿科技发展有限公司、北京天邦达投资有限公司董事长邓佳佳

于军涛 杨琦 李淑丽 武艺群

秦皇岛瑞鸿科技发展有限公司、北京天邦达投资有限公司董事长邓佳佳

在位于秦皇半岛的别墅区，邓佳佳把公司打造成“家”一般温暖的场所，让人走进去很快就放下拘谨。她身上自然流露出来的亲和力更是一下子拉近了彼此的距离。

温柔干练，从容优雅，富有智慧……在时代发展的大潮中，邓佳佳凭借敏锐的商业眼光和前瞻的思维，把事业范围拓展到建材、金融、教育等多个领域。

她始终秉承陶朱公范蠡的商训：欲从商，先为人！要求自己生意要勤快，接纳要温和，临事要尽责，用人要方正。她将范蠡“富而好行其德”的商圣精神作为人生价值追求，实现财富积累的同时，注重践行企业家的社会责任，用心回报社会。

“不甘心一生平淡”，创业从商顺势而为

“可以时间自由一点儿。”21 年前，因为这个简单的想法，年轻的邓佳佳果断地辞

掉了开发区一家公司的财务工作，坚定地选择了创业。事实上，她做出的选择看似简单但并不草率，她了解自己，骨子里有不服输的劲头，不甘心一生在平淡中度过。

1997年，辞职后的邓佳佳拿出7000元积蓄，租了一间门店，买来“二手”办公用具，开始做仪表、阀门的代理和销售。虽然与自己的专业不对路，但邓佳佳清楚自己的优势——亲和力强，善于与人沟通。

“第一单生意是给中阿化肥引进阀门，当时赚了一点点钱就感觉很高兴了，不仅够交房租，还可以给员工开工资。”创业起步，邓佳佳的满足点很低，但她给事业设定的标准很高：“要做就做优质的产品！”她坚持代理销售产品领域里前3名的品牌，她认为优良的品质是产品安全的保障。之后无论是代理壳牌石油，还是做建材生意，她始终遵循品质至上的原则。

1999年，邓佳佳参加中国第一届家居建材展示会，大步踏入建材行业，她把长谷瓷砖等建材品牌相继引进秦皇岛，并创立贸易公司，承接市政及相关的一系列工程。

回忆创业之路，邓佳佳不愿“诉苦”，并不是因为一路坦途，而是她有一种有别于他人的乐观精神。2013年“非典”期间，社会上弥漫着恐慌的氛围，然而建材市场的低迷却没有影响到邓佳佳的步调，她仍每天带着助理跑市场、找客户。

“不要命了吗？快管管她！”哥哥请求母亲劝她，但邓佳佳却出人意料的乐观。

“当时，人与人之间的交流很少，甚至出现了信任危机，在那种恐慌的状态下，人更需要希望和信心。我主动与客户联系，把乐观的态度传递给他们，不管生意有没有谈成，起码给人带去积极的影响。”邓佳佳说，如今的很多客户都是在“非典”期间积累起来的，都成为很好的朋友。

把积极阳光的一面带给他人，让自己成为一个更有价值的人。邓佳佳认为，一个人能得到多少取决于给他人带来了多少。“每个人都是一本厚厚的书，有很多值得学习的内容。”向他人学习，广结益友，邓佳佳的事业空间也随之不断扩大。

2012年，在建材行业很火的时候，邓佳佳就开始考虑企业的转型升级。她审时度势，以国家经济体制改革为契机，寻找新的业务增长点。通过对国家经济形势的全面分析以及对市场的深入调研和考察，她敏锐地察觉到，随着国家经济的快速发展，单一产业必将向多元化转型，而引领这一趋势的将是金融体制改革。

凭借聪颖的头脑和过人的胆识，她带领公司由单一的实体经济向多元化产业布局，于2012年注册成立了秦皇岛天邦达投资有限公司，并于2014年在北京注册全资子公司，主营资产管理和投资管理。

多年来，北京天邦达投资有限公司分别在金融、文化、教育、环保、酒店五个领域进行投资。投资的公司有深圳前海结算股份有限公司、渤海云商电子商务股份有限公司、安徽人和环境科技有限公司、北京亚朵酒店及洋洋月子中心等，每个投资项目都被业界认定为“香饽饽”，收益丰厚，发展前景一片看好。

随着北戴河新区获批国家生命健康产业创新示范区，邓佳佳把目光投放到健康产业，将先进的理念和产品带回家乡，力求为产业创新添砖加瓦。

“让跟随我的人生活得更好一点”，用家文化管理企业

“2005 年 12 月 16 日”，35 岁的王震仍清晰地记得被邓佳佳录用的那一天，那时的他大学还没毕业，迫切地想要打工挣钱。

“我想挣钱养我母亲。”邓佳佳对王震面试时说的这句话印象很深。“当时我就承诺，只要他不放弃公司，我就不会放弃他。”通过自己的努力让家人过上好日子，邓佳佳欣赏这样的人，因为她打心眼里“想让所有跟随我的人生活得更好一点”。

到邓佳佳代理的长谷瓷砖工作，从业务员到店面经理，再到公司主管，转眼就是 13 年，王震没有离开长谷，邓佳佳也给了他最大的成长空间。2017 年，邓佳佳做出一个大胆的决定，拿出建材事业 60% 的股份分给 17 位员工，王震作为公司建材业务的主管拿到了 20% 的股份。

“这是其他公司老板轻易做不到的事，也是其他公司的员工想都不敢想的事，邓总让我们有了更大的盼头。”从打工者变成股东，王震感觉到事业的阶梯更上了一层，他也明显地感受到发生在每个员工身上的变化。为了在月底前给客户开具增值税发票，店长夜里 10 点赶去商场请求保安人员开门，保安感叹“没见过哪个商户的员工这么拼”。王震清楚：“员工持股，大家的干劲儿更足了，都以主人翁的态度去做事，把公司当成自己的企业去经营、去奋斗。”

众人划桨开大船。邓佳佳给员工分股，不仅让员工有了归属感，更激发了员工干事的积极性，在建材市场走势下滑、同行纷纷倒闭的大环境下，公司展现出新的活力，营业额突飞猛进，取得了骄人的业绩。

出让股份的邓佳佳更像是一个大家长，她退出对建材业务的管理，鼓励并支持年轻的王震挑起管理重任，把所有的人脉关系介绍给员工，让他们在事业上全力打拼，她则更注重在生活上关心员工，每到过年过节，都为员工精心准备礼物，她也时常准备家宴，召集员工欢聚。

“公司的员工都是跟随我 10 年以上的老员工，他们中间有的夫妻二人都在我这里工作，这更让我觉得责任重大，我要带着他们往前走，让他们过得更好。”创业以

来，邓佳佳坚持不轻易辞退员工，即便培养的员工离职成为竞争对手，她依然真诚地以友相待。

让员工钱包鼓起来，让他们得到最好的发展，邓佳佳认为这是企业管理者肩负的责任，在她看来，事业上最值得骄傲的成功不只是拥有丰厚的财富，还在于培养出优秀、成功的人才。

33 岁的刘政宇是邓佳佳在天邦达投资公司的得力干将，毕业于体育院校运动健康专业，却擅长金融投资，邓佳佳对他的重用堪称是慧眼识珠。

刘政宇入职后一直在金融市场的最前沿——上海工作，2014 年，因妻子怀二胎，刘政宇面临工作和家庭的两难选择："我和爱人本已经有了放弃二孩儿的念头，但是邓总消除了我们的顾虑，她很支持我们。"为了方便刘政宇照顾在秦皇岛生活的妻子和孩子，邓佳佳把他调回秦皇岛工作，同时承诺他薪酬待遇不变。

眼下，刘政宇正准备回上海工作，在他心里，邓总已经给了他 4 年的时间陪伴孩子，他要把更多的经历投入到工作中，回报公司对他的照顾。

"公司就是一个大家庭，员工都是我的家人。"邓佳佳说，看着员工成长得越来越优秀，生活得越来越好，自己有满满的成就感。

"爱是承诺对方的成长"，用心务实做慈善

在把企业做强、做大的同时，邓佳佳不忘回馈社会，热心慈善公益事业。她和企业家朋友分别在青龙、抚宁捐助了两所小学，并设立奖教奖学金，鼓励辛勤育人的教师和学习优异的学生。

冬日的阳光照进青龙小马坪小学的校园，干净平整的操场上学生们在奔跑跳跃，宽敞明亮的教室里书声琅琅。几年前，邓佳佳第一次走进小马坪小学，眼前的景象让她触目惊心，教室墙体开裂，桌椅、门窗破旧，操场坑洼泥泞，教学用具简陋……邓佳佳和企业家朋友当场决定出资改善学校办学条件。

修建校舍，硬化操场，改建食堂，更换桌椅，购置书籍、文体器材……半年多的时间，小马坪小学发生了脱胎换骨的转变，曾经条件艰苦的农村小学变身幸福校园。为了开拓孩子们的视野，邓佳佳加大捐资力度，为学校配备电脑，成立专门的电脑教室。她说："关注孩子们的成长，要让他们的精神世界更加丰富多彩。如今是网络时代，有了电脑，孩子们能接触更广阔的世界。"

学校在 2013 年以前只有一两百个学生，随着设施、师资的加强，流失的生源又回来了，现有学生将近 400 名，老师们的工作热情更加高涨，孩子们学习起来也

秦皇岛瑞鸿科技发展有限公司、北京天邦达投资有限公司董事长邓佳佳携广东心智家园慈善基金会捐助青龙县小马坪心智财富小学

更有劲头了。

“原来学校生源不足，现在招生名额紧俏，全县升学考试前 30 名有 24 个学生出自小马坪。看到这些变化，比我自己赚到 100 万还高兴。”几年来，邓佳佳始终关注小马坪的师生，每年都会准时为学校送去奖教奖学金，她很重视与孩子们的交流，乐于帮助孩子们打开心灵的窗户，让他们感受世界的缤纷。

一次偶然的机会，邓佳佳在飞机上结识了来秦皇岛工作的美国建筑工程管理领域的专家洛根。交流的过程中，邓佳佳跟他聊起小马坪小学的师生，洛根对邓佳佳的慈善行为很感兴趣，他表示很愿意和邓佳佳一起关爱孩子们的成长。

2016 年的教师节，邓佳佳带洛根来到小马坪小学，孩子们第一次看见外国友人，显得十分的兴奋。

“山村的孩子很少有机会接触到外国人，洛根很耐心地跟孩子们交流。他鼓励孩子们触摸他的金发，满足孩子们的好奇心，和孩子们做游戏，让人很感动。”邓佳佳觉得比起为孩子们捐赠物品，这样的交流更有意义，更有助于孩子们的成长。

来到山村小学，洛根不仅给孩子们捐赠了衣物，还捐赠了奖学金，他还跟邓佳佳约定，有机会再一起去看望孩子们。

爱是对受助者的承诺，邓佳佳的承诺是帮助困难家庭的孩子更好地成长，让贫困老人感受到温暖。

刘政宇多次跟随邓佳佳去慰问孤寡老人，他说：“每到年节，邓总都会带领家人、员工和身边的朋友一起到农村看望贫困孤寡老人，为他们送去棉衣、米面油等生活物品，让老人全年生活无忧。”每年，邓佳佳都会捐助50多位老人，这些老人的生活都有明显的改善。

记者手记：

大舍大得才能走得更远

邓佳佳的事业格局比较大，投资涉猎不少领域；她的目光长远，追求企业的永续发展；她有坚定的为商之道，坚信大舍大得才能走得更远。事实上，邓佳佳的“舍得”哲学已经让她在事业发展的路上收获满满。

熟悉投资业务的刘政宇说，公司投资的每个项目都是“香饽饽”，任谁得到都能获利，但一个个“香饽饽”为什么能落到邓佳佳的手中？这不仅需要企业有实力，还在于邓佳佳的为人处世之道——收获源于付出，做一个对他人有价值的人才能创造更大的价值。

舍，是投入，是付出，是耕耘；得，是产出，是收获，是成果。欲求有得，先学施舍。把喜舍作为人生信条，无论是对待员工还是做公益，邓佳佳付出爱，给予关怀，在“舍”中“得”到了不一样的收获。

从来不轻易辞退员工，把股份分给员工，这对于很多企业老板来说，是不容易做到的事。让员工过得更好，努力把员工培养成老板，她不吝惜所得，与员工分享，不吝惜人脉资源，传授自己的经商之道，因为这样，公司员工队伍稳定，人人踏实强干，普通职员成长为公司高管，事业蒸蒸日上，这正是对邓佳佳最好的回报。

用爱心帮助、温暖贫苦的人，看到孩子得到更好的成长，老人得以安度晚年，邓佳佳更是满心欢喜，收获内心的富足。

得，源于舍，舍与得相伴而生。邓佳佳因为舍得分享，得到员工爱戴；舍得爱心，得到美誉；舍得智慧，得到成功；舍得眼前，得到长远……

『小』景区融出大势头

碧螺塔旅游开发股份有限公司董事长王有奇

于军涛 李淑丽 杨琦

碧螺塔旅游开发股份有限公司董事长王有奇

白天，蓝天 、阳光、海浪、沙滩、时尚美丽的婚纱、浪漫甜蜜的情侣；夜晚，动感的音乐、熊熊的篝火、精彩的演出、平衡车上穿梭递送美酒的服务生。碧螺塔像极了一位双面少女，在喧嚣和静谧之间任意切换，神秘地矗立在北戴河东海岸。

一个面积只有 106 亩的“小”景区，历时 15 年的时间打造成了北戴河最具浪漫气质的旅游胜地，每年吸引着全国各地追求时尚的年轻人慕名而来，年接待游客达到 60 余万人次以上，碧螺塔成为秦皇岛第一家在新三板文旅板块上市的企业。

如果把碧螺塔比作一幅瑰丽的画作，他背后的画师就是王有奇。

多年来，王有奇喜欢在滨海的马路上一个人静静地开车，透过车窗，远远地看到碧螺塔公园里那不能再熟悉的浪花、飞鸟、迤逦的海岸曲线、形态各异的礁石、如织的游人，他的胸腔里就有一种力量在充盈，一种激情在鼓荡。

一场大气磅礴的实景演出

“就在你们来之前，我刚得空眯了一会儿，”握着记者的手，王有奇一边寒暄，一边介绍说，“为了演出的事，团队已经连续开了几天的会，刚才我还跟他们说，再这样下去快顶不住了，我必须要睡一会儿了。”

眼前的王有奇脸膛黑红、嗓音洪亮，虽然面色略显疲态，但仍然掩盖不了浑身上下透着的一股精干劲。他所说的演出，是景区正在着力打造的大型实景演出《浪淘沙·北戴河》。

“自从2017年省旅发大会以来，王总的心思就全部扑到演出上来了。”公司行政王泰补充说，“为此他都晒黑了，整个人脱了一层皮。”

2017年的9月17日，作为第二届河北省旅游产业发展大会的重头节目之一，大型实景演出《浪淘沙·北戴河》曾在碧螺塔公园惊艳亮相，精彩的文化盛宴给参加大会的国内外来宾留下了深刻的印象。自打旅发大会之后，王有奇就萌生了将《浪淘沙·北戴河》改造后在景区常态化演出的想法。

干了十几年的旅游，王有奇深深地体会到，旅游产业已从单一景点景区模式向综合目的地统筹发展模式纵深转变，这种转变的背后，离不开一个关键词：要素融合。早在2009年，王有奇就在碧螺塔打起文化旅游牌，着手策划了河北省首台大型海上实景演出《海上生明月》，演出持续了7年，反响不错。“但和《浪淘沙·北戴河》的创意比较起来，主题太泛泛，缺少了那么一点秦皇岛的特质。”王有奇这么认为：“相比之下《浪淘沙·北戴河》是秦皇岛独有的文化IP，秦皇筑城、魏武挥鞭、唐王驻跸的传奇历史，百年滨城、千古诗篇的人文体验，都可以融入剧情中，打造成独具秦皇岛特色的文化旅游名片。”

项目演出周期短，成本高，投资风险大，但王有奇最终还是决定要做。“碧螺塔一直扛着文化旅游的大旗，不能就这么丢了，而且，作为正在打造中的一流国际旅游城市，秦皇岛也需要这样一场具有影响力的演出，碧螺塔有这份责任！”王有奇说。

要做就做最好。为了《浪淘沙·北戴河》，王有奇已经投入了4000多万元，导演、编剧、音乐、舞美、灯光音响等都是国内顶级的；涉及的一些细节的事，常常把“工匠精神”四个字挂在嘴边的王有奇往往亲自上阵，从剧本创意到艺术表现形式，甚至一些威亚、灯光、音响的调试工作都亲力亲为，力求精益求精。

“这场演出在2018年6月底呈现，给市民及游客带来了极具震撼的视听盛宴，进而，随着不断的完善提升，一定能成为河北文化旅游的标杆！”王有奇对此很自信 。

一个专注浪漫幸福的产业

“我们那儿也有大海，不过相比起来，还是更喜欢这里的景色，在人生最幸福的时刻，希望能在这里拍出最美的照片！”2018 年 5 月 17 日下午，天气晴好，一对来自辽宁葫芦岛市的情侣，在摄影师指导下摆出各种靓丽造型，甜蜜的笑容洋溢在脸上。

如今，白天走进碧螺塔海上酒吧公园你会发现，拍摄婚纱照的情侣随处可见，已然成为一道靓丽的风景。

“碧螺塔景区占地面积太小，怎么和别人竞争？一定要做精，除了自然环境，更需要人文的内容，找到别人不可复制的核心优势！”王有奇说，浪漫、时尚、前卫始终是碧螺塔的定位，因此，整个业态规划及产品设计都围绕年轻人的需求。

一直以来，碧螺塔都是北方周边省市情侣们婚纱摄影外景地的首选。如果说以前碧螺塔只是为新人们的婚纱照提供一个美丽浪漫的外景地的话，那么从 2018 年年开始，碧螺塔将主动进军这个潜力巨大的行业。“经过这么多年的摸索，我们对这个行业的认知也积累了很多，碧螺塔融汇了这么多时尚浪漫的元素，有这么多得天独厚的优势，完全可以再往前走一步，进军婚庆产业。”王有奇决定顺势来一场旅游 + 婚庆的融合，拉长碧螺塔的产业链条，利用两年的时间，把碧螺塔打造成北方最具特色的婚纱婚庆基地。

“这既是顺应旅游产业融合发展的大势所趋，也是‘化短为长’的无奈选择。”王有奇说。

2018 年年初，正是北方旅游景区的淡季，当其他景区还在“闷冬”的时候，这里已经开始热火朝天。为了早日实现碧螺塔建成“北方最具特色的婚庆基地”的目标，王有奇正紧锣密鼓地组织景区硬件改造提升。新建了一个 1400 平方米的室内影棚，新添了拥有几十个化妆间、上千套礼服的 1000 平方米礼服馆，新增加了无边界泳池、游艇、教堂、热气球等国际范儿的时尚景观。

“未来，我们还将逐步提升婚庆产业的服务，配备不同风格的摄影师、化妆师供情侣选择。同时，提供订婚、结婚等场景服务，举办海上婚礼、草坪婚礼、沙滩婚礼等，形成旅游 + 演绎 + 酒吧 + 房车 + 婚庆 + 婚纱等一个完整的产业链。”王有奇说，当前，碧螺塔已与周边省市的 500 多家影楼建立合作关系，不久，碧螺塔就能为来自全国各地选择旅拍的情侣提供一流婚纱婚庆服务。

“当你走在景区的栈道上，眼前都是身着礼服的俊男靓女，前方，一小伙突然单膝跪下向女友求婚……这本身就构成了碧螺塔一道独有的人文风景！”透过办公室的玻璃窗，凝视着眼前的碧螺塔，王有奇眼睛里分明有一股激情在闪现。

一次“今生只为遇到你”的邂逅

王有奇觉得，他这一生注定和碧螺塔相识。

“古人讲，读万卷书，行万里路。我非常喜欢旅游，经历多了，你的眼光、格局也就不一样了！”他说，没做旅游前，他曾去过 20 多个国家，当时梦想着能拥有属于自己的旅游项目，干半年，玩半年，然后环游世界。

有一年冬天，王有奇闲来到海边游玩，无意间走到了东海湾，碧螺塔的气质一下子把他震慑住了：形态各异的礁石，优美的半岛曲线，他兴奋的像个孩子，绕着礁石蹦跳了好几圈。

这一年是 2003 年。“当时的碧螺塔公园由于经营不善，园内垃圾遍地，设施破烂不堪，一大片空地上，只孤零零地杵着一个海螺状的塔。”王有奇这样描述自己和碧螺塔的初次相遇。

他觉得自己找到了感觉，他决心接手碧螺塔。“对于这一决定，当时很多朋友并不十分看好，他们都认为这样做太冒险。人家这么多年苦心经营都没有什么起色，换你就行了？”但王有奇自有主张。“这里的礁石很美，三面环海，沙滩绿树高低错落，天生有一副好的骨架！”对于碧螺塔，王有奇觉得自己有“伯乐”的眼

一对情侣在碧螺塔海上酒吧公园拍摄婚纱照

光，也觉得值得冒这个风险。

但冒险不等于蛮干。首要的是进行市场分析，找准定位。“明确为了什么？怎么来做？对象是谁？做成啥样？”脑子里反复过了若干次的几个“为什么”，一番详细的市场调研之后，王有奇最早提出了开发碧螺塔“夜文化”。

依托秀美风光，既要有别于普通夜场，还要有酒吧的味道，王有奇费了不少心思。景区的定位、风格、功能、核心优势等，他都需要精心谋划，就连景区大门木屋的颜色，也是经他深思熟虑后确定为黑色。“景观的高低错落，颜色搭配，哪块该留白，我已把这里当成了一幅画去创作，凭的就是一种感觉！”王有奇说。

依托“夜文化”，碧螺塔海上酒吧公园一炮走红。

“相同的大海，不同的感觉”，这是王有奇比较得意的一句广告词，多年来，碧螺塔的“夜文化”成为了北戴河浪漫、时尚、前卫的代名词，吸引世界各地的年轻人蜂拥而至。“就秦皇岛旅游大市场来说，我们永远是绿叶，不过要说‘夜文化’，碧螺塔绝对称得上红花！”不经意间，王有奇自豪之情溢于言表。

一种投身其中的情怀

王有奇打小事事要做好，干什么都投入，都要力争掐个“尖儿”。

15 岁时，他成为皮影剧团的学员，之后又被分到当时的针织厂。“在厂子里干了 4 年，并不甘心 ，总觉得自己熬一辈子顶多混个副厂长，没劲。更重要的是，一个月才挣 30 多元钱，别说娶媳妇了，自己花都不够！”王有奇说。

20 世纪 80 年代初，由于产品积压，厂子鼓励工人们拿着产品到外面销售。“我第一时间报了名。就是卖厂子生产的脖套 ，第一天挣了两块多钱，第二天挣了八块多钱，第三天更好，足足有十块钱！”一番经历下来，王有奇的心野了。干脆，他从厂子辞职，到海浪花市场创办了哈哈商店，成为靠三尺柜台起家的个体户，专销床上用品。

“当时的人生梦想就是成为一名‘万元户’，总觉得钱多了养老就有了保障。”聊起过去，王有奇呵呵一笑。为了这个朴素的梦想，他勤奋努力，锐意钻研，个体事业干得风生水起，是那个大市场里干得最好的。有啥不一样？因为有情怀。到现在，他还清晰地记得自己当时创作的一句广告词：“床上用品到处有，哈哈领导新潮流”。

“人一辈子不管干啥事，总要有点儿情怀吧，否则坚持不到现在。纯从做生意角度讲，搞旅游挺熬人的，一般人都没有这样的耐心，如果不是对这份事业特别热爱和执着，早就不干了！”王有奇说，2003 年至今，碧螺塔已累计投入 1.4 亿元，他对这里的一草一木有深厚的感情，甚至比对儿子还亲。

“这些年国家大力扶持文化旅游产业发展，秦皇岛也在加紧打造一流国际旅游城市。”王有奇说，“有幸赶上了旅游发展的黄金时代，我有啥理由歇一歇、松口气？下一步，捋起袖子加油干，争取把碧螺塔打造成秦皇岛、河北省乃至全国文化旅游的一张名片！”

记者手记：

“本土和尚”也能念好旅游经

当下，秦皇岛市旅游产业的发展正面临提档升级的重要关口，提升是时势所趋的必然命题，同时对各景区掌门人来说，无疑也是一场考验。这一方面意味着景区和旅游产品的品质要拔高，另一方面，也意味着要加大投入。

面对挑战，不少企业家不愿再受爬坡过坎之苦，纷纷选择了较为省事省心的方式：把多年苦心经营的景区加以包装，准备待价而沽，全身而退。这么做的思维逻辑是——外来的和尚会念经。

王有奇的经历告诉我们，只要有眼光，找准定位，“本土和尚”也能念好经。2003年的碧螺塔，在常人眼里是一派破败的景象。然而，王有奇却独具慧眼——形态各异的礁石，优美的半岛曲线，碧螺塔浪漫的气质一下子就把他抓住了。从浪漫入手，以匠心打造，“最浪漫的海上酒吧”“北方最浪漫的婚纱婚庆基地”“最浪漫的海边实景演出”……每一步都精雕细琢，每一步都卓有成效。这是因为慧眼识“塔”，找准了浪漫的定位。

王有奇的经历告诉我们，只要有情怀，“本土和尚”也能念好经。他喜欢旅游，也热爱旅游事业。在他眼里，碧螺塔就好比自己的一幅绘画作品，更好像自己的孩子。正是因为有了把碧螺塔“打造成北戴河一张浪漫名片”“打造成中国最具特色的文旅品牌”的格局和雄心，多年来，王有奇靠着一腔热爱坚守付出，前后投入一个多亿元，凡涉及景区发展的事，他无不亲力亲为，光是广告语就琢磨出了一箩筐，以至于说“这里的一草一木都和我有感情”。这就是情怀。

王有奇的经历告诉我们，只要坚持旅游产业的创新融合发展，“本土和尚”也能念好经。碧螺塔很小，占地只有106亩，然而他十几年来坚持创新思维、要素融合，旅游+婚庆，旅游+演艺，愣是“化短为长”，把小景区经营出了大势头。这就是创新精神。

当然，打造一流国际旅游城市，我们需要敞开胸怀，欢迎外来的企业家来投资，欢迎业界能人来创业。但是一枝独秀不是春，百花齐放春满园。从这个意义上讲，我们希望有更多的像王有奇一样的“本土和尚”来念好旅游经。

从国企打工仔到民企领头人

秦皇岛市机电设备股份合作公司董事长石晓波

于军涛 杨琦 鲁建滔

秦皇岛市机电设备股份合作公司董事长石晓波

石晓波平静地给我们讲述这家公司的改制故事。偶尔想不起来当时的细节，在一旁的同事适当补充时，他会猛吸一口烟，埋头沉思。

当我们问及当时最大的困难时，也许触动了他心底最为柔软的部分，这个 55 岁的汉子情绪突然爆发："刚改制的时候，懵懵懂懂，被一股责任推着往前走。稀里糊涂改完了，才发现是真难啊！一睁眼，这么多人等着吃饭，资金从哪来？"他拭去眼角的泪水，渐渐恢复了平静，又是猛吸一口烟，"唉，反正最困难的时候都过来了。"

访谈到最后，回顾起机电公司的历史，他喝了一口水，戏谑到："也许我和机电公司是同龄人的缘故，有这个缘分吧！"石晓波是 1963 年生人，秦皇岛机电公司也是 1963 年成立的。

1998 年前的 10 年，石晓波是国有企业秦皇岛机电公司的一名员工；1998 年至今的 20 年，他带领这家改制的企业凤凰涅槃，扬帆远航。冥冥之中，他个人的命运与这家公司的命运已不可分割。

党让去哪儿就去哪儿

1998 年夏天，按照市里的统一安排，秦皇岛市物资局下属的机电公司被列为首批改制的试点企业。作为机电公司下属汽车公司的总经理，石晓波被推举为新成立的机电设备股份合作公司董事长。

“我是复员军人，又是党员，党让我去哪儿就去哪！”这是当时石晓波最朴素的想法。

机电公司主要经营电线电缆等五金机电类产品和汽车，在 20 世纪 80 年代曾辉煌一时。“当时一年的收入能达到一个亿。”石晓波说。

然而在 1998 年，公司业务已经开始受到市场竞争的影响。当时，机电类民营企业如雨后春笋般涌现，由于负担较小，经营手段灵活，开始一步步挤占作为国有企业的机电公司的市场份额。

时不我待！在石晓波的主导下，一系列加快汽车业务的改革举措很快推出来。

新公司仅仅挂牌一个多月，新建的秦皇岛市汽车、摩托车交易市场便正式开业，仅展厅面积就达 800 平方米。公司还新建了加油站，开辟了一条龙服务业务。不久，公司下属的长安铃木、长城、比亚迪三个汽车 4S 店又在东港路上华丽亮相。

在股权设计上，按照市政府的要求，改制以后的公司实行全员持股，这一点石晓波也特别支持。“公司的发展是所有机电人勠力同心的结果，这个企业是大家的，改制应该让人人受益、人人担责。”最后，董事会 5 名成员共持股 51%，公司当时 68 名员工按职级都持有不同股份，即使退休以后，也还持有股份，这也是为什么公司叫“股份合作公司”的由来。

事实也证明，全员持股大大提高了员工的积极性，公司的凝聚力更强了。公司工会副主席张桂霞说：“公司有一名员工，在改制前不守时守规。改制以后，因为有股份了，对他触动特别大，积极性也上来了。当时他负责公司的汽车储运业务，不管购进的汽车是白天到的还是晚上到的，他都亲自接车。不管是卫生还是车况保养，他都做得特别好”。

国企改革的一面旗帜

告别了改制之初的千头万绪，一切走上正轨，新的问题又来了。

汽车业务需要大量资金运作，而资金难题像一块巨石，一直悬在石晓波的心头。有一年快过年的时候，发完员工的工资和奖金，公司账上就剩 10 万元了。“过完年后怎么办？怎么去进汽车？”说起当时的窘况，这个 55 岁的汉子至今记忆犹新。

“用房子抵押贷款！”董事会成员集体决定抵押自家房产。在董事会的感召下，公司员工纷纷行动，有抵押房子的，还有把私家车也抵押的，最后凑了 2000 万流动资金，企业才得以渡过难关。

对于汽车销售行业，石晓波一直有着清醒的认识：“卖车不是目的，汽车售后市场——依托 4S 店的服务和维修，才是利润所在。”这也是他为什么在公司改制之初就急着上马三个 4S 店的原因。2008 年，在整车利润越来越低、汽车售后市场竞争日趋激烈之时，石晓波又做出了多元化发展的决定。

“公司有自己的一块地，当时的房地产市场也还不错，我们也是顺势而为。”石晓波这样解释 2008 年向房地产转型的原因。

经过申请、立项、审批等程序，2011 年 10 月，雅绅鸿居商住小区项目破土动工。这被誉为“机电公司经营历史上的一次跨越式飞跃”。

为了这个项目，石晓波也是拼尽了全力。张桂霞记得，有一天晚上，下起了瓢泼大雨。工地上有一个十多米深的积水坑，雨越下越大，坑开始往下坍塌。千钧一发之际，石晓波带着员工扛着沙袋往里扔。从晚上 8 点多一直干到凌晨 1 点多，坍塌的隐患得以解除。第二天，石晓波却病倒了。

2013 年 4 月 28 日是秦皇岛机电公司 50 年华诞大喜的日子。也就是在这一天，公司旗下雅绅鸿居项目开盘，新办公大楼也正式启用。对石晓波来说，这样的时刻让他心潮澎湃——公司已由改制时的一个公司发展到拥有 7 个子公司，规模不断发展壮大，业务涵盖汽车、机电产品销售和房地产开发等领域。

“石晓波带领全体员工在改制的时候开拓创新，锐意进取，取得了累累硕果，使机电公司成为物资流通行业国企改革的一面旗帜。”在秦皇岛市机电设备股份合作公司庆祝 50 华诞时，秦皇岛市商贸国有资产投资有限公司副总经理赵君莉这样评价石晓波。

做员工的强大后盾

在秦皇岛市机电设备股份合作公司，石晓波不但管企业经营等一些大事，还管一些小事，他戏称“事必躬亲，胡子眉毛一把抓”。

“员工结婚、生孩子、家里老人去世，他肯定要表达心意。如果他出差或者有事，也会委托别人表达心意。”张桂霞说。除此之外，员工的孩子考上大学，他也忘不了给个红包。更让人想不到的是，公司员工的孩子高考前，公司还给员工放3个月的假期。

石晓波说：“一个公司就跟一个大家庭一样，大家开心快乐，才会对这个家庭更有责任感。机电公司就是机电大家庭，我就是家长，是员工的强大后盾。”

2013年，公司员工王占敏的外孙小谷雨查出患有左侧肾细胞瘤，但高昂的医疗费让家庭难以承受。石晓波得知后，立刻召开支部会议，决定在全体职工中进行爱心捐款，共为小谷雨捐款26780元；2014年，公司员工付兴龙的妻子患宫颈癌，治疗费用巨大，石晓波号召全体员工为其捐款24000元。

不仅仅是对待自己的员工，石晓波还将爱心延伸到社会上最需要帮助的角落。

2007年，《秦皇岛晚报》报道了青龙一个叫朱平的女孩的感人事迹：因母亲去世，她从11岁开始，就担负起照顾瘫痪在床的父亲和年幼的弟弟的重任。石晓波被这个女孩自强不息的精神震撼了，他不但亲自送去了公司员工的近8000元捐款和大米、食用油等生活用品，后来还协调银行等机构，为朱平一家提供担保贷款15万元，建起了养猪场，帮助她家脱贫致富；2008年5月12日汶川地震，得知消息后，在没有接到上级捐款通知的情况下，石晓波立即召开会议，安排部署为灾区捐款。

秦皇岛市机电设备股份合作公司董事长石晓波在公司新春晚会上致辞

短短两天，就为灾区捐款 74400 元，并在第一时间把捐款送到市慈善协会。

20 年似乎很短，一晃眼就过去了。而对石晓波来说，过去的 20 年只是一个时间节点，他一直都在寻找公司转型的智慧——就在几个月前，他与汽车之家和浙江一家公司合作，希望给机电公司插上互联网和金融的“翅膀”。这个 55 岁的男人想要证明的是，在未来的市场竞争中，机电公司仍将立于不败之地。

记者手记：
责任与使命

适逢国企改制的年代，石晓波就这样懵懵懂懂地从国企管理者变成了民企带头人，前路如何？没有人说得清。他只清楚——自己有责任带领企业、带领这些人继续走下去。

石晓波是幸运的，他带领秦皇岛机电公司成功了。然而，不是所有的企业都能这么幸运。国企改制潮流过后，有的企业机制改对了、人心稳了、路子也越走越顺了，因而焕发出生机和活力。但不容回避的事实是，由于这样那样的原因，很多企业从此就销声匿迹了！

梳理石晓波从打工到带领团队守业、创业的经历，总结机电公司成功的奥秘，我们发现，“责任和使命”是其成功的重要一条！

是责任和使命让他勇敢担当起了这副担子；是责任和使命让他带领员工克服一个又一个困难，闯过一个又一个难关；是责任和使命让他像培养自己的孩子一样对公司倾注心血，历经重重险阻，最终把机电公司打造成全市改制的“明星企业”。

在本市的民营企业家中，类似石晓波的人们因此成为一个独特的群体。他们是秦皇岛国企改革的见证者，也是民企发展的参与者，他们的责任和使命、他们的命运，汇聚成了这个城市进步与发展的最宝贵财富。

孝老初心绘就养老蓝图

光彩服务产业集团董事局主席曹江

于军涛 李淑丽

光彩服务产业集团董事局主席曹江

一件亮粉的 POLO 衫，妥帖地扎进皮带里，头发梳理得十分整齐，干净利落。15 年后再次见面，已荣任光彩集团董事局主席的曹江，还保持着当年一贯的穿着风格，还像当年那个创业时的年轻人一样，神采奕奕。

曹江如今已是火遍大江南北的"一键通"居家养老服务模式的开创者。

无心插柳柳成荫。2003 年，因为对母亲的一片孝心，他偶然研制出一款随身便携的呼叫器，从此走上了养老事业的道路。15 年来，紧跟着时代的脉搏、市场的呼唤，曹江的脚步穿行于祖国大地，将"一键通"养老模式从港城秦皇岛拓展到全国的 368 个城市。

这不单是一组数据的增长，更是人口老龄化趋势下一个企业探索市场化养老模式的足迹。

近几年，借助信息技术洪流，光彩集团在曹江的带领下，为"一键通"插上科技的翅膀，研制出能陪伴、能看护、能导诊的智能机器人，并将“一键通”由原来的居家养老、健康监控模式提升为覆盖全国、联网联动的康养旅居公共服务平台。

就是为了让妈妈找我更方便

“我没想到能在养老的道路上走这么远，也没有想到会把事业做这么大。”回忆起当初第一个呼叫器的诞生，曹江语调不高，声音不大，但语气里是掩饰不住的自豪：“最初的想法很简单，就是为了让妈妈找我更方便！”

那是2003年，最早的“一键通”是曹江用当时流行的住宅防盗报警器改造出来的，与家里的座机连接，个头如汽车遥控器大小。挂在母亲腰上，老人有事一按上面的按钮，不用拨号就能连通他的手机。

在周围人的眼里，曹江是个标准的“孝子”。

“我母亲身体一直很好。有一天却突然晕倒了，幸好妹妹回家发现才得到及时救治，否则后果不堪设想……”事隔多年，提起当年的那一幕，依然能从曹江表情里读到紧张。

“母亲清醒后，我才知道，当时她感觉身体不舒服，拿起电话机想给我打电话，可是号码刚拨了一半就迷糊了，倒在地上时手中还握着话筒……”

“老人难免会生病，一旦发病时儿女不在身边又联系不上太危险了，要是能按一下键就能联系到我就好了。”平时就爱鼓捣各种电子器材的曹江，为了不让母亲再发生类似的危险，经过反复试验做出了第一个“一键通”呼叫器。

“没想到，经过反复测试，这个‘小家伙’还挺好用！”

兴头一上来，曹江索性给身边亲朋好友家的老人都免费装上了这种呼叫器。“这叫有福同享。”

老吾老以及人之老。随着越来越多的老人从中受益，曹江在“一键通”研发推广的路上也越走越远。随后他又给山海关铁路医院免费创建了呼叫中心，为山海关区的老红军、老劳模等“五老”人家免费安装了呼叫器。

“才装上3天就成功救助了一个突发疾病的老红军。”多年后谈起那段经历，曹江的兴奋之情仍溢于言表。

看着妹妹失落的表情，我心里很不是滋味

虽然看到了市场的巨大需求，但在机关工作的曹江并没想通过经营“一键通”呼叫器来开拓巨大的养老市场，他当时只是想着小打小闹的小范围试用，顶多帮帮

身边的人。

“一键通”最终走上商业运营的道路，曹江的初衷是为了帮妹妹创业。

2003 年，曹江的妹妹从企业下岗了。“看着妹妹失落的表情，我心里很不是滋味。”曹江回忆说。

那段日子，恰逢“一键通”的效果得到了社会的高度认可。“能不能把它干成一个事业呢？”当年的 8 月，在秦皇岛市人社局为下岗职工提供的办公房里，曹江为妹妹创办了全国第一个社区服务中心。

2005 年，海港区政府为 3800 户空巢老人免费安装呼叫器。3800 套呼叫设备全部免费安装，社区服务中心只象征性地按每户 60 元向区政府收取服务费。

好口碑就是最好的广告。紧随其后秦皇岛市老干部局也出资为全市的老干部安装了呼叫器。看到发展态势这么好，曹江趁热打铁提升服务水平，为呼叫中心组建了应急服务队，24 小时为受助对象提供帮助。

“有什么事找他们都挺热情，买米买面、打扫卫生、擦厨房、洗沙发套、洗被子……什么都能给做。”家住和平里小区的张大妈提起一键通服务网络，直竖大拇指。张大妈的儿女都在外地，年纪大了腿脚不便，就把“一键通”当作“电子保姆”，遇到生活难题“轻轻一按”，所有事情都能轻松搞定。

2008 年，“一键通”被作为重点项目引进秦皇岛经济技术开发区。此后，在开发区管委会的支持下，光彩集团一路开疆拓土、攻城略地，业务逐渐拓展到全国各地。

据介绍，如今，“一键通”的服务内容已被细化到老人日常生活的方方面面，从医疗紧急救助、水电维修、家政服务到购物消费、预订服务等共计 60 多项。

“一键通”已经成功救助了 3856 人

2018 年 6 月 21 日晚上 10 时许，热电里 8 栋 2 单元龚大爷家卫生间的自来水管突然爆裂，屋内瞬时水流成河。儿女不在身边，物业没人值班，怎么办？

最后经人提醒，龚大爷按下了“一键通”的求助键。十几分钟后，社区服务中心秦皇岛应急服务队的志愿者们赶到了老人家中，很快帮老人修好了水管。

除了便民服务，“一键通”定位手机还有“救命”的功能：当老人遇到突发疾病或者摔伤等突发情况，只需按下“一键通”背面的 SOS 键，系统就会依次呼叫老人的两名近亲属。如果亲属联系不上，电话将迅速转接到指挥中心。

“截至目前，‘一键通’已经成功救助了 3856 人！”说到此处，曹江给记者讲起了 5 年前抚宁区大新寨一对老夫妇因“一键通”而获救的事。

光彩服务产业集团在吉林建立运营管理中心，其运营管理中心已覆盖全国 200 多个城市

那是 5 年前一个隆冬的清晨，正是人们睡得香的时候，呼叫中心的报警铃突然急促地响了起来。工作人员迅速回拨电话，无人接听。

再联系老人儿女，关机。

情况万分紧急！

中心立即派应急服务队员前往老人家中查看。使劲地敲门，没有任何回应。队员们只好破门而入，煤气中毒的老两口已倒地不醒。

“医生说如果再晚半个小时，人就没救了！”

“其实我这个人对做生意赚钱并没有太大的野心。”曹江说，“倒是这么多年以来‘一键通’一次次成功救人于危机的感人经历，成了激励我把事业不断推向前进的动力！”

“一键通”社区服务中心的良好社会效果，很快得到了国家和省相关部门的关注，全国各地的民政系统及老干部系统纷纷来秦皇岛参观学习，并迅速把“一键通”的养老服务模式推广到全国各地。

2009 年，曹江被任命为国家民政部主管的国家级社会组织——光彩养老事业促进中心主任、法定代表人。

2018 年 1 月 8 日，在秦皇岛经济技术开发区举行的全国联动康养旅居体系建设推进大会上，全国首个联动康养旅居公共服务平台正式上线开通。这标志着光彩集团的主要业务方向由原来的居家养老、健康监控模式提升为覆盖全国、联网联动的康养旅居公共服务平台。据曹江介绍，平台将以光彩事业促进中心建设的全国智慧养老服务体系为支撑，采用“互联网 + 大数据”的技术手段，通过共享机制，整合全国各地的养生养老、休闲农庄、卫生医疗、家庭服务、休闲旅游等康养资源，打造覆盖全国、联网联动的康养旅居工程服务体系。

老人最想要的是陪伴

一个小小的机器人，嘴里发出奶声奶气的童声，陪老人聊天，给老人唱歌，还能给老人讲笑话。在曹江和光彩集团的努力下，这样的场景已经变为现实。

随着移动通信和互联网的发展，原来建立在固定电话上的“一键通”的呼叫服务已经不再适应市场需求。2012 年光彩集团开始研发“社区养老健康系统研制与应用示范”，该项目被国家科技部列为国家重大科技支撑课题。

“健康养老服务平台”的投入使用，实现了由原来只是提供“一键通”的呼叫服务，向健康养老和生活服务相结合的转变。老年人佩戴有监测心电、血压、血氧、脉搏等数据监测及传输功能的设备，即可实现对健康的实时监控，一旦身体健康状况出现异常，相关信息就会传到健康监控服务中心、联动的医疗机构和家属手中，医养服务中心适时给老年人提供健康指导和医疗服务，为老年人提供良好的健康和安全保障。

“我们在长期工作中发现，现在老人最怕的是孤独，最想要的是陪伴。”曹江说。

怎样才能更好地满足老人的精神需求呢？光彩集团的研发中心经过反复探索，于 2017 年又研究推出了“小宇”智能陪护机器人和医疗机器人两种新型产品。

“小宇”可以自主与老年人聊天，进行陪护，可以随时讲故事、唱歌、说笑话，还可以帮助老年人呼叫子女，进行视频通话。医疗机器人则可以通过第一次操作时的定位，对家庭房间路线进行记忆，实现定时喂药、量血压和人脸识别等，也可以每天定时发送报告，方便医院和医生随时跟进老年人的身体状况。机器人操作方法都很简单，老人只需按动开关机键即可与之互动。

“养老服务产业和智能技术的融合，就会使公司插上腾飞的翅膀。”曹江介绍说，近几年，光彩集团在深圳成立专门的研发公司，加大了养老服务智能应用的研发力度，加快了产业技术升级步伐。

“但我知道，我们要做的事情还有很多，我们面前的路还很长。”曹江说。

记者手记：

心中有责 人生方有意义

曹江走上家庭智能养老服务产业之路，看似无心插柳，背后却有一条清晰的情感主线——责任。

先是为了方便年迈的母亲，他一阵“鼓捣”，竟把住宅防盗报警器改造成了最原始的“一键通”；紧接着，为了扶持下岗后失落的妹妹，他决心把“一键通”推向产业化；再往后，看到通过自己的努力帮助和救助的老人越来越多，激励着他一步步提高服务、一步步技术升级，在家庭智能养老服务产业的路上越走越远、越走越宽。

“责任”二字，指向应尽的义务、承担的重托。敢于担责、勇于尽责，方为“责任感”。这不仅是一个人生活、工作中的选择，更是时代、社会赋予那些坚守者、创造者的思想、情感与精神。责任是一个人的使命，外化于行就是为一件事尽心尽力。当一个人为责任感所驱动，他的人生也就有了超越一人一时一地的意义，拥有了更开阔的向度。

当一个人有了责任感，他便有了无穷的力量！

当一个人有了责任心，生活就有了真正的含义和灵魂！

用科技守护『舌尖』安全

秦皇岛亿德力科技股份有限公司董事长蒋立国

于军涛　杨琦　李淑丽

秦皇岛亿德力科技股份有限公司董事长蒋立国

没想到，作为秦皇岛市首家挂牌新三板的软件上市企业老总，蒋立国只有42岁。

更没想到，这位公司业务遍及大江南北的“科技型企业”的董事长，竟然是小餐馆的学徒工出身。

十几年来，蒋立国带领亿德力科技股份有限公司始终专注做好一件事：用现代化科技手段，建立完整的食品追溯体系。

追溯是一种责任，就是给食品贴上“身份证”，实现“来源可查、去向可追”。不仅可以守护百姓舌尖上的安全，更能促进国家的质量安全综合治理，提升产品质量安全与公共安全水平。

蒋立国是安徽人，“审时度势的眼光，兼济天下的情怀”，这种源远流长的徽商精神已悄然注入了他的血液。

“清华大学一位教授曾在课堂上讲到‘两个人生的一百万’。十多年前，我已赚到了人生的第一个‘一百万’；未来，我将围绕食品追溯事业，写好人生这篇大文章，为国家、为社会、为食品安全事业做出更大的贡献。”蒋立国说。

收获人生的第一个“一百万”

蒋立国出生在安徽农村，由于家庭条件不好，年仅16岁就到饭店当学徒工。别看他年纪小，但他干活认真细心，还特别机灵，哥哥姐姐们都喜欢他，店里的老师傅也愿意把厨艺传授给他，而他也有股子钻研劲儿。5年时间，蒋立国成长为一名出色的厨师长。

“一辈子就窝在后厨房吗？”蒋立国励志要追求更加精彩的人生。知识可以改变命运，他一边颠勺，一边努力自学，经常看书看到后半夜。

功夫不负有心人，蒋立国成功考入了燕山大学工商管理系，当收到录取通知书的时候，他兴奋得像个孩子似的高高蹦起，身边的亲朋好友都为他竖起了大拇指。2001年毕业后，他留在燕大软件中心工作，两年间凭借出色的工作业绩，从普通业务员一步步做到了销售总监。

“勤奋好学、吃苦耐劳、敢想敢干”这是蒋立国身上的特质，同时，他说自己常有一种“第六感”，能够洞察先机，有了对未来趋势的判断，做事儿向来敢为人先，也因此收获了较高的成功率。

2003年，蒋立国离开软件中心，带着16000元开启人生的创业路。在秦皇岛租了间简陋的办公室，再购置些家具，不少办公设备都是赊来的。创业要比想象的难得多，起初因迟迟找不到合适的项目，常令他寝食难安。

一天，蒋立国到饭店吃饭，席间发现这里的生意非常红火，服务员忙得大汗淋漓，老板也非常担心一时大意出现“跑单”而蒙受损失，他当即决定研发一套“电子点菜系统”。饭店使用这套系统省时省力，方便快捷，系统迅速在秦皇岛餐饮行业全面铺开，两年间，蒋立国服务了200多家饭店，也收获了人生的第一桶金。

“真正优秀的企业家永远是一个创业家！”对于蒋立国来说，研发“电子点菜系统”只是小试牛刀，他励志要做更多“高大上”的项目。“民以食为天，食以安为先”，国家已经把食品安全提升到战略高度，他豁然开朗，找到了未来的发展方向。

国家重视，百姓需要，2007年，蒋立国凭借敏锐的洞察力，带领团队跨入“互联网+食品追溯”领域。经过十余年的发展，亿德力科技股份有限公司已成为国内有影响力的专注于“互联网+食品溯源”、重要商品追溯体系研发的高科技创新型企业，多个项目被商务部作为典型向全国展示推广。

追溯体系为食品贴上“身份证”

“大家先看看这些照片，10多批来自全国商务部门的领导先后到公司考察，我们专注做食品安全追溯系统已有十多年时间，市场占有率河北第一，全国第二！”指着会议室里的照片墙，蒋立国自信地说。

当初为什么会选择做“食品追溯”这个项目？“我们要用‘追溯’守护老百姓舌尖上的安全，这不仅仅是一份事业，更是一种责任与担当！”蒋立国一脸坚定地回答道。

的确，随着生活水平的提高，老百姓越来越重视食品安全，不仅要吃饱，还要吃好，更要吃得安心，吃出健康，“吃”甚至承载着大家的幸福指数。一套完善的“食品追溯体系”可以实现“从田园到餐桌”全程无缝记录及监管，做到有法律可依，有源头可查。

山东烟台的苹果赫赫有名，被誉为中国现代苹果的发源地。2017年年底，由亿德力公司自主研发设计的“国家重要产品追溯体系·山东省示范区烟台苹果追溯系统”正式运行，让每个苹果在它生命的每个时段都留下详细的记录。

当苹果出库时，系统会将信息生成一个二维码，犹如有了“身份证”，消费者在购买时只需用手机一扫，苹果产地的详细介绍、施肥用药除草等田间管理、采摘及入库时间等信息一目了然，此外，页面还设置了“互动评价”等功能。

“烟台苹果的销售量增加了30%，利润提高了20%！”蒋立国说，通过追溯系统的建立，不仅让老百姓吃得放心，还能帮助企业树立品牌，赋予文化内涵，并带动农民增收。

在国家大力推进重要产品追溯体系建设的背景下，亿德力公司逐步将追溯商品拓展到大樱桃、海参、扒鸡、水产品等众多领域，为不同企业量身定做有针对性的追溯体系，为食品安全保驾护航，从源头提升产品质量安全水平，促进商品流通体系的不断完善。

写好人生这篇大文章

事业是人生的追求与梦想，更是绽放精彩人生的舞台，把“追溯”事业做大做强，为社会做出更多贡献，谱写好人生这篇大文章，这是蒋立国心中坚持的信念。

蒋立国坦言，公司刚刚进入食品追溯行业时遇到不少困难，自身实力微小，又没有什么让人信服的经典案例，在同行业的“老大哥”面前显得微不足道，很难拿到业务，市场份额低得可怜。

怎么办？如何突破？经过思索，“创新、人才、专注”三个关键词涌上他的心头。

的确，自主创新决定了科技型软件企业的竞争力和生命力。

“软件就像交通工具，从自行车发展到汽车，再到有各种功能的轿车，更新迭替，为人们提供便捷和舒适，这就需要企业不断进行研发创新，眼睛向长远看，做别人没有的！”蒋立国说。

搞科研，蒋立国向来舍得花钱。亿德力公司组建近 30 人的研发团队，每年的研发投入占到销售总额的 20%。经过不懈努力，公司已获得 28 项国家自主知识产权，其中包括 13 项重要产品追溯著作权。

秦皇岛亿德力科技股份有限公司董事长蒋立国荣获第五届徽商奥斯卡全球年度盛典“十大徽商精英”称号

“我们的食品追溯资质在河北排在第一，在全国行业内也位于前列！”指着满墙的证书，蒋立国说，“‘亿德力’就是要为亿万人服务，品德至先，软件是工具，一用就得力！”

人才缺乏、流动性大是软件行业的通病，“留人主要是留心！”对于公司取得的成绩，蒋立国从不居功自傲，他始终认为是整个团队共同努力的结果。他坚持充分利用人才，尊重人才，营造和谐的企业文化氛围，为员工提供良好的福利待遇和展示自我的空间。

“员工幸福”是亿德力公司核心价值观的重要内容，为员工提供六险一金、通勤班车、双休年假、电话补助、咖啡果饮、公费旅游等，同时，对于核心员工给予股权期权激励。“每月公司都会给员工举办热闹的生日会，让大家有一种归属感！”公司新员工小孟说。

此外，一套稳定的人才体制是保持企业健康发展的根基，科学管理是企业的一种文化，也是一种财富。2015 年，亿德力公司获得美国 CMM3 认证，标志着企业能够对项目的实施有整套的管理措施，同时将人才管理体系与流程予以制度化。

“公司非常注重人才培养及储备，你看这里的办公人员不是很多，因为我们在全国有 7 家分公司，70% 以上的员工都在外地。”蒋立国说。

“专注是成功的捷径！”10 多年来，蒋立国带领亿德力科技股份有限公司始终专注做好一件事，不断创新发展，用现代化的科技手段建立完整的追溯体系，卓越的技术和品质逐渐获得客户的认可，赢得了良好口碑。

重研发，聚人才，专注且专业，让亿德力公司不断前行，闯出了响亮的品牌，并在激烈的市场竞争中立于不败之地，甚至常常上演“以小搏大”的好戏。

南方一个省会城市聘请国内某大型公司建设追溯体系，结果追溯体系操作繁琐、成本太高、难以运行，竟成了“摆设”。正当这家企业两难之际，蒋立国带领亿德力公司甘当“救兵”。接到任务后，公司根据客户需求重新梳理，二次调研，解决问题及痛点，提供出精细化、便捷化的追溯产品，最终让客户满意。

蒋立国把这样的业务称之为“回锅肉”，不但“吃”着香，还能不断收获着信心！

2016 年，亿德力公司在新三板正式挂牌，成为秦皇岛首家软件上市企业，实现大跨步的飞跃。

2018 年 7 月 19 日，亿德力公司在与国内众多主板上市公司的竞标中，因先进的技术方案、完善的服务标准及合理的报价，以投标得分排名第一、高出第二名近 20 分的优异成绩，一举夺得国内首家城市级大连重要产品追溯体系建设项目，中标金额近 2000 万元。这在公司发展的蓝图上写下了辉煌的一笔，也为亿德力公司今后的发展打下了夯实的基础。

“我们的事业有着非常好的前景，让追溯体系应用于更多领域，为国家、企业、百姓提供更好的服务，是公司不断追求的目标，这是一种责任与担当，也是我想要追求的精彩人生！”蒋立国说。

记者手记：

专注成就专业

自 2003 年怀揣 16000 元创业，十几年来，蒋立国只专注于一件事：用现代科技手段，为食品带上“身份证”。

这个围绕“吃”做文章的小行业，还能干出什么惊天动地的大事？

蒋立国用自身的经历告诉我们，还真能！因为专注，蒋立国没有“这山望着那山高”，而是在这个貌似不大的食品追溯行业做精、做透、做深、做强，并成功在新三板挂牌上市；因为专业，蒋立国心无旁骛、矢志不移、一门心思搞好研发，在和不少重量级科技企业的竞争中站稳脚跟，带领公司迈进了高大上的“科技型企业”行列。

在“吃”字上干出了傲人的事业，围绕“吃”字书写了精彩的人生，蒋立国的人生和创业经历启发我们，时代发展、科技进步为创业者提供了无数的商机，开辟了巨大的发展空间，只要自身目光敏锐、善于捕捉，心无旁骛、做事专注，任何行业都能干出一番有意义的事业来。

让『中国玻璃』护航飞船遨游太空

秦皇岛星箭特种玻璃有限公司总经理卢勇

于军涛　孙也达　杨琦

秦皇岛星箭特种玻璃有限公司总经理卢勇

走进秦皇岛星箭特种玻璃有限公司，大院里停着一辆白色面包车，车身锈迹斑斑，车胎漏气变形，靠几摞砖头保持平衡。一辆报废车为啥要停在这里占地方？

“这辆车是我当年的‘办公室’，那段期间我带领员工研制出打破国外技术垄断的 OSR 玻璃基片。”星箭公司总经理卢勇说，保留这辆车并把它停放在公司大院，是为了提醒自己和员工，不管事业做得多大，永远不要忘记艰苦奋斗再创业，永远不要忘记保持自主创新的活力。

艰苦创业打破国外垄断

采金船生产调度员、烧烤摊摊主、卖菜商贩、家具厂老板、空间用抗辐照玻璃盖片企业老总……这些不同时期的不同职业，组成了卢勇曲折的人生轨迹。

“当初在采金船上工作，收入还是很稳定的。”1995 年，为给女儿治病，卢勇辞去东北老家稳定的工作，到秦皇岛创业。

“卖烧烤，卖菜，啥能挣钱干啥。”卢勇说，开始创业时没目标、没资金、没项目，就到处找活干。后来，他与人合作开了一家家具厂，凭着先进销售理念和过硬质量，赚到了“第一桶金”。家具厂的隔壁是一家医用玻璃厂，面临关门的窘境。“我当时就想，自己能不能也生产特种玻璃呢？”卢勇找到当地以及北京、天津从事玻璃材料研究的专家，向他们请教学习，并把研究目标定为航天玻璃。

航天玻璃主要用在航天器的太阳能电池板等设备上，保护相关设备不受太空高能粒子、有害射线等的侵害，被称为航天器的“护身铠甲”。当时，航天玻璃有不少品种制造难度大，依赖国外进口。“中国生产的航天器，当然要用中国玻璃来保驾护航，不然很容易受制于人。我暗下决心，一定要打破国外垄断，造出高性能、高品质的航天玻璃。”2000 年，卢勇投入自己全部积蓄加上借款，在秦皇岛经济技术开发区成立了星箭公司。

真正进入这个行业，卢勇才知道困难远比想象的大。没有研发设备，只能从国外购进；没有技术，只能带着员工起早贪黑、步步摸索。经过一年的艰辛努力，他们掌握了玻璃盖片的原材料配方和生产工艺，产品通过了省级鉴定，达到用于卫星的标准。

2002 年，有客户找到卢勇，说需要购置“120mm×40mm”和“170mm×40mm”两种规格的玻璃盖片用于出口。当时，国内最大只能生产 60mm×40mm 的玻璃盖片，而他们只能生产 30mm×40mm 的玻璃盖片。

“尽管员工反对，我还是咬着牙关接了这一单。”卢勇说，一是自己有背水一战的信心；二是因为这是国际订单，是一个难得的打出名气的好机会。

当时，国内没有生产这两种规格玻璃的内圆切片机。卢勇带领公司技术人员去一些切片机生产企业参观学习，借鉴其他工业领域使用的切片机，完成了内圆切片机改造。随后，他们一步步改进工艺，摸索试验，先后生产出我国第一片“120mm×40mm”和“170mm×40mm”的玻璃盖片。

星箭公司在国内特种玻璃行业渐渐有了名气。2007 年，随着我国航天事业的发展，公司订单量开始增长。厂区不能满足生产需求，卢勇就把自己的办公室腾出来，买了辆已报废的面包车停在院子里，塞进一张桌子、一把椅子当作“办公室”。

“那是企业最艰难的时候，也是发展最快的时期，我跟员工们废寝忘食，边研究边生产。”卢勇说，正是那段时间，公司研制生产出原先只能高价从国外进口的 OSR 玻璃基片。这种基片可以帮助航天器平衡内部温度，非常轻薄，从国外进口每片要300多元人民币，而国产后仅需30元，每年能帮助国家节省资金数亿元，大大降低了我国航天器建造成本，“看到我们生产的玻璃产品越来越多地用在国内卫星、航天飞船上，我感到格外自豪。”

刻苦攻关瞄准世界高端

进入特种玻璃行业以来，卢勇始终坚持到生产一线工作，也始终是公司研发团队的核心。

“刚接触这个行业，我什么都不懂，就整天围着设备转、拿着说明书看、抱着专业书啃，有啥疑问就请教技术员。一来二去，慢慢摸熟了玻璃生产加工的工艺。”卢勇说。

“卢总特有钻研精神，进步非常快。”公司副经理龚丽军说，“一天24个小时，他十几个小时都在公司，参与研发和生产，熟稔特种玻璃的每道工序。”

为打破OSR玻璃基片完全靠国外进口的局面，2009年，卢勇开始带着技术团队昼夜奋战，在配方、制造工艺等方面不断研发试验。

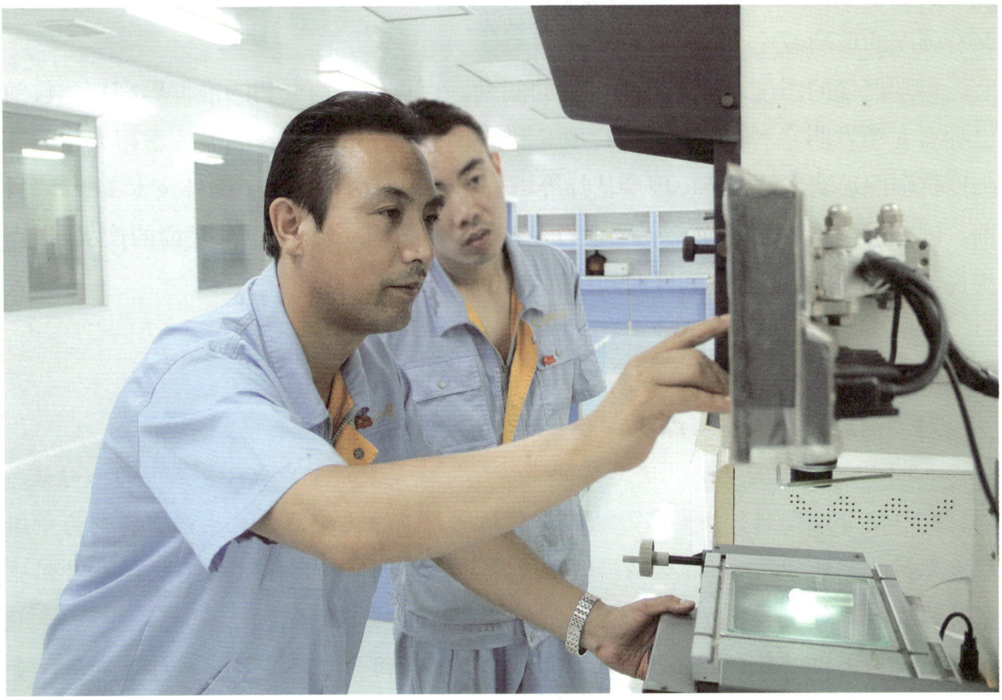

秦皇岛星箭特种玻璃有限公司总经理卢勇在与技术人员探讨交流XX型号配套产品技术参数

“当时我们正研发用于嫦娥三号月球探测器的 OSR 玻璃基片，遇到了一个技术难点：月球表面温差很大，对玻璃物理性能要求非常苛刻，需要玻璃能够快速适应高低温的瞬间变化。”卢勇说，为此他一头扎进实验室，吃住在公司，夜以继日地跟技术人员一起研究探讨。公司条件有限，模拟不了月球表面温度环境，他们只能把产品一次次送到客户那里检验。

经过两年多上千次的试验，客户那里终于传来了检验通过的好消息。“我们研制的 OSR 玻璃基片具有高反射、低吸收的特点，保证了月球探测器内部仪器在高温差环境下的正常工作。”卢勇说。

“在我看来，外行其实也是一种优势。”卢勇说，他的脑子里没有书本上那些条条框框，反而更加敢闯敢试。有一次，他进行玻璃盖片柔化处理，按照正常流程，应该将柔化后的玻璃盖片放在设备里自然冷却。当时往设备里投放玻璃盖片的升降器坏了，他于是突发奇想：“能不能试着把玻璃盖片放在水里速冷？”

“当时公司的技术员都说我胡闹，说那样的话柔性就容易没了。”卢勇却“任性”了一把，带上隔热手套，从设备中取出几片高温玻璃盖片，直接扔到了水里。

从水里捞出玻璃盖片的那一刻，卢勇兴奋了。“当时那手感，我感到柔性棒极了。”卢勇拿出一片玻璃盖片给记者看，0.1mm 厚的玻璃盖片被弯曲了 180 度，仍然没有破裂，放在桌子上用手拍打也没有破碎，“这就是我们研发生产的既有柔性又有硬度的玻璃盖片。”

科学严谨的态度，加上敢为人先的闯劲，卢勇的星箭公司瞄准世界高端，目前已拥有 6 项发明专利、2 项实用新型专利，其中柔性抗辐照玻璃盖片、超大超薄高强度抗辐照玻璃盖片、OSR 玻璃基片等填补了国内空白，打破了国外技术垄断。“目前，国家发射的许多卫星、飞船，以及国外的部分卫星都用上了星箭的产品。”卢勇说，“国家航天事业蒸蒸日上，作为参与者，倍感振奋！”

记者手记：

为“有意义的人生”点赞

“人活着，就得干点儿有意义的事情！”这是采访中卢勇反复强调的一句话。从“门外汉”到行业专家，从“小作坊”到高精尖企业，从生产家具到为中国航天器披上“铠甲”。一路磕磕绊绊地走来，卢勇和他的团队靠的不仅仅是对创业成功的追求、对技术创新的执着，更有一腔奋斗热血与报国情怀。

做航天产品，貌似“高大上”，实则很清贫。因为“产品单一、订单有限，责任却无比重大”。几年来，公司没有请过一个司机、清洁工或者厨师，这些工作都得靠大家轮流去做，就连老板卢勇也得经常去食堂掌勺。大冬天的，公司都舍不得烧暖气，在企业最困难的时候，卢勇甚至把家里的房子、车子都卖了。

其实，星箭公司并非没有“发财”的机会。2013年，卢勇投资700多万元开始兴建一条“蓝玻璃”加工生产线，这种蓝玻璃主要用在手机、相机的滤光功能上，作为热点民用消费品，利润不菲。由于他们的质量过硬，外加“航天企业”的背书，不少大企业都表达了合作意向。然而，让人意外的是，就在生产线马上就可以投产的时候，卢勇却拍板决定放弃，几百万的投入白白打了水漂。因为当年航天生产任务突然加大，两头都受到影响。

一头儿是责任，一头儿是利益。在这道选择题面前，卢勇毫不犹豫地选择了“保证完成航天任务”。因为在他和员工看来，“能够为国家航天事业做点贡献，是神圣的、有意义的事情”。

一家不算大的民营企业，却有如此大的报国情怀，这值得我们所有人为他点一个大大的赞。

酿一瓶别致的葡萄酒

秦皇岛柳河山庄葡萄酒业有限公司执行董事胡刚

于军涛　孙也达　李淑丽

秦皇岛柳河山庄葡萄酒业有限公司执行董事胡刚

秦皇岛葡萄酒产业传统悠久，近年来涌现出了一批有名气的酿酒企业：华夏长城、茅台、朗格斯……早就听说酿酒圈子里有个人叫胡刚，经营着一家酿酒基地柳河山庄，名气不是很大，却很特别。

特别在什么地方？

带着这样的好奇，记者一行开始了此次采访。

从卢龙县城驱车直奔东南，30 分钟以后，汽车忽然钻进了一条清幽的河谷。蓦地，仿佛进入了另外一个世界，一路的喧嚣都被隔绝到了身后。穿过静谧的村庄，两边农田里是一行行绿油油的葡萄架，一条乡间公路蜿蜒着伸向远方。

下意识地打开车窗，空气清冽了，天空透亮了，整个人也顿时精神了起来。

胡刚在柳河山庄的门口笑眯眯地迎接我们。

“你们不是好奇柳河山庄有什么特别之处吗？我们最大的‘秘诀’就是，生产线就建在葡萄种植基地里。这保证了从采摘、破碎到入罐、发酵的整个酿酒流程，在 30 分钟之内就能实现无缝对接。”没有客套，没有寒暄，一见面我们的聊天就直奔主题。

卖场积累，红酒情深，一头扎进葡萄酒产业

柳河山庄葡萄酒业有限公司坐落在卢龙县刘田各庄镇。

山庄的主人胡刚其实是昌黎人。每天早晚驱车奔波于家和山庄之间，他乐此不疲。

胡刚在昌黎县城一带小有名气。这个名气和红酒无关。刚参加工作时，胡刚在昌黎县供销社上班。1992 年，因为不想安于现状，他停薪留职自主创业。从最开始的电器卖场，到后来的金银首饰店，再到县城最大的商超，胡刚的财富和在当地的名气一点点积累起来。

“一个电器卖场，四个金店，两家商超，单纯从过日子的角度考虑，他的钱足够花了。”公司销售经理刘勇已经跟随胡刚工作近 20 年，他告诉记者，“胡总干葡萄酒产业，很大程度是因为情结。”

卖场经营很成功，生活过得很滋润，可在这个葡萄酒产业发展如火如荼的县城里，圈子里的话题动辄离不开葡萄酒。胡刚总觉得自己的生活还缺点什么。

十几年前，正是卖场经营的最火的时候，胡刚决定向政府大力支持的地方特色产业——葡萄酒产业转型。

“当初入这一行的时候，我就给自己定下了一个目标，葡萄酒业遍地开花，但我来做，就要做得不一样。”

我们不一样。说说不费事，但真正做起来，谈何容易。“当时也不懂怎么选址、建厂，从做商贸转型做产业，需要学的东西不少。”2006 年，胡刚开始找一些懂得葡萄酒产业的朋友和专家了解如何运作。胡刚了解到酿葡萄酒的原料——酒葡萄是否新鲜很重要，所以胡刚决定把葡萄酒厂建在酒葡萄种植基地旁边，并按照这个思路开始寻找适合酒葡萄生长的地方。

“这里三面环山，很适合栽种酒葡萄。”胡刚说，现在公司的酒葡萄采收后 30 分钟内就可以破碎、入罐、发酵，“原材料好，酿出来的酒自然不会差。”

说是转型，其实前 3 年胡刚也没怎么上心，只是“大撒把”式地把酒厂委托给朋友打理。“因为没有明确的差异化竞争方向，所以那 3 年公司基本没有什么发展。”胡刚说。

真正促使胡刚决定“披挂上阵”，一头扎进山沟里亲自操刀的，有两件事。

第一件是 2009 年，在一次决定女儿未来的谈话之后，胡刚决定给山庄打好底子，将来把葡萄酒产业传承给她。

第二件是 2010 年那次轰动全国的“昌黎红酒事件”。多年商海练就的敏锐使他意识到，自己的机会来了。“‘昌黎红酒事件’之后，本地葡萄酒行业马上会进入优胜劣汰和品牌形象的重塑期，我们和众多有先发优势的企业都被拉到了同一个起跑线上。”胡刚说。

整个行业的危机使胡刚清醒地认识到，好好酿酒，酿出好酒，才是这个行业的王道。他始终相信，酒香不怕巷子深。不久，贵州茅台酒厂（集团）昌黎葡萄酒业有限公司向他伸来了合作的橄榄枝，双方很快签署合作协议，柳河山庄每年向对方提供 2000 吨优质原酒。

父女上阵，中西结合，酿一瓶别致的葡萄酒

2009 年，胡刚的女儿胡首芳走到了人生的第一个十字路口——高考。

“我当时很郑重地和我闺女聊了一次天儿，我就问她，是不是真的喜欢葡萄酒？”胡刚回忆说，在得到胡首芳肯定的回答后，胡刚开始了培养接班人的“计划”。

2009 年，胡刚把女儿胡首芳送到西北农林大学葡萄酒学院学习。3 年期满，经过两年的语言学习，他又把女儿送到澳大利亚阿德莱德大学葡萄种植和酿酒专业继续深造。

“2009 年的时候，我就注册了‘首芳’这个商标。”胡刚说，当初注册“首芳”这个牌子是为了给自己女儿一个方向感，希望她将来可以专一地打造以自己名字命名的葡萄酒，也希望女儿能懂得做事情要专一这个道理。在之后与茅台酒厂合作的时候，胡刚也正式把“首芳”这一品牌推向市场，现如今茅台红酒首芳系列已遍布全国各个省市。

“现在我闺女只要放假回来，我就带她去参加各种活动。”胡刚说，胡首芳现在已经取得了国际品酒师资质，但在胡刚看来，胡首芳还缺少社会阅历，所以他要让女儿从各类活动中学会把理论和实践相结合，尽快成长。

不仅如此，在一些事关公司发展方向的问题上，胡刚都和女儿商量着定。

“就说我新建的那个酒庄，外墙材料的选择就是我闺女定的。”胡刚说，在公司酒庄的建设初期，为了能让客户感受到公司的实力，胡刚原本准备用昂贵的大理石作为酒庄的外墙材料，但胡首芳却提出了反对意见，她认为酒庄发展最重要的是文化，尤其是本土文化，而不是华丽的外表，所以她提出就地取材，用酒庄附近的

河卵石作为酒庄外墙材料，不仅造价低，而且给人以“很有文化底蕴”的感觉。

父女二人中西观点的碰撞，还激发了柳河山庄产品的创新。

一次和女儿探讨企业发展方向，胡首芳提到，现在有一种“起泡酒”在西方很流行。敏锐的胡刚一听来了劲儿。随着话题的深入，一款“土洋结合”的创新产品呼之欲出——来秦皇岛旅游，当然要吃海鲜，吃海鲜用白酒佐餐易醉，啤酒又痛风，能不能结合葡萄酒的品位和气泡酒的流行，创新一款“海鲜伴侣”型起泡葡萄酒呢？

秦皇岛柳河山庄葡萄酒业有限公司执行董事胡刚
受邀去云南临沧，参加第六届亚洲微电影艺术节

这次爷俩一拍即合，干！很快，公司花 800 万元引进了一条现代化的起泡葡萄酒生产线。半年的运转、磨合，如今，这款凝结着父女二人心血的“海鲜伴侣”型气泡葡萄酒已经基本定型，即将推上市场。

“我同时在做功能酒，要与众不同才能赢得商机。”胡刚觉得做生意就不能亦步亦趋，要找到自己独特的定位。于是，胡刚找到了天津益倍生物科技有限公司，共同成立了合资公司，组建功能性葡萄酒研发中心，利用植物活性成分开发的领先优势，共同研发促进人身体健康的功能性葡萄酒，“梦”系列葡萄酒就这样诞生了。“我们在葡萄酒中加入了 γ-氨基丁酸，可以改善睡眠质量。”胡刚认为，做事就要做专业，要找专业的人和团队才能一步一步踏实向前。

“今年闺女就要毕业了，我很看好年轻人身上的闯劲。”胡刚说，他很想看看女儿将来能把这个公司经营成一个什么样子。

红酒＋农业，红酒＋旅游，红酒＋养生，产业融合中找准定位

面前是万丈悬崖。一只大象站在摇摇欲坠的悬崖边，长长的鼻子垂下来。象鼻前端紧紧挽着一名游客的一只手，他的另一只手使劲向下方伸着、探着。他在试图取什么东西吗？原来，在他手下方崖面的小洞里，藏着一瓶葡萄酒。

这是柳河山庄在建酒庄墙壁上的一幅3D画。游客们在3D画前找准位置，拍出的效果就如同在大象的帮助下悬崖取酒。

这个酒庄建成后，借助3D画效果，游客将可以在此和世界名人一起饮酒，和动画片的经典场景互动。

这个在建的酒庄是柳河山庄的二期工程，它标志着公司正式走向了“红酒＋农业”“红酒＋旅游”“红酒＋养生”的产业融合的发展征程。

“做葡萄酒行业，保证葡萄酒品质肯定是第一位的。”胡刚说，“但我觉得未来葡萄酒业的发展又不仅仅是酿酒，还要依托主业，做好各种产业要素的融合发展。”

2014年，公司开始建设柳河山庄生态庄园，和周边2000多家农户签订了4000多亩的土地流转合同，在园内栽种草莓、苹果等水果，力争让游客一年四季都能吃到新鲜水果。

2018年，胡刚从重庆请来设计师团队，对在建酒庄内部进行装修，各类3D、4D、5D画，儿童活动乐园，让游客在休闲中和红酒产业互动。

柳河山庄背后的山坡上，绿树婆娑，一栋栋设计别致的小楼正在施工。“这里就是我们公司的康养产业功能区，将来建成后不但能提供住宿、休闲等基础功能，还将有书画展、瑜伽课堂、养生大讲堂等配套功能。”公司营销经理刘勇介绍。

“建好了欢迎你们再来，一定会给你们不一样的体验。”对于公司未来的发展，胡刚充满了期待。

记者手记：

错位竞争天地宽

对于葡萄酒酿造行业，胡刚绝对算得上是半路出家。正因为起步较晚，所以在事关企业发展定位的问题上，他处处强调“我们不一样”。

“我们不一样”，体现的是一种产业发展的错位竞争思维。

错位竞争，展现的是企业家的生存智慧。在昌黎，在卢龙，葡萄酒企业很多。

这一方面反映出红酒产业繁荣和聚集的生动景象；另一方面，从市场角度看，也折射出企业生存和竞争的残酷现实。面对竞争怎么办？胡刚给出的答案是——错位竞争天地宽。

错位竞争，需要的是企业家的创新精神。胡刚说："发展葡萄酒产业，与其千军万马挤在一条道上，不如错位竞争另辟蹊径。"在"酿好葡萄酒"的基础上，依靠创新再往前走一步——"酿好不一样的葡萄酒"，于是，"海鲜伴侣"型起泡葡萄酒、助眠型功能葡萄酒就此诞生了。

正如那首所唱——"我们不一样"。父女同上阵，愿柳河山庄"不一样"的红酒事业越做越好！

致富不忘报桑梓

秦皇岛益通农业开发有限公司董事长杨义宝

于军涛 杨琦 孙文志

秦皇岛益通农业开发有限公司董事长杨义宝

65 岁的魏焕柱老爷子越想越憋屈：因为家事闹了点矛盾，他被自己哥给“熊”了，这么一大把年纪，竟然还挨了两巴掌。

他气冲冲赶到“幸福堂”，一见着杨义宝就说：“义宝，这事你得给我撑腰。”

耐心听完情况，杨义宝拍拍老爷子的肩膀说：“放心，交给我了，不能让你受气。”

杨义宝今年 53 岁，个子不高，看起来很随和。在卢龙县石门镇东阚村的“幸福堂”，30 多位贫困老人有了大事小情，第一个就会想到找他做主。他就像一个没有血缘关系的“家长”，不但管着老人们的吃穿住行，还得护着老人们“不受欺负”。

其实不仅是“幸福堂”，在东阚村和邻近几个村庄，谁家有点难处，也都少不了杨义宝操心。妻子笑话他，就是个“千家使唤的二小子”。

人生往往会呈现很多面，杨义宝也同样。

一面是不愿向命运低头，从穷山沟里一步步打拼出来的成功企业家；一面是哪儿有难处到哪儿，“千家使唤的二小子”。

哪一面的人生，更加精彩？

当年的穷小子，要让乡亲都过上好日子

在杨义宝的记忆里，有一幕永远那么清晰。

山路沟沟坎坎，两个瘦小的身影龋龋而行。肩上的行李和四周贫瘠的大山，似乎压得他们喘不上气来。

这是升入高中的第三个月，因为交不起每月6元钱的伙食费，学习成绩很好的杨义宝只能选择退学，和同村的贾兵顺一起背着行李离开校园。

琅琅读书声越来越远，消散在荡过山谷的寒风里。两个小伙子的眼泪说啥也止不住，你瞅瞅我，我瞅瞅你，你给我擦擦，我给你擦擦。

那一天的山路，好长。走一路，哭一路。

“义宝，咱会一直这么穷吗？”

“不，我一定要走出大山，让家乡变个样，让大伙儿过上好日子。”

贫穷，这是大山留给杨义宝年少时最深的烙印。时至如今，他依然时常提及那天。这让他自省，永远记得自己是个山里走出的穷娃，记得当年许下的心愿。

在清贫的日子里，母亲成为影响杨义宝一生的榜样，“我妈是个仗义之人，爱帮别人。小时候家里做一锅懒豆腐，总是先给邻居们送去，最后自己家就剩一碗。”

“交些朋友种些地，帮人等于帮自己。”母亲的这句话，他记了一辈子，受用了一辈子。

高中退学后，杨义宝到了秦皇岛市区工地打工，每天常常干十几个小时活，有时累得连腰都直不起来。晚上睡觉，身上一巴掌能打死五六个蚊子。尽管非常辛苦，可他用挤出来的业余时间读完了技工班，学习园林绿化。

有人挖苦，园林绿化都是女人去学，你一个大小伙子学啥！他笑笑不作声，心里却有着自己的盘算：这行业肯定有发展。

打了几年工，杨义宝的心“野”了，总想自己干点啥。恰好村里有个塑料包装厂和一个地毯厂要找人承包，他一股脑都承包下来。

头脑灵活，肯吃苦。工厂干得红红火火，两年多就赚了四五十万。杨义宝又折腾上了新项目。

妻子说：“咱这么有钱了，还干啥，别挨那累了。”

他说：“不中，我还得带着村里的老百姓一起致富。”

然而，现实总是不如理想丰满。生意好了没几年，市场行情突然转入低迷，杨义宝不但赔光了辛苦打拼来的资产，还借了 30 多万元债。

在镇里当了两三年经济助理，心有不甘的杨义宝再次创业。他来到秦皇岛市里，干起自己精通的园林绿化。

“战胜内心的自我，执着去干，就会有收获。”干活踏实，人仗义，讲诚信，他的业务越来越广，生意越做越大。

事业成功了，还在城里买了房，可杨义宝心里总惦记着生养他的那个小村庄和淳朴的乡亲们，总还记着年轻时的心愿，要让乡亲们都过上好日子。

于是，在外打拼多年，早已过上富足日子的杨义宝，在众人惊讶的目光中，从城里“逆流”重回农村，摆弄起了土坷垃。

回乡当领头羊，要把小山村变成世外桃源

山多地少，这么多年穷得叮当乱响的东阚村该怎么发展？怎么致富？杨义宝深思熟虑，早有打算。在他眼里，环绕的群山和依傍的滦河，都是村民致富的希望。

在东阚村的山上，多年下来种了不少果树，但因村民缺乏先进管理技术和基础设施，果品质量一般，卖不上价，老百姓挣不上钱，这就急需有龙头企业带动。

谁来当这个“龙头”？杨义宝说：“我来！”

2012 年，杨义宝注册成立了益通农业公司，以生态循环农业基地开发和现代农业观光、旅游、度假综合发展为方向，以龙头企业 + 合作社 + 农户的新型合作方式打造规模化特色农业。

“山顶松柏戴帽、山中核杏缠腰、山脚种养环绕”，这是杨义宝请专家考察设计的荒山立体开发模式。他带着员工们一起上山种树。

“你都这么有钱了，还干啥活？”大伙儿问。

“我不是你们的领头羊吗？”他打句哈哈，心里清楚，是少年时的心愿未了。

现在，益通公司已流转连片荒山和零散农田 1.6 万余亩，实施了林果种植、畜禽养殖、设施农业相结合的生态循环农业基地开发和现代农业观光旅游等项目，吸纳 300 多名村民就业，带动了周边 800 多户种植户和近 500 户养殖户，村民致富增收已超千万元。

东阚村的乡亲们富了，不再愁吃不饱饭，不再愁娶不上媳妇。大家不但可以获得土地承包金和红利，还可以来公司上班挣工资。有的小两口在公司上班，一年就能收入六七万元。不止东阚村，周边近 10 个村庄上千户农户也从中受益。

当年的心愿，现在都实现了吗？在杨义宝心里，蓝图刚刚展开。

“建设农业示范推广、农业培训中心、科普研发、观赏、生活体验、有机绿色产品开发等多个功能区，将生态、生产、科研、科普、培训、生活、服务、景观等功能有机结合，充分体现集知识性、趣味性、参与性、观赏性于一体的现代农业园区。”

“建造富有特色的生态意境的农林景观。打造集示范、科研、教育、观光、度假于一体的综合性服务园区，配合体现野趣的娱乐、康体项目，开辟一个广阔的绿野空间。”

果木郁郁葱葱，轻舟随波荡漾，林深幽静，曲廊环合，昔日贫穷的小山村，正逐渐成为杨义宝心中描绘的“世外桃源”。

小村庄大变样，有他在背后无私的支持

“当年还是穷小子时，义宝就仁义，这些年富了，为大家做了更多好事。”

“村里变化这么大，他可是出了大力。”

秦皇岛益通农业开发有限公司开发建设的现代农业观光、旅游、度假园区

在东阚村，提起杨义宝，村民们都会发自内心地夸上几句。

一条条水泥路宽敞笔直，甚至安上了路牌；花红草绿、路灯明亮；村民悠闲地在凉亭里聊天、在广场上跳舞……东阚村的美丽整洁，会让初访者不禁感到惊讶。

但从前的东阚村并不是这般美丽。那时村里基础设施落后，环境脏乱。每到雨季，洪水经常在村中肆虐，道路泥泞难走，垃圾遍地，小商小贩进村卖货都会皱起眉头。

杨义宝决心要帮助大家改变村庄面貌。

为制服“水老虎”，他专门聘请水利技术人员进行设计，投资修建了1800米长的泄洪渠，同时配套修建了8座高标准的便民桥，彻底解决了汛期村民的出行难题。

村东头的垃圾沟，恶臭难闻，蚊蝇肆虐。他雇来装载机、挖掘机、卡车，用了1个多月时间，将上百吨垃圾全部清走。为了让环境卫生保持下去，他还购置了三轮车，聘用了保洁人员，实现了村里垃圾清理常态化。

投资400多万元建了新村民中心和新“幸福堂”；为了丰富老人们的业余生活建了老年活动中心；为了提升村庄形象修建了两座牌楼；为了丰富村民的文化娱乐生活修建了两个文化休闲广场、绘制200米文化长廊；为了方便村民下地劳作，硬化了多条道路；栽树种花、安装路灯，新建卫生室……

“村里这几年干成了不少实事，多亏了杨义宝这个经济后盾，他让我们班子很受教育，大家没有理由不为老百姓多办事、办好事！”东阚村书记杨立波很感慨。为了建设家乡，杨义宝先后投入了3000多万元。正因如此，才让东阚村成了全县乃至全市、全省农村面貌改造提升的样板村。

“我是一个从山里走出去的人，有钱了，不能忘记家乡。这里是生我养我的地方，能为乡亲们做点事，我心里舒坦。”杨义宝的话轻描淡写。

乡亲们有困难，他都当作自己家的事儿

“有困难，找义宝。”这句看起来俗气的套话，在东阚村村民心里，可是实打实的。因为谁家有了难事，杨义宝准来帮忙。这家看不起病，那家上不起学，甚至谁家娶媳妇拿不出礼金，他都当作自己家的事儿，主动伸出援手。

看到一些贫困老人无人照顾，日子过得不易，他建了个“幸福堂”，把东阚村及附近三个村的30多位贫困老人和残疾人都养了起来。

“幸福堂”配有空调、彩电、冰箱，有员工负责每天采购新鲜蔬果肉蛋，对邻村及行动不便的老人，还专门安排车辆接送。

“一天三顿不重样，中午 4 个菜，嚼货忒好，都吃胖了。”75 岁的刘海山说得起劲，“一开始大家都不敢相信，哪有这样的好事！准是要钱的，都不敢来。后来看真是不要钱啊，就都来了。”

“家家有老人，人人都会老，我不敬老人，老了谁敬我？”每天，杨义宝都会来看看老人们吃得好不好，逢年过节还会陪老人们一起过。

这几年，杨义宝先后资助了 11 个癌症家庭，不光掏钱给人治病，还帮各家盖上新房，“我想让他们在有生之年过过好日子，感受社会的温暖。”

村民魏国标原本和杨义宝有些隔阂，他和妻子都患上癌症后，杨义宝来到他家里。

“这是来看热闹解恨来了？”有邻居这样议论。没想到的是，杨义宝并不是来看热闹的，他进门说：“你家的房子都快塌了，明天工程队来给你盖房子。”

魏国标将信将疑，直到杨义宝真为他们盖了新房，还掏钱帮他们治病。

“没见过你这样的好人啊！”他拉着杨义宝的手不放。

10 年前一次去北京看病时，杨义宝发现一个小女孩因为没钱看病在医院哭。“孩子太可怜了，我出钱给她治病吧。”他找到医生，掏出 7000 多元治疗费，帮助女孩治好了病。不久前，刚刚参加工作的女孩特地给他寄来一箱小礼物。

在首钢板材施工时，杨义宝发现一个小伙子干活似乎不卖力。仔细一打听才知道，原来这个小伙子为了挣学费，一天都没吃东西，于是当即资助小伙子 6000 元学费，让他安心去读书。

从小因贫困被迫告别校园，这份遗憾让杨义宝更加意识到教育的重要性。他先后资助了 100 多名贫困学生，还出资为阚各庄小学添置教学器材；在学校设立奖学金，鼓励教学成绩和学习成绩突出的师生。

提及杨义宝为大家做的好事，村民们用“数不胜数”来形容。多年来，他捐出的各类款项达到五六千万元。

他这么做，是不是因为信点啥？有人疑问。

他在“幸福堂”墙上写上大字回应：有人敬神在祈祷，有人敬佛在修庙；我只敬人，因为人和仁的交融，才能使社会更美好。

“人不能一味索取，付出才是有尊严的。人生最大的快乐，就是别人有困难我能真正帮他。”

“个人富了不荣耀，自己趁个金山银山有啥用？人必须得有信仰，有追求，只有融入社会，为社会做奉献，这才是做人的基本。”

这就是杨义宝的精彩人生。就像他对自己的定义：一个不太成功的农民，一个不太专业的商人。但是，心里装着别人。

记者手记：

多一些杨义宝式的“乡贤”

杨义宝在东阚村，就如同一个“乡贤”。

带头致富，有能力；善恶分明，有威望；土生土长，心系乡梓，有家国情怀。正因为生于斯，长于斯，他热爱农村、热爱农民、热爱农业，才赢得了乡亲们的信服和拥戴。

很多大事小情，村民都愿意找他来拿主意，他也愿意帮这个忙。因为他要做的，不只是带领乡亲们过上好日子，还要维护一个村庄淳朴善良、互助互敬的民风。“付出才有尊严；帮助别人才是最大快乐。”好事带头做，他的价值观为村民和当下很多富人做了榜样；歪门邪道的事，谁做了，他第一个不答应；他不是党员干部，却常督促党员干部，我一个群众能做到这样，你们该怎么做？

也许正因为有了这样一个“乡贤”，才使现在的东阚村更显富足文明。

走共同富裕之路，走绿色发展之路，走乡村善治之路……乡村振兴，并不仅仅是收入的提高、物质的改善，而是一个全方位的体系建设。这就需要有更多杨义宝式的“乡贤”出现，用对故园山水的深刻了解，为家乡找到因地制宜的发展之路；用率先垂范的行动和影响力，引导好家风、好民风、好村风的涵养；用世代延续的努力，扎根乡里，建设美丽乡村的绿水青山、金山银山。

追逐梦想　成就卓越

秦皇岛卓越会计师事务所所长曹东兴

于军涛　李淑丽　武艺群

秦皇岛卓越会计师事务所所长曹东兴

冬日的早晨，阳光明媚，建设大街宜安大厦的楼下，秦皇岛卓越会计师事务所的员工身着合体的西装排队合影，所长曹东兴被推到队列中间，在摄像师的镜头前，他们情绪饱满、精神振奋，脸上的笑容如晨起的朝阳一般灿烂。

注册会计师是市场经济的看门人，在维护市场经济秩序、促进市场健康有序运行的过程中发挥着不可替代的重要作用。在改革开放 40 年的历程中，注册会计师行业与改革开放相伴，同中国经济共兴。

学生时代立志成就一番事业的曹东兴因注册会计师职业实现了最初的梦想，他的事务所成立 9 年，发展为秦皇岛会计师行业的后起之秀。在他看来，行业迎来新时代，员工有为，事业正年轻，前景可待，未来可期。

心中有梦想

“人生要有梦想，否则就失去了意义。”曹东兴在事业上取得的成功离不开早年播下的梦想。

“我祖籍白洋淀安新县北冯村，出生在地道战的发源地清苑县，父母双亲都是抗日烈属和革命家庭，从小长辈就教育我要树立远大理想，立志报效祖国。”直到今天，曹东兴一直在搜集着抗战时期的一些历史资料，想要更深刻地了解家乡和家族的历史，在他满满当当的书架里陈列着厚厚的几本书：《北冯村志》《开国上将吕正操》《冀中抗日名将孟庆山》《中共北方局》《清苑文史资料汇编》等，他说这些书里记录着家族的很多细节，冀中平原那片革命英雄辈出的大地让他为之骄傲和自豪，给了他克服一切困难、勇往直前的精神力量。

家里 5 个孩子，曹东兴是长子，家人对他的成长寄予厚望，身为教师的父亲认为，中国位于世界的东方，希望这个孩子能为祖国的兴旺发达做点贡献，故而给他取名叫“东兴”。为了能让他接受更好的教育，8 岁开始他跟随姑姑在张家口生活。

“姑姑是白洋淀抗战离休干部，安新县锄奸队队长，安新县第一任妇联会主任，新中国成立后组织派她担任张家口赤城县公安局局长。她是一名纯粹的共产党员，她一直教育我努力学习、积极上进。当时我的学习成绩比较好，在同龄中比较‘深明大义’，始终在学校担任班干部。”曹东兴说，那段学习经历锻炼了他与人沟通的能力和认真负责的品质，对他以后的发展和创业有十分积极的影响。

初中二年级下半年，曹东兴回到保定，环境的变化让他一时间难以适应，学习成绩最差时全班倒数第四，但他没有放弃努力，父亲买来的《勤奋出天才》这本书给他树立了榜样，“我也要只问耕耘，不问收获”“我也要创造奇迹”，他刻苦努力，用一年半的时间考到了班级正数第一，高中入学后第一次期中考试还考了全县第一。

“世上无难事，只要肯登攀。”从最差到最好，那么难的事情曹东兴都做到了，他为自己高兴，不只是因为成绩的提高，更重要的是自信心的提升，他从此拥有了一把打开成功之门的钥匙。

人生有无限种可能，曹东兴却早已给自己的人生下了定义。尽管在学习上取得了好成绩，他却没有把自己的未来寄托在学业上。家庭条件差，他不想考大学，一心想高中毕业后就去打工、创业、开工厂。

“1989 年，当时保定地区乡镇企业已经初露苗头，我的梦想就是成为一名企业家。”曹东兴回忆说，其他同学都在为学业努力，全力备战高考，他却每天去阅览室如饥似渴地阅读各种书籍，心思全然不在学习上。然而，他还是考上了一所专科院校——中国人民解放军企业管理学校。“先学习，积累知识，好在是我喜欢的管理专业。”带着这样的想法，曹东兴开始了经济管理专业的学习。

毕业后，他被分配到三线军工厂做销售管理工作，过着以厂为家的日子。从承德到秦皇岛，10 年的时间里，工厂经历战略转移、企业改制，曹东兴也经历着职务的提升、前途的抉择，唯一不变的是心中的梦想。

随着国家在政策上鼓励军工企业人员离职创业，曹东兴更坚定了自己的想法。他一直想在企业管理方面提升自己的理论水平，为梦想积聚能量。他的一位朋友陈老师为他指明了一条可行的路，建议他考注册会计师，学费不贵，发展前景好，但难度比较大。

“注册会计师是以管理为核心的职业，也是我自己喜欢的专业，虽然公认的难考，但是初中时取得的成功让我有信心。”抱定目标，曹东兴开启了一条全新的奋斗之路。

肩上有责任

2001 年年末，曹东兴从军工厂辞职，到会计师事务所打工，一边工作一边学习，以学促做，学做互进。由于没有接受过会计审计方面的专业教育，加上年龄较大，他形容考“注会”的自学是“往石板上滴水，要做到水滴石穿必须有恒心和毅力”。

5 年是一个考试周期，2003 年是曹东兴考“注会”的第 5 个年头，为了全力冲刺考试，他下班后每天晚上雷打不动学习 4 个小时。一天晚上，他一边学习一边在炉火上烧开水，看书的过程中困倦得睡着了，醒来时水壶已经被烧熔化，险些发生事故，“幸好液化气罐的软管有阻燃效果，不然就危险了”。

“一个人为了目标去努力是件很有意义的事。”考“注会”的经历对曹东兴来说是苦的、累的，也是最有意义的，让他欣慰的是在最后的时限顺利通过了考试。有了“注会证”，他的手里又多了一把打开梦想之门的钥匙，距离最初的梦想更近了一步。

随着时代发展，秦皇岛的会计师事务所行业迎来发展机遇，而发起会计师事务所需要有多年的从业经历，曹东兴还需要为此积累充足的条件。他先后在比较大的四家会计师事务所打工，相继考取了国际注册内部审计师、中国注册税务师、管理咨询师等多项资质。2005 年他成立了一家小公司——华族合创企业管理咨询公司，工作之余为企业提供财务方面的业务咨询。2010 年 1 月，他成立秦皇岛卓越会计师事务所，正式走上了创业之路。

秦皇岛卓越会计师事务所精英集合

会计师事务所是介于政府和企业之间完全独立的第三方经济鉴证机构，其出具的报告具有法律效力。外界认为这是一个诱惑很大的行业，但在曹东兴看来，权威性有多高，责任就有多重。

“这个行业是一个底线行业，需要守住法律和道德的底线，为市场经济提供公正公平的鉴证服务。如果这个行业出现信任危机，对国民经济的负面影响将是很大的。”曹东兴说，职业道德是行业发展的基石，经营好事务所首先要遵守职业道德，保持独立性，爱惜自己的声誉。

“有些委托人需要的只是事务所的图章，甚至愿意支付高额费用让事务所出具虚假报告，这种做法可能会造成恶劣的影响。比如给上市公司签发了不实的审计报告，会直接影响股民利益，现实中就有事务所因此遭到处罚。”工作中，曹东兴会鼓励企业在合法合理的基础上做好纳税筹划，但也积极规劝企业尽到纳税义务和社会责任。他坚持以客户为中心，研发新业务，通过高效的管理体系给客户带来增量。

在曹东兴看来，要想在行业内站稳脚跟，就要坚守底线和初心，更要不断创新，突破进取。多年来，经过不懈地努力，他和团队为客户提供了大量的专业服务，在收获赞誉的同时，逐渐建立起良好的口碑，成为秦皇岛地区叫得响的品牌，近年来一直被评为河北省百强所、秦皇岛地区三强所。

脚下有坦途

曹东兴一直记得高中时父亲买给他的一本书——《技术大国的新奥秘》，这本书描绘了日本在技术立国战略下在各项高科技领域取得的成功，比如单晶硅超大规模集成电路技术，这本书让他有了一个想法，将来创业要成立一个科技型企业。近两年，他正在为这个梦想而努力。

经营会计师事务所，曹东兴经常被企业请去做咨询和培训，与企业接触的过程中，他发现很多企业的管理模式是粗放型的，合规性差、效率较低、缺乏系统，不利于长远发展。

"向管理要效益。有些高新技术企业拥有先进的技术和产品，但是在管理方面有很多缺陷，如果提高管理水平，企业效益会大幅提升。"对于曹东兴来说，企业在管理方面的欠缺，正是他的市场机遇所在。

2017 年，他注册成立卓德信息技术河北有限公司，与高校研发机构合作，汇集一批多年从事公司战略、营销、生产、财务、人力、办公等工作的管理专家，将先进的管理理念和信息技术融合在一起，为客户量身定制管理软件产品，提供集研发、培训、实施、迭代为一体的保姆式服务，从而帮助客户提高管理效率。

"公司自主研发出的卓越绩效管理系统，把先进的管理思想揉到软件里，以完全量化的方式服务于企业管理，目前有十余家企业使用这套先进的管理系统。"曹东兴将研发出的管理软件最先应用于自己的会计师事务所，在工作的各个环节，对每个员工进行主观和客观的考核、评价，激发员工的内生动力，工作效率提高了一倍以上。

目前，卓越会计师事务所形成了包括注册会计师、注册税务师、房地产估价师、资产评估师等 60 余人的专业稳定团队，员工积极向上，凝聚力不断增强，在财税顾问、财务审计、资产评估、纳税筹划等多项业务中表现出了行业内的领先水准。

曹东兴说："高效的管理体系让事务所实现了快速发展。事务所成立之初的营业额只有几十万，今年的营业额有望突破千万。"在行业内，卓越会计师事务所员工的工资待遇也是靠前的，可谓实现了事业效益与员工效益的双丰收。

信息技术公司刚刚起步，曹东兴很看好这项事业的前景，他要像经营事务所一样，以专业的水准不断开拓创新，研发新技术，开发新产品，不断扩大公司的影响力和业务范围，为企业发展护航，为经济的高质量发展服务。

“团结了一个小团队，带着团队正能量地去发展。”曹东兴说目前只是实现了一小部分的人生价值，事业规模还小，还有更长的路要走，他希望进一步发挥特长，以积极的言行带动行业发展，帮助更多的创业者走向成功。

记者手记：

有梦想才能成功

学生时代的曹东兴和很多人一样，为自己勾画未来的蓝图，如一些人说“我想当科学家！”“我想当老师！”“我想当医生！”他想成为企业家，这种立志给人的感觉更像是充满天真的畅想，多数人最初的梦想最后变成了幻想。然而，曹东兴却执着地把梦想变成了现实，他说自己成功的关键是因为有梦想。

志之所趋，不可阻挡。因为有梦想，他对成功才有无限的渴望。因为有梦想，他才会付出艰苦卓绝的努力。注册会计师是曹东兴走向成功的突破口，作为财会领域的黄金职业，其难度与分量是成正比的。他认准目标，把所有的时间和精力都聚焦到一点，付出超越常人的努力，学深、学透，成功地通过了考试，成就了不一样的人生。

立志点亮人生，创业成就梦想。曹东兴的经历告诉每个人，做一个有梦想的人，梦想会让人生变得充实而绚丽。

在不断的『奔跑』中成就『蜕变』

河北乾港企业管理集团有限公司董事长安俊峰

于军涛　李淑丽　孙文志

河北乾港企业管理集团有限公司董事长安俊峰

人生的精妙之处，往往在于未来的不可预期。

17岁，带着满脚的泥土走进汽修厂，安俊峰想的，只是能吃饱饭，能让家人过上好一点的生活。

23岁，蜗居在抚宁的破旧小旅馆里，安俊峰想的，是找谁能借点钱，把业务维持下去。

即便时间倒流，安俊峰也绝不会预料到，当年那个连学都没上完的农村娃、那个在老板和同事眼中最笨的员工，竟会在30出头的年纪，就成为中国环保行业最具影响力的商业领袖之一，打造出一个拥有员工1500余名、渠道从业人员6万多名、全国连锁网点近5000家的“乾港生态链”。

没有一种逆袭，只靠运气。在其他人走路时，有的人却一直在奔跑。

"我的人生起点低，但我拼命跑，不休息！"

阳光透过玻璃窗，乾港集团办公楼内忙碌却不嘈杂。

一身合体的休闲装配上细框眼镜，"80 后"企业家安俊峰朴实中透着斯文。东北人唠嗑自带生动，听他讲自己的故事，记者的采访不知不觉就超过了时间安排。

"'乾'代表我的老家乾安，'港'代表我创业扎根的港城秦皇岛。"公司的名字，是安俊峰亲自起的。他记得特别清楚，当时正在高速公路上开车，"乾港"两个字忽然从脑子里蹦出来："乾者，天也；港者，停泊之处；胸怀天下，容纳四海。"

从乾安的"乾"，到秦皇岛的"港"，这条路有多坎坷，只有安俊峰最清楚。

安俊峰老家在吉林乾安县的农村，打小家里就穷。父亲身体一直不好，两个姐姐又都上学，家里欠下不少外债。

"就想能挣点钱，帮家里还还饥荒。"17 岁那年，安俊峰早早步入社会，到乾安县城一家汽车修理厂打工，学习修大货车。

实诚、肯干，好多来修车的司机都很喜欢这个朴实的小伙子，常喊着他跟车维修。他也从来不掉链子，跟的车没一辆坏在半道上。

在汽修厂干了两年后，安俊峰去了松原市开公交车。刚开始时没经验，刹车乘客站不稳，总挨骂，后来才慢慢摸到了门道。

不久，他又去一家汽车配件公司打工，两个月的时间就当上了店长。"其实那时候啥也不懂，就是肯吃苦、能干，70 斤一个的千斤顶，我一拎就是 4 个。""26 块钱能坚持过 1 个月，每天早晨买馒头吃，从来不喝粥，因为不扛饿。衣服就两套，换下来就得洗，人家笑话我费洗衣粉……"

2005 年，安俊峰到了长春一家医药公司做业务员。之前根本没接触过销售，他笨鸟先飞，每天早晨 6 点多就到公司，晚上 10 点才走，周末也来上班。那时安俊峰兜里没有钱，他哪儿也不去，天天在公司联系业务。

安俊峰的努力，被公司老板看在眼里。老板派他出去培训学习，还在会上用他的表现来激励大家："咱们公司谁最笨？是安俊峰，但最勤劳最执着是谁？也是他。哪天他成功了，看大家怎么想。"

2006 年，安俊峰去了某销售公司应聘业务员。上班两天后就被派去黑河市。他带着一个中年妇女、一个 16 岁小伙子，竟然把黑河市所有小区跑了两遍，两个月让产品销量提升了两倍半。

长春的医药公司请他回去，他提出了一个要求：下市场，学点东西。当时，医药公司的市场面临很大冲击，安俊峰拎着个大皮箱，第一站满洲里，两个月时间几乎走遍了东北三省所有县城，回来后，人瘦得只有 100 斤出头，但重新夺回了市场。因为表现出色，他被升了职，并委以重任。

2007 年，医药公司遭遇重大变故，安俊峰不得不离开，开始自主创业。

“当时兜里有 4 万多元钱，本打算去山东创业，但没想到又遭遇打击。”他帮一位老客户订购一批药品，本以为能赚一笔，没想到货栈老板竟拿着代收的 4 万多元货款跑了，“不但没挣到钱，还把家底都搭进去了。”

备受打击的安俊峰愁得满嘴大泡。剩下的钱已经不够去山东创业了，怎么办？他拿着电话簿挨个联系河北省各个县，最后选择到抚宁销售医药产品。

创业从来不会一帆风顺。到了抚宁，仅有的钱也很快赔光了，他只好跟朋友借了 1 万多元，才挺过难关。那时他只能住 10 元一天的小旅馆，吃穿更是能省则省。

有一次，他去秦皇岛市区提货，两大包货，每包都得有百八十斤重。虽然坐长途汽车比较方便，但听司机说，货也得收 14 元票钱，已经上了车的他转身又下去了，连扛带拽地去坐火车，因为火车票只要 2 块 5。

到抚宁下了车，别的乘客早走了，他一个人在后面扛着包一步步挪。“第二天浑身酸疼，可心里乐呵，省了将近 20 块钱呢！”

天道酬勤。2008 年，安俊峰的努力终于获得了回报，在抚宁和唐山市场淘到了第一桶金。赚到了钱，他并没有小富即安，几年“社会大学”的捶打，已经让他的眼界变得开阔。他把挣的钱投入更多的领域，干起了室内净化，开了口腔诊所、传媒公司，代理了快递。

“我的人生起点低，但我拼命跑，不休息！”不停奔跑，让安俊峰的人生换了底色。

“人可以不优秀，但不可以不蜕变。”

“奋斗是为了生活，战斗是为了生存。我一直用战斗的心态对待生活。从不在任何坎上退缩，坚持不放弃。”一些熟识的人这样叫安俊峰：打不死的小强。

2013 年，安俊峰再次面临挫折，失去了辛苦打拼来的财富，“当时兜里就剩下了 8 万块钱”。

他没有一蹶不振，反而就在这段时间里，发现了机遇。“室内净化这个行业，之前国内一直没人能真正做起来。随着大家对健康的日渐重视，这个行业的发展到时候了。”

经过对国内室内环保市场充分调研，安俊峰通过各种渠道筹集了一些资金，与美国美博士正式签约，买断了美博士室内净化产品的国内代理权，事业发展的重心转向生态环保行业。

他决心用自己的努力，带动更多的人关注环保和健康，改变中国人室内居住环境。

也就在这一年，“没学历、没文化”的安俊峰，竟开始涉足互联网，并很快成了个“专家”。

“当时没有人在网上做这个行业，而我觉得互联网是趟不回头的高铁，必须要搭上这趟车。”安俊峰派公司一个小伙子到北京专门学习互联网，“白天他上课，晚上就通过视频把学到的东西再教给我。几个月下来，我比他还明白。”

对市场运营有着丰富的经验，对全国市场拓展轻车熟路，再搭上互联网的高速列车，安俊峰的事业开始蒸蒸日上，到了2014年，公司扛过了初始的艰难，业务迅速拓展到全国。之后又经历三起三落，终于在全国市场独领风骚。

事业转型成功，安俊峰做的第一件事，是报名上了清华大学的EMBA班。因为他觉得社会的发展瞬息万变，脑袋里没东西，肯定会落伍，所以必须要蜕变。

对于安俊峰来说，蜕变，是人生最重要的两个字。

“这两个字蕴含很多东西。人可以不优秀，但不可以不学习，不可以不蜕变。”他要求自己，每3个月就要有所蜕变。

怎样才能在有限的时间里蜕变，又该如何蜕变？这么多年的起伏经历，让安俊峰深刻地认识到：只有不断努力，善于学习，才会成就更好的自己。

学习新技术、新知识，更要以人为镜，“我把很多人都当作自己的镜子，学习他人身上的长处，发现自己的问题”。

公司员工都知道，安俊峰不爱听好话，就爱听哪里不好，爱听毛病。“做企业要有危机意识，始终要像在刀尖上跳舞。听得进去意见，才能及时发现问题，更好地走下去。”他一直保持个习惯，经常找员工问公司的各方面工作有啥问题。你要是不说，他就会再找你。

比学习知识更重要的，是学会思考。根据自己在学习中的体会，安俊峰总结出一套独有见地的新理论：被动成长论。提出知识的授予者和求知者，因所处的等级和学识不同，在互相学习中所表现出的对知识的扩展和延伸效果也是不一样的。这一理论被多个网站所收录，在网络上广为传播。

随着公司产业的日渐壮大，2015年，安俊峰被评为“中国环保行业最具影响力50位商界领袖”；2018年获得“最美秦皇岛人·最美创业青年”称号；同年11月，当选秦皇岛互联网行业协会首任会长……当年的穷小子，蜕变得惊艳、精彩。

“再多的坎坷，回头看都已是风景。”

环保建材、空气净化、家政服务、蒸汽洗车……走进乾港集团的一站式综合体验馆，给人最深的体会，就是怎样让自己的生活环境更健康、更便捷。

现在，乾港集团已打造出以“人服务、家服务、车服务、商务服务”四大核心板块为主的生态产业链，线上线下相辅相成，坚持提供好产品、好服务，满足人们对健康美好生活的各方面需求。

“我的目标，是打造服务型的阿里巴巴。公司成立了 100 多人的互联网团队，直接让互联网产生价值。”“乾港生态链”远比你想得更周到。通过“逸掌帮”综合生活服务网络平台，你可以一键享受乾港集团的 40 多项快捷生活服务。

乾港集团的室内空气净化业务，牢牢占据国内行业第一的位置。“美博士”系列空气净化产品已实现国产，“美博士”连锁机构覆盖全国。

在安俊峰的办公室里，挂着一幅国画《观沧海》。乍看上去，会以为是一幅油画，气势磅礴又细致入微。实际上，这是一幅用纳米贝壳粉涂料绘制的画作。2015 年，对市场极其敏感的安俊峰决定上马纳米贝壳粉涂料项目。在他看来，这一项目

河北乾港企业管理集团有限公司 2019 年公司年会

的上马，已经具备了天时、地利、人和。

何谓天时？“人们已经认识到传统的壁纸、乳胶漆等装修方式带来的污染，而新兴的硅藻泥面临着储量有限、国家禁止开采等限制，所以贝壳粉涂料的出现应时应势。”

何谓地利？“秦皇岛有丰富的贝壳资源，又是南上北下的必经之地。贝壳粉涂料融入公司独有的技术，增添了硅藻泥涂料没有的空气净化功能。”

何谓人和？“公司有足够的研发人才，还有遍及全国的销售渠道、客户群体以及成熟的互联网推广团队。”

2016 年，“美博士”纳米贝壳粉技术取得重大突破，产品在 3 个月内迅速占领全国市场。第二年，乾港集团旗下的“秦皇岛美博士新型材料科技有限公司”在深圳前海股权交易中心成功上市。

安俊峰成功了，但他的奔跑却从来都没有停止过。

“利用高压、高温蒸汽洗车，耗水量仅是正常洗车的五十分之一。”2017 年，响应国家节能减排的号召，节能环保、方便快捷的“逸掌帮”移动蒸汽洗车项目推出。

任何事情都不会一帆风顺，但是，天时地利人和一直是安俊峰成功的依托。“逸掌帮”移动蒸汽洗车项目在推广时遇到难题——用于上门洗车的电动三轮车没法上牌。

“市委领导知道了这件事，特批给我们的车辆上了牌，这个做法也带动了其他城市效仿。”安俊峰感慨，乾港一路的发展，和市委市政府的支持密不可分。现在，“逸掌帮”移动蒸汽洗车项目在全国已经发展了 400 多个加盟商，规模位居国内蒸汽洗车行业第一。

如今的乾港集团已成为中国环保领域领军企业，秉承“正德厚生、臻于至善、尊重事实、超常思维、和衷共济、超轶绝尘”的企业精神，坚持“根植河北·服务中国”的核心理念，开创了服务于“人、家、车、商”的多元产业发展新格局，在“创建中国人居环境新标准”的大路上正阔步前行。

事业发展壮大了，但安俊峰没忘记自己是农民的孩子，没忘记回报社会。

安俊峰从未打算将自己的成功经验雪藏。他开设了中国第一家集环保、装饰、汽车、生活综合技能培训于一体的乾港职业技能培训学校，同时又创办了河北省首家企业自建的管理人才培训平台——乾港商学院，不仅为企业自身发展培训各类人才，还为客户和农民工、下岗工人培训技能。他用这种更实在的方式，服务社会。

他还设立了乾港集团爱心基金会和公司慈善日，几年里捐赠各类善款已达几十万元。

他也没忘记母亲教导的话：不违法、不赌博、不吸烟。闲暇之余，他常去体育锻炼，更喜欢一个人驾车穿越沙漠。

“到了沙漠里，手机都没了信号，一个人面对天地，那时的脑子里是最干净的，可以想想自己走过的路和未来，让自己好好沉淀一下。其实，再多的坎坷，回头看都已是风景。而且，最美好的风景，永远在前面的路上。”也许正因如此，才有了他的座右铭：浩荡入溟阔，志泰心超然。

在安俊峰的办公桌上，摆放着他从戈壁沙漠捡来的一块块玛瑙石。这些璞玉，原本沉睡于荒野，却因岁月磨砺，终于焕发光彩。

记者手记：

唯有努力不可辜负

听安俊峰的故事，似乎在听一部穷小子逆袭史，惊讶之余，不由得心生佩服。从某种角度讲，在安俊峰创业时，已经过了白手起家的黄金时代。社会高速发展，拥有大量财富、高新技术和市场人脉，似乎才是当下成功的基础，一穷二白的起步，难上加难。但安俊峰用自己的努力，证明了两句话：“英雄莫问出处”“唯有努力不可辜负”。

在成功者身上，往往体现出相同的特点，安俊峰也是如此。

在他身上，有永不服输的坚持，他相信没有过不去的坎儿，数经起落，从不退缩；有善于学习的能力，在成功中学，在失败中学，在别人身上学，不断奔跑，不断蜕变；有创造力、有眼界、有魄力、有担当，从不安于现状，敢想敢做，谋大格局，做长远事……

这大概就是我们常说的企业家精神。

时代在变，人在变，但精神不变。也正是安俊峰们身上这种精神，贯穿起40年改革开放的风起潮涌，让人们的生活从贫穷走向富足，让城市的变化天翻地覆。

从『求存』到『求成』

秦皇岛佳美物业服务有限公司总经理王成

于军涛 杨琦 卢纪锋

秦皇岛佳美物业服务有限公司总经理王成

47 岁，却已经工作了整整 32 年，一根根白发记录着曾经的沧桑。

电子名片上首是“慕容老成”四字。“慕容”是他本来的复姓，“老成”则可看作是他对自己前半生自我解嘲般的总结——多磨难的“求存”而终达于世事。

王成从年薪十几万，到身无分文，挣扎着爬起，重新来过，终于在服务领域又闯出一片新天地。电子名片下部是“无名恒善”四字。眼前这个亮出这张名片的人，已经于熙熙攘攘的世态中，找到解码的方法，达于“求成”的境界。

从“求存”到“求成”，佳美物业服务有限公司总经理王成的故事，颇有一些传奇。

急于求成，被合伙人坑得血本无归

“改革开放之初，农村分地，我们家分了不少薄地，两亩半顶一亩。当时我在市里当学徒，晚上 10 点多下班，骑自行车骑 35 千米才能回到昌黎裴家堡的家里。第二天凌晨 5 点就要起来，帮着家里干农活，有时候困得骑着自行车就睡着了。”

虽然日子过得苦和累，但今天的王成回想起来还是要感谢改革开放：“我们真的是改革开放的受益者，没有改革开放，我不可能从农村来到城市；没有改革开放，我更不可能从打工者变成民营企业老板。”

初中毕业，王成只在昌黎县城的一个中专上了一个星期学，便离开学校外出打工，为的是早点给家里挣钱，因为家里还有两个弟弟要靠人养活。一开始在工地搬砖头、挖沟，一天挣 3 块钱，后来他又到市里一家有些名气的饭店——鲁川饭店当学徒，一个月挣 70 块钱，交给家里 65 块。

从 1986 年到 1998 年，王成在厨师这个行当里整整摸爬滚打了 12 年。从学徒到特级厨师，从秦皇岛到北京，王成在大都市里也趟出了名头，他独创的“全驴宴”，光积累的笔记就有 20 万字，还被北京电视台、《北京晚报》报道过。自然，他的身价也从一个月 70 块钱，涨到了年薪十几万元。

“那时候我太渴望成功了，以至于都没有时间思考脚下的路！”

年轻气盛的王成想挣更多的钱。1998 年，他跑到河南省洛阳市偃师市跟人合伙办起了食品加工厂，专门生产为企业发放福利的驴肉。一年多的时间，为了收驴，作为技术厂长的他跑遍了内蒙古、山西、陕西、青海等地的边远地区。吃尽了苦，受尽了累，却始终没有放弃对成功的执念，可王成最终没想到的是，因为合伙不规范，自己辛辛苦苦积攒下来的六七十万元，被合伙人坑得血本无归。

今天的王成对于自己当年的急于求成，只用了两个字来概括：浮躁。

静心沉淀，二次创业从“蜘蛛人”起步

“辛辛苦苦挣这么多年的钱就这么没了？”对于这次跌倒，王成不甘心。

在不断地纠结中，他陷入了抑郁，甚至癫狂：“抢我钱？为什么我不能再去‘抢’了他们，把钱拿回来？拼了我这条命！”

这个时候，过去的师兄弟和徒弟们知道了，也都来劝他重新出山：“坐哪儿管个餐厅，一个月挣七八千不是问题。”王成却一一回绝了他们的好意，他需要一个新的开始。

偶然间的机会，王成被介绍给几位老领导做饭。重拾餐饮老本行，工作相对轻松，但一个月的薪酬只有 300 块钱。

王成却很乐观地把这一年多的时间当作“拿着工资上大学”。在与学识素养很

深厚的老领导们的日常接触中，他学到了很多东西，也改变着自己：一是戒了酒，另外就是喜欢上了读书。胡雪岩、曾国藩、戴尔·卡耐基、拿破仑·希尔……“打脱牙和血吞……”从曾国藩那里，他习得了坚韧。“我健康，我快乐，我大有作为，虔诚的信仰给了我无比力量……”从拿破仑·希尔那里，他重拾信心。

2000 年，王成成立了佳美保洁服务公司。他至今清晰记得公司成立后接的第一单大活儿：清洗迎宾路上的中国人民银行办公楼。甚至连干活的日子他记得都清清楚楚：11 月 17 日。正是寒风刺骨的冬天，他领着另一个小兄弟亲身体验了“蜘蛛人”的滋味。“上一趟楼下来，脚腕子都不会动了。那也得上，骨子里就有一种不服输、挣扎着活着的感觉。”

活着，让自己和公司生存下去，是这时王成最基本的想法。

第一次当“蜘蛛人”，王成挣了 17000 块钱。第二单大活儿是清洗文化路上的中国网通大楼，这次，王成挣了 5 万块钱。拿到钱的那一天晚上，他失眠了。虽然他是挣过十几万元大钱的人，但是这一个 5 万非同寻常，它让王成看到了他所重新从事的行业的价值。

厚积薄发，勇立物业管理的潮头

2003 年 3 月 26 日，秦皇岛经济技术开发区管委会办公地点由秦皇岛海关对面搬到秦皇西大街的新址。王成顺势而为，成立了佳美物业管理有限公司，开始为新的管委会大楼提供整体物业服务。

起步维艰，从几家亲戚那里借了 5 万元，加上手里剩下的 1 万，王成总共凑了 6 万元起步资金。偏又赶上多事之秋——他的父亲那一年患病离世。最困难的时候，他不得不借高利贷给员工发工资。

挺过初生的阵痛与最难熬的日子，佳美像一个孩子，在王成手中慢慢长大：2004 年，佳美获得建设部物业企业三级资质；2011 年，佳美获得建设部物业企业二级资质；2012 年，佳美通过国家职业健康安全管理、质量管理、环境管理体系认证，获得建设部物业企业一级资质；2014 年，佳美通过 23331 国家能源管理体系认证；2015 年，佳美荣获“中国物业行业最具品牌影响力企业”称号；2016 年，佳美被评为“中国房地产十大最具品牌价值产业园区”“中国房地产企业供应商首选品牌”；2018 年，佳美荣获“河北知名品牌”、2017 年度河北省民营企业服务业 100 强……

物业管理者给人们的印象就是个“大管家”，管着不同的小区、社区、园区、单位，老成持重、守成守正，是他们固有的模样。而王成却在“大管家”与“弄潮

秦皇岛佳美物业服务有限公司荣获“秦皇岛知名商标”

儿”之间轻松转换着角色：一方面，他带着佳美不断挑战一个又一个国家标准化体系认证，认认真真、“一板一眼”地升级佳美的运营体系和项目管理运作体系，是为固本强元的守正之举；另一方面，他又总是站在物业管理的潮头，出奇制胜——2013 年开始为秦皇岛经济技术开发区建设的中国“数谷”提供服务，佳美以敏锐的嗅觉和高效的执行力，将信息化管理和保值增值的理念运用到数谷产业园区（包括数谷大厦和数谷翔园）的日常运行管理当中。

2014 年，佳美通过了国家能源管理体系认证，实现了绿色可循环经济模式在具体建筑本体上的应用，当时全国做这个认证的物业管理企业不到 5 家，战略眼光可谓十分超前。近两年，看到国内产业园区物业管理的广阔前景，佳美又开始“鼓捣”起可视化、模拟化和标准化的产业园区建筑全生命周期物业管理软件开发来……

守则“守大成”，潮就“潮到爆”，如此游刃有余地在两个角色间转换，恐怕要归结于王成的善于学习。曾有记者见到他的办公桌上摆放着长城物业总裁陈耀忠的《顺势而为》和万科物业董事长朱保全的《守正出奇》，从书的状态看，这两本书他时常翻阅。

15年间，佳美不断自我革新、自我超越。王成将自己的经验总结为4个字“抄、改、造、超”：抄，学人所长；改，取其精华；造，为我所用；超，超越自我。

智者大成，要做丰满的理想主义者

2016 年 8 月 10 日，凭借骄人的业绩和专业的素养，王成当选为秦皇岛市物业管理协会会长。

之后不久，物业管理协会临危受命，2016 年 10 月 20 日通过采购招标，承担了为政府相关部门起草《秦皇岛市物业管理条例草案》的重任。之前，政府相关部门曾将此任务委托给某大学，但最终“学院派”的成果不能解决实际问题，无法落地。

王成把这个托付的分量看得很重。他组织协会精干力量，以自己的实践经验为依托、以问题为导向，在一年多的时间里做了大量的走访调研，力求为物业管理寻求法律支撑。最终，经过秦皇岛市人民代表大会常务委员会审议通过，河北省人民代表大会常务委员会批准，2018 年 7 月 1 日，由协会起草的《秦皇岛市物业管理条例草案》正式实施。

在现实中摸爬滚打多年的王成，以“实践派”的敏锐意识到物业管理中存在的诸多突出问题，并立志以条例草案的实施加以解决：诸如业主自治组织成立难，物业服务企业擅自弃管物业，物业服务成本变化与物业服务收费不能协同调整，住宅小区私搭乱建、侵占公共场地，住宅小区机动车停车管理矛盾纠纷突出，住宅专项维修资金使用难等等。

“尽管现实中问题不少，但并不能阻挡理想的脚步！”王成说。

“那你理想中的物业管理是个啥模样？”

“像服务人的全生命周期一样，服务一个园区、一栋建筑物的全生命周期。”王成不假思索。

王成毫不掩饰自己是一个彻头彻尾的理想主义者，“求成者”就有这样纵横合一的功夫，他们不断拥抱新知识、新领域，发现一般人看不见的联系，营造自己创新的乐园。他们善断、善择，不断升级、优化自己的智能系统内核，令机遇与自身的洞见、节奏汇合运行自如。

记者手记：

做一个学习型的企业家

王成的学历并不高，仅是初中毕业，然而这样一个“起点”很低的创业者，却屡屡突破自己人生的天花板，从一个饭店的学徒成长为独创全驴宴并年薪十几万的餐饮大厨；从“蜘蛛人”起步到成为行业条例起草者的业界权威，人们关心，这一系列的成功逆袭背后，到底有什么秘诀？

答案就在持续学习上。

王成的学习能力体现在两个方面：一是读书，二是实践。

无意中和一群学识涵养丰厚的老领导结识，从此迷恋上了读书，为他的人生开启了一扇通向光明的大门。

他的办公室里全是书：宽大的书架上、办公桌上以及一切随手可触的角落里，或整齐码放、或随意摆放以供随时拾取；他读书的门类很杂：历史的、社科的、市场营销类、行业期刊类……20 多年手不释卷，书籍为他的人生提供了源源不断的滋养，也打开了他思维的广度和视野的高度。

社会实践其实也是一本更厚实的书。做厨师时，他爱琢磨，把做菜经验总结成 20 万字的笔记；做物业时，他爱钻研，常常注意搜集物业管理中存在的诸多问题进行研究思考，并时有论文在行业期刊上发表。每一行，都干出了行业的高度。

历史本身就是一面镜子，比照一下，我们就会发现，那些过去或现在在某个领域有所建树的成功人士，无一不把良好的学习习惯保持终生。

经济新常态下，转型升级、动能转换、结构调整、创新发展……在一个个新问题前面，不少企业家常常会感到“本领恐慌”、不知所措。把王成的经历当成一面镜子，照一照，或许会找到方向。

35年不忘初心　只为百姓吃上放心肉

河北宏都实业集团董事长潘洪书

于军涛　李淑丽　杨琦

河北宏都实业集团董事长潘洪书

35年前，他还是一名小小的屠宰匠，每天的工作就是大锅烧水、手工拔毛、刮毛……

35年间，踏着改革开放的鼓点，他带领乡亲们大胆探索，从成立民营股份公司一步步整合成为北方大型现代化生猪屠宰和肉类食品加工企业。

35年后，他领导的企业集团已经发展成为拥有5家子公司、1800名员工、年产值28亿元的河北省农业产业化重点龙头企业、河北省一级生猪屠宰加工企业。

他就是河北宏都实业集团董事长潘洪书。

以敢为人先、敢啃硬骨头的精神，深耕行业、爬坡过坎，他的初心就是让百姓能够吃上放心肉。

顺势而为，才能做大

2018 年 12 月 7 日，农历大雪，寒风凛冽，然而位于抚宁区的河北宏都实业集团却一派热火朝天的生产景象：厂区内，一辆辆满载白条猪肉的冷藏运输车往来穿梭；加工线上，身穿白大褂的员工紧张忙碌……

一大早，潘洪书匆匆赶到办公室，顾不上喝口水，就开始召集管理层开会研究冬季北京市场的应对策略。接下来，还有两拨前来考察的客人等着他接待。

厂区墙壁上的一组照片，记录了宏都的发展史。改革开放之初的 1983 年，抚宁县潘官营村是当时远近闻名的屠宰专业村，全村 600 户人家，有 100 户从事生猪屠宰业。19 岁的乡村青年潘洪书就在那一年加入了屠宰匠的行列。

杀猪是个技术活。手握杀猪刀、卷起衣袖、一通麻利的宰杀动作，然后烧水烫猪、手工拔毛、开膛吊杠、劈半……有时候生猪资源紧张，也会大老远跑到东北，走村串户去收购。虽然又脏又累，但看着顾客拿着称好的猪肉满意的表情，想想一家老小靠此生活得有滋有味，潘洪书很为自己的这项手艺自豪。

猪粮安天下。屠宰事小，却关系着广大百姓生命健康。为保证生猪产品质量安全，1997 年 12 月 19 日国务院发布《生猪屠宰管理条例》，对屠宰地点、监督管理、法律责任进行了严格的限制和规范。新政之下，潘官营村松散的生猪屠宰产业也面临着整合和升级这样一道必答题。

面对新形势，怎样闯关？如何整合？谁来牵头？

“洪书，你干吧！”

“我，行吗？”

“我们都看好你，放手干，镇里会大力支持你！”

因为为人勤快、做事诚信，潘洪书生意红火，在乡亲们心中有很高的威信，紧急关头，镇领导自然想到了他。

2000 年 5 月，整合几十家屠宰户的秦皇岛市潘官营机械化屠宰加工有限公司成立，潘洪书出任董事长。

“既然领导和乡亲们这么信任我，那我就一定要干出个样子来！”回忆起当年的临危受命，潘洪书只是淡然一笑。谁也没有想到，他这个董事长还真不白给。此后，靠着敬业的态度和长远的眼光，公司在潘洪书的带领下一年一个台阶，一路高歌猛进。

2004 年是值得纪念的一年，公司先是收编了经营不善的抚宁县食品公司，紧接着在张家口成立怀安县宏都食品有限公司，当年 6 月，成立河北宏都实业集团。

2009 年，公司投资 3000 万元建成了秦皇岛市宏都养殖有限公司，确保秦皇岛市的生猪改良。

2010 年又投资 8000 万元扩建了 200 万头的高标准生猪屠宰车间、分割车间及冷库。为了扩大企业规模，2012 年又成立了“秦皇岛北方宏都生猪网络交易有限公司”。

2013 年又投资 1.2 亿元建了 2 万吨冷库和商业门面楼，成立了“秦皇岛市千奥宏都肉食批发有限公司”。

2015 年又投资 3000 万元扩建了分割车间，新上一条高标准的机械化屠宰生产线，采用了最先进的机器人劈半，在全省率先实现了产品可追溯系统和激光灼刻技术，使企业的产品质量和生产规模又上了一个新台阶。现在集团每天屠宰生猪 5000 多头，成为集养殖、屠宰、分割、熟食加工、网络交易、冷冻仓储、冷链运输为一体的现代化产业集团。

严把质量，才会放心

2018 年 12 月 7 日一大早，尽管天气寒冷，但宏都集团门口运送生猪的汽车依然秩序井然地等着入场消毒。

“宏都”牌冷鲜肉是中国（廊坊）农产品交易会评选的名优产品、农业部认证的“无公害农产品”、河北省质量监督局认证的“河北省名牌产品”。依靠其可信赖的质量保障，宏都集团成为北戴河暑供肉品供应商、2008 年第 29 届夏季奥林匹克运动会秦皇岛分赛区食品供应企业、北京“菜篮子”外埠供应单位。

“集团每天屠宰 5000 头生猪，其中就有 3000 头白条猪销往北京，占到当地市场份额的 25% 以上。”北京市场需求量大，相对质量要求也高，多年来，能够牢牢占据当地四分之一以上的份额，潘洪书相当自豪。

自豪的背后，也折射出当初市场开拓的不易。21 世纪初，北京的市场一度十分混乱，为了规范市场，北京市政府于 2001 年从河北省引进 8 家肉类企业进行考察，“宏都”就是其中之一。接下来，经过最严苛的考验之后，“宏都”成为最后留下来的一家。

如今，“宏都”产品远销包括天津、内蒙古、山西、北京在内的全国 19 个省市。产品不愁卖，靠的是什么？

“其实，肉类企业并非什么高科技，靠的是良心。创业 35 年，我对自己的要求是诚信做企业，严把质量关。”潘洪书滔滔不绝讲起宏都的“四关”。

严把活猪入厂关，动检人员从活猪入厂开始严格检查，没有产地检疫证、生猪溯源单和耳标的一律不准入厂；严把停食静养和瘦肉精检验关，让健康合格的生猪进入待宰圈后进行静养，静养时间为 12 小时以上，在静养期间进行尿样采集，进行瘦肉精检测，瘦肉精检测率达到 10% 以上；严把检疫、检验关，决不让一斤不合格猪肉出厂；严把产品运输关，为防止二次污染，在运输过程中全部实行冷藏悬挂或装箱包装运输，真正做到了不合格生猪一头不宰、宰后不符合肉品标准的一斤不出厂。

潘洪书笑着说：“‘四关’把出了宏都的放心质量，也把出了养殖户的主动性。”

整合链条，才可做强

“宏都致力于构建自然和谐、生态环保的食品产业链，从源头把控，让高品质的绿色食品还原生活。”

在宏都集团厂区的墙壁上，这样一条标语十分醒目。

食品安全大于天。多年的从业经验使潘洪书意识到源头把控对食品质量的重要性，在他的引领下，宏都集团一直致力于打造包括生态养殖、屠宰分割、肉食加工、冷冻仓储、冷链物流、终端销售在内的全产业链模式。

河北宏都实业集团董事长潘洪书带领员工和家人参加国际马拉松赛

宏都养殖股份有限公司是农业部“生猪标准化示范场”、河北省生猪储备基地，公司种猪繁育与养殖基地占地150亩，坐落在自然生态环境优美的浅山区，远离人居环境，杜绝源头污染，遵循自然生长规律的无公害养殖体系，让生猪健康快乐成长。

良种是产业之母。2012年，公司引进美国华多优良种猪，现存栏纯种种猪2000头，年可生产优良种猪8000头、二元母猪30000头、育肥猪年出栏50万头。在2014年河北省第九届种猪生产性能测定中，公司的长白种猪荣获第一名，杜洛克种猪荣获第二名。

全产业链模式不仅让宏都具备了不畏艰难、砥砺前行的能力，而且依托全产业链发展模式建立了全程可追溯体系，宏都的精细化管理、内部控制水平也得到提升，企业综合竞争力进一步提高，实现了产业升级。

潘洪书说：“肉食企业做的是良心事业，守住中国百姓餐桌的安全是宏都人的使命。”

记者手记：

视质量为企业的生命

采访中我们曾问过潘洪书一个问题：“经营一家这么大的企业集团，最让你费心的事是什么？”

“产品质量。”他不假思索，“每天一睁眼，第一件事操心的是它；晚上上床睡觉，最后一件琢磨的仍然是它！”

是的，从一个小小的“杀猪匠”起步，到北方大型现代化生猪屠宰和肉类食品加工企业集团的董事长，成为名副其实的行业状元，成功的要素有很多，但视质量为企业的生命线，无疑是众多因素中分量最重的一个。

俗话讲，猪粮安天下。正是因为视质量如生命，他才会严把“四关”。

正是因为视质量如生命，他才会不惜巨资扩大养殖基地、引进优良猪种，从源头上加强把控。

正是因为视质量如生命，宏都的产品才能一路过关斩将、成功打进并长期牢牢占据北京这个大市场四分之一以上的份额。

眼下，我们正大力推进质量工作，加快建设质量强国。作为企业家来讲，质量强企，具体应该如何做？从思想上高度重视，在管理上事无巨细，从方法上加快创新，在标准面前严加把控……这或许是潘洪书的质量兴企故事带给大家的启发。

乘风好借力 发展大健康

秦皇岛乾源科技开发股份有限公司董事长曹志

于军涛 张辉 杨琦

秦皇岛乾源科技开发股份有限公司董事长曹志

“这是我们公司生产的富氢饮用水，欢迎你们品尝。”初次见面，曹志热情地把我们引到办公室特设的茶台前，亲手烧水、泡茶。水是特制的袋包装富氢水，记者好奇地拿起包装袋——嚯!500 毫升的一袋水，竟然标价 58 元。

“是不是有点贵？”曹志看出了记者的吃惊，“不能只看价格，还得看效果。”热气氤氲中，记者注意到，这个已近“知天命”之年的中年男人竟有着甚至让女性都羡慕的白皙双手，红润的皮肤上没有一点儿色斑，一头亮泽的头发看不到一根白发。

“这可以看作是我长期从事健康产业的副产品吧。”谈起自己的保养，曹志自己显然也很满意，他对健康有着自己独特的见解。

从经销保健品起家，凭借着多年积攒下的资源，近几年曹志涉猎的范围越来越广，保健品、农产品、医院、互联网、电子商务……每一块独立的产业，在他手中又被融合发展相互借力，缔造出一条条闭合的产业链。

如今，紧紧抓住秦皇岛大力发展旅游康养产业的机遇，曹志将目光瞄准大健康产业。

凭借资源人脉，进军大健康产业

20 世纪 90 年代，20 多岁的小伙儿曹志离开辽宁锦州农村的故乡，开始从事保健品代理行业。“如今生活水平不断提高，这一行应该有发展。”他当时这样想。

凭借着出色的业务能力，很快，他便干得有声有色，挣得人生“第一桶金”。在新世纪开端，已经不再满足于单纯售卖保健品，曹志创立了自己的保健品生产企业，生产的保健品品种超过百种。从单纯销售到生产加工，曹志在健康行业的“根”越扎越深，人脉也越来越广。

“太好了！那就抓紧时间见个面吧！”放下电话，曹志显得很兴奋。原来是一个朋友向他推荐了一位即将退休的健康专家到公司来做顾问。曹志说，多年在健康行业“浸润”，给他带来的不仅仅是对行业的熟悉和资金的积累，更有宽广的人脉资源。

干事创业这么多年，曹志早就尝到了宽广人脉带来的甜头：每当公司需要不同领域的专业技术人才时，一个电话，或者朋友圈里几条信息就能搞定。“人脉和人才都是最宝贵的财富！”曹志笑着说。

正是借力这些资源，曹志在健康产业发展的道路上行疾步稳，而且，随着这么多年健康产业的摸爬滚打和资源积累，他越来越认识到了科技创新对产业发展的“第一动力”作用。

“健康产业要想得到长期稳定的发展，必须提高产业的科技含量。”曹志信心十足地说。2018 年，在北戴河新区，由他投资兴建的一所面积 8500 平方米的二甲肿瘤医院已经主体竣工，目前进入内部装修阶段。这是他进军大健康产业的一个重大举措。

据介绍，这所医院将主攻癌症的检测诊断以及康复治疗。借助一项来自美国的专利技术，只要在一张特制的芯片上“吹一口气”，就可以完成疾病的筛查和检测，而且治疗过程也更加简单有效。

“目前，癌症的筛查和治疗技术在国际上不断取得突破，我们希望借力国际先进技术，提高国内的检测和治疗水平，让更多人健康生活。”曹志介绍说，自己公司的一位外籍顾问就是这一技术的最早体验者和受益者，他被确诊患癌不久，通过在国外接受这一先进技术治疗，目前已经痊愈。正因如此，这更加坚定了曹志把技术引进国内的信心。

其实，不仅止于技术引进，曹志规划的宏伟蓝图的背后，瞄准的是“大健康”产业：“借力北戴河新区‘国家生命健康产业创新示范区’的‘政策红利’，医院准备将癌症的筛查和诊治作为一项高端康养旅游产品推向市场，这不仅可以满足游客的健康需求，又可以为这个正在建设的国际旅游城市破解淡季冷清的发展瓶颈！”谈起宏伟规划，曹志显得很有信心。

借助互联网，绿色农产品销售插上翅膀

保健品、农产品、医院、电子商务……看似相隔很远、互不相干的几个产业，却被一张互联网紧紧连接在了一起，这就是曹志借助互联网打造的健康产业链。

“一棵榛子树产果期是 50 年，一亩地可以种植 110 棵左右，每棵至少收获 3 斤以上，每斤榛子的收购价是 28 元，这样，种植户一亩地每年的收入至少过万元，多的能达到两万多元。”掰着手指头，曹志给记者算着明细账，“收购后的榛子经过加工、包装后，再配备上精致的夹子，带上绿色可追溯的‘身份证’，最后以每斤 58 元的价格销售给会员。”

这是百兴网服务三农板块项目之一——自 2009 年推出的大果榛互联网订单产销项目。按照项目规划，榛树种苗由百兴网统一向种植户提供，在种植户保证纯绿色种植的基础上，双方签订协议，成熟的榛子由百兴网订单收购，并通过互联网采取会员预定的方式，销往全国各地。

一张互联网，三方均受益。通过这一模式，顾客得到的是绿色健康的营养食品，种植户得到的是实实在在的经济效益，而曹志收获的，则是一条被打通整合的健康食品销售产业链。在百兴网，采取同样方式销售的还有辽宁盘锦的大米、河北太行山的核桃……在这条借助互联网打通的产业链里，农产品提高了附加值，农民增加了收入，绿色农业的发展也插上了腾飞的翅膀。

曹志属于较早“触网”并从中受益的人。21 世纪初，还在经营保健品的时候，他就已经接触到了互联网销售模式，正是网络技术带来的红利让他毅然加入互联网创业大军。但这一过程并非一帆风顺。

百兴网成立于 2008 年，取“百业俱兴”之意。然而，由于对这个“烧钱”的行业认识不足，运营没多久，最初的创业者就选择了放弃。

曹志在最困难的时候接手了百兴网。

“以前只是听人说说，真正接触了，才切身体会到，这个行业真是个烧钱的

‘无底洞’！”谈起当年的窘境，曹志至今记忆犹新。2010 年投入 500 万元，2011 年投入 2000 万元，到 2013 年，已经累计投入 6000 多万元……眼看着多年辛苦攒下的“家底儿”就要被掏空，曹志急了。

俗话讲，隔行如隔山，无计可施的曹志最终想到了“借脑”——借助专业人才打破僵局。2013 年，他从新加坡高薪聘请互联网运营方面的专家，全盘负责百兴网的运营。随后全新的“O2O”模式被提了出来，百兴网运营终于冲破迷雾，到 2017 年，网上交易额已经突破 50 亿元。

借势又必须要打差异化战略，这是曹志给百兴网的定位。为了将百兴网发展得更好，曹志再次借力，与淘宝、京东等大的电商平台合作，目前与百兴网合作的网站已经达到 480 家。与此同时，百兴网也保留自己网站的特色，大规模发展会员以及实体店，目前会员已经超过 700 多万，线下实体店 1000 多家，覆盖了全国除新疆、西藏之外的所有省份。

借力资本市场，美国挂牌上市

企业蓬勃发展，梦想在一个个实现，作为掌舵者的曹志却没有满足，他的“野心”也随着眼界的开阔而不断成长：走向资本市场，为企业赢得更大的发展空间。

2015 年，曹志对秦皇岛乾源科技进行股改，成立了秦皇岛乾源科技开发股份有限公司（以下简称乾源科技），并于 2015 年 12 月 24 日在石家庄股交所主板挂牌上市，成为秦皇岛市首家电子商务挂牌上市公司。

从此公司驶入了资本市场的快车道。

目前，该企业是河北省内唯一一家获得电子商务和短信息业务经营许可证的企业。乾源科技拥有 16 项计算机软件著作权及 20 项电子商务发明专利，除经营百兴网交易平台之外，业务还涉及通信、智能、文化、保健等领域，拥有 21 名研发人员和多个创新团队。

2018 年 1 月 30 日，秦皇岛乾源科技开发股份有限公司与美国 MDCORP 公司签署在美国纳斯达克上市的合作协议，标志着乾源科技开启全面走向国际资本市场的新征程。

在电子商务领域多年的摸爬滚打，曹志积累了丰富的经验，他也时刻关注着秦皇岛市电商行业的发展。2016 年 3 月，曹志倡导组织成立了“秦皇岛市电子商务企业联合会”并担任会长，目前会员 120 家。联合会成立以来，不仅为会员企业创造了显著的经济效益，还为大学生创业提供了学习的平台。

2018 年 1 月 30 日，秦皇岛乾源科技开发股份有限公司董事长曹志与美国 MDCORP 公司总裁 Shawn A.Mesaros 签订纳斯达克上市协议

心有多大，世界就有多大。借助一切可以借助的力量，曹志和他的企业获得了不断发展的澎湃动力。

记者手记：

创业要敢于借力，善于借力

“君子生非异也，善假于物也。”

善假于物，语出《荀子·劝学》，意为君子的资质与一般人没有什么区别，君子之所以高于一般人，是因为他能善于利用外物。善于利用已有的条件，是君子成功的一个重要途径。

社会学理论中有一个观点，在社会这个大磁场中，个体只是系统的一个“原子”。个体要想突破成功，仅凭一己之力远远不够，必须凝聚起诸多“原子”的合力。曹志 20 多年的商海实践，为这一理论提供了鲜明的注脚。

从代理、加工生产保健品起步，在这个圈子里浸淫的久了，自然积累了丰富的社会资源和人脉关系，为日后办医院和进入大健康领域打下了坚实的基础；在信息技术飞速发展的时代，充分利用互联网这个新技术杠杆，为绿色农产品营销插上了腾飞的翅膀，也为自己织就了一条完整的生态产业链；借助资本市场“呼风唤雨”般的神奇融资能力，让公司发展进入快车道。梳理曹志的创业经历，人们很容易被这样一个关键词吸引——“借力”。

“好风凭借力，送我上青云。”在国家全面深化改革的新时代背景下，只要敢借、能借、会借、善借，充分借助社会大势、科技成果、社会资源、专家智慧等一切合理的力量，就一定能在市场经济的大潮中闯出一片新天地。

讲好『三字经』铸就百年业

秦皇岛华婴阳光孕婴童用品有限公司总经理石文成

于军涛 杨琦

秦皇岛华婴阳光孕婴童用品有限公司总经理石文成

在秦皇岛民营企业家群体中，石文成以及他的“华婴阳光”看上去有些另类。

没有研发新技术新品种的荣耀，没有改制企业的一波三折，没有事业转型的痛苦和惊喜交织，总之，他和他的事业没有此前预想的轰轰烈烈。

服饰、玩具、童车……投身于为孕妈及 0 至 6 岁宝宝服务的孕婴童行业，有的只是温情、琐碎、细致。

14 个春秋，溪水脉脉流淌细无声，不知不觉，秦皇岛华婴阳光孕婴童用品有限公司已然成长为河北省孕婴童行业领军企业。拥有 40 余家分店，致力于为顾客提供安全、舒适、贴心的服务，打造百年阳光企业成为“华婴阳光”的“小目标”。

一个粗糙的北方汉子，是怎样在这个精细的行业默默耕耘，绣出五彩斑斓的？

采访那天，连续多日的阴雨，顾客不多，坐在办公室里，一杯清茶，且听石文成回忆如何讲好为人为事的“三字经”。

为事讲“诚”，被“坑”两次仍不忘初心

可以说，一次出差改变了石文成的人生轨迹。

2003 年春天，石文成第一次去了深圳，那里是中国改革开放的前沿阵地，很多事物在他眼里都是新鲜的。

一天，石文成正在马路上溜达，他发现不远处一家母婴用品专卖店不断有顾客进进出出，很多人手里拎着大包小包。

“这买卖咋这么火？”心怀好奇的石文成快步走到店里，各种品牌的奶粉、纸尿裤、奶瓶、奶嘴及不同款式的婴幼儿衣物、童车……琳琅满目的商品让他深感震撼，好多东西他连听都没听过。

回到秦皇岛，石文成心里久久不能平静，当时秦皇岛专业的母婴用品市场几乎是空白的，做生意就得有超前意识，嗅到商机的他决定：干！

2004 年，石文成与一家母婴用品商合作，交了 3 万元加盟费，并订了 12 万元的货品，在海港区建设大街开办了人生第一家母婴用品专卖店。

原以为生意可以顺风顺水，可石文成渐渐发现自己竟上了当。

经营了一段时间，顾客普遍反映商品价格高，店里也始终在赔钱，他细细一打听得知，加盟的这家母婴用品商没有自己的工厂，只是个普通的经销商，给他的供货价基本就是市场价，根本没有利润空间。

不过，这闷头一棒并没让石文成气馁，因为他能感受到孕婴童行业未来的广阔前景。“加盟费不要了，钱也认赔了，一切从零开始！”石文成决定开创属于自己的门店招牌“华婴阳光”。

“必须和生产商直接对接！”石文成接连参加了北京、上海等地举办的孕婴童产品大型展销会，与各地生产厂商直接建立联系，和多个知名品牌达成合作意向，生意也逐渐有了起色。

那时，石文成急于丰富产品种类，稍不留神又被“坑”了。他在一次大型展会上与一家奶粉商建立合作关系，并购进了 6 万元的奶粉。不久，这家公司的业务人员联系不上了，随后公司竟也注销了。

这 6 万元的奶粉怎么办？有人说，低价卖了吧，还能少赔点儿。可石文成的态度很坚决：“不能卖！”

“做生意得凭良心！公司都跑路了，产品能好到哪儿去？这种没有安全保障的奶粉坚决不能给孩子喝！宁愿自己受损失，也不能对不住顾客！”石文成把所有奶粉都送给了养狗的朋友，并特意嘱咐不能给人喝。

此后，石文成定下一个规矩：公司代理产品时必须慎重，一定是知名度高的，销量和口碑好的，且要亲自到厂家、销售网点进行实地考察，做到万无一失。“这些年，国家发布的上黑榜的奶粉，我们华婴阳光从没有卖过！”石文成自豪地说。

“把全世界最优质的产品提供给每个婴幼儿家庭，让孩子能收获健康和快乐，让妈妈省心，爸爸放心！”这是华婴阳光给出的承诺。

为业讲“信”，给顾客最真心的回报

从门外汉到孕婴童用品行业的“行家”，从不懂到懂，一路可谓摸着石头过河。如今，华婴阳光孕婴童用品店已发展到 40 余家分店，不少店面开到了小区门口。

“消费者是我们的衣食父母，华婴阳光要用感恩之心为大家提供更多的便利和更优质的服务！”石文成经常这样激励员工。

“微利是对消费者最真诚的感恩。”这是石文成为华婴阳光提出的经营理念。

同样的商品在别人家售价 100 元，到华婴阳光也许只需花 80 元；有的产品厂

2018 年 8 月，石文成在公司第三季度专业知识技能大赛上做点评

家要求统一售价，华婴阳光就搭赠个玩具或奶瓶、奶嘴等，且必须是正品……

“便宜 10 块、20 块虽不多，赠品也不是什么大物件，但能让顾客们感到舒心，感觉物超所值，也换得了大家对华婴阳光的认可。”石文成坚持自己的理念。

把每一位顾客都要当作亲人，并提供专业的服务！这是石文成对员工提出的要求。

新员工入职，需要经过一个月的培训，还要在岗前观摩一个月，通过考核后才能正式上岗。如今，华婴阳光各门店的每一位导购员都是专业的孕婴师。

在华婴阳光孕婴童用品店，记者见到了市民顾女士，她正在为 1 岁多的宝宝选购纸尿裤。“我是华婴阳光会员，这里给我的最大感受是物美价廉，产品总有折扣，还经常赠送一些实用的赠品。另外，店员服务很好，也都很专业，能给我很多建议，值得信赖！”顾女士说。

华婴阳光已经连续举办了五届孕婴童产品大型展销会，产品丰富，价格低廉，期间，还为参会市民免费提供糕点、水果以及购物车、电瓶车接送等服务。

“举办展销会我们不但不挣钱，除去广告费、场地费、物料费等，反而还搭不少钱！”石文成说，这个展销会其实就是想回馈顾客，让更多人知道华婴阳光。

为人讲“德”，让员工和客户感到温暖

华婴阳光员工对石文成的评价出奇一致：“石总是个好人，从没有老板架子，对员工们非常贴心！”

石文成经常对员工说：“只要你进入华婴阳光大家庭，我就把你当家人看待。我不需要阿谀奉承，你把本职工作干好，服务好顾客，就是对我最大的回报！”

的确，在保证各种福利待遇的同时，石文成将对员工的关爱做到了极致。

创业初期，看到员工们很辛苦，石文成经常回家炖一大锅肉，并亲自送到门店；多年来，公司每月都会举办员工生日会，一起唱歌，一起吃蛋糕；员工申请报销，只要符合规章制度，他一律不卡，并把签字权下放到店长。

记者还听到这样一个有温度的故事。2006 年，一个刚到公司 10 多天的女员工生病了，不想让家人知道，可又没有钱做手术。石文成得知后，给这名女员工送去了几千元钱，女员工提出慢慢从工资里扣，他回了一句话：“不用还了！”

“我们要争四个第一，品行道德第一、勤劳智慧第一、爱岗敬业第一、管理水平第一”员工办公室里专门设置了一面文化展示墙，被大家称之为“石总语录”的宣传海报定期更换。

石文成深知，要想为顾客提供周到满意的服务，首先到锻造一支优秀的员工团

队，用企业文化提升凝聚力和战斗力，引领企业向前发展。

多年来，石文成养成了一个习惯，每天晚上要拿出一个多小时来静心学习，并精心总结出一段文字，在第二天的晨会上分享给员工，其中“品行道德”是他提到最多的，也是最为看重的。

不少人带着好项目找石文成投资挣大钱，都被他婉言谢绝了，因为，他只想专注地把孕婴童服务这一个事业做好。

“我们的行业永远充满着朝阳，甚至关系到祖国的未来。我们不是为了挣钱，而是为宝爸宝妈们服务好，让每一个宝宝健康快乐地成长，这是一份沉甸甸的责任，也是一种使命。华婴阳光的目标很明确，就是要打造百年阳光企业！”石文成说。

记者手记：

做好人才能做好事

“德者事业之基。”《菜根谭》中一句朴实的话，道出了传统哲思中做人与做事的辩证关系。

我们常讲，做事之前，先把“人”字写好。一个企业家也是一样，做人赢得了高分，得到了社会和环境的认可，自然能够顺风顺水地把事业做长做久、做大做强。反之，做人很失败，三观不被人们认可，就会人人避之，唯恐不及，失去了人脉，导致干啥啥不成、做啥啥失败的结果。

有很深传统文化情结的石文成是深深明白这些道理的。初涉生意场，由于没有经验，两次被合作对象“坑”得很惨，他没有以怨报怨，而是为事讲“诚”，不忘初心；孕婴童事业做得风生水起，本可以借机涨价提高产品的利润空间，但他却为业讲“信”，给客户实实在在的回报；作为老板，事业很成功了，却没有一点架子，时时处处让员工和客户感觉到温情和关怀。

做事先做人，有德者才能生存，好的品行道德是做好事情的基石，这是石文成在事业上打开成功之门的“金钥匙”，也可以为市场大潮中的许多创业者提供借鉴。

永远做市场的领跑者

秦皇岛旭亨饮品有限公司总经理杨艳玲

于军涛 李淑丽

秦皇岛旭亨饮品有限公司总经理杨艳玲

推开杨艳玲办公室的门，展架上、桌子上、地面上，目之所触全是形形色色、错落摆放的饮用水瓶子：高的矮的、胖的瘦的，无所不有。

“我这都成了职业病了！到世界各地出差考察，人家都喜欢大包小包地往家里拎当地特产，只有我，行李箱里鼓鼓囊囊全是大大小小、各种各样的瓶装饮用水。”指着这满屋的“宝贝”，杨艳玲嫣然一笑。

自 2000 年一脚踏进制水行业，18 年来，秦皇岛旭亨饮品有限公司在杨艳玲的带领下不惧市场风浪，闯过一个又一个激流险滩，成为区域行业龙头企业。杨艳玲也以水滴石穿的韧劲儿和敢为人先、敢啃硬骨头的精神，执着地向大众传播着健康饮水的理念。

商场如赛场，我只想做领跑者

创业之前，杨艳玲上过班、做过美容美发和摩托配件零售，直到2000年无意中参加了一个展会，杨艳玲的人生才和水行业联系在了一起。

“误打误撞地来到了一家销售制水设备的展位前。只记得那个销售代表太有感染力了，一通介绍下来，满脑子全是他们产品的各种优势——什么工艺精啦，产能大啦，成本低廉利润可观啦。头脑一热，当场就交钱定下了一套设备。”杨艳玲说。

“还没有进行市场调研，懵懵懂懂的，设备已经先有了。等我们回到秦皇岛，找懂行的朋友一打听，立马傻眼了。为啥？人家一介绍，才发现开个水厂不是那么简单的事：秦皇岛就这么点儿地方，大大小小的水厂竟然有五六十家，市场竞争相当激烈。”回忆起往事，杨艳玲笑着解嘲，“而且，最重要的是，此前根本就没有想到，水厂经营竟然涉及生产、销售、配送、售后服务这么多复杂的环节。”

自己的选择，再苦也要坚持下去。没办法，杨艳玲拉上了妹妹和妹夫，又雇了几个工人，拉开架势，水厂上马了。

可开张没多久，一个个“没想到”又接踵而来，卫生、质监、工商、地矿各主管部门纷纷找上门来。为啥？无证经营。一番焦头烂额的交涉，执照总算办了下来。

“开拓市场那几年，业务员、接线员、送水工，什么工作都干过。”杨艳玲说，日子虽苦，但创业的激情让他们感觉乐在其中。

有一天晚上8点多，山海关一户人家打来电话，要送两桶水。刚开始客户少，好不容易来一个，像捡了“宝贝儿”一样。忙不迭向朋友借了辆车，兴冲冲送过去了。一番折腾，回来时已将近半夜。

过年人手紧，她和妹妹就骑着摩托车挨家挨户送水，那时候真是“女汉子”，30多斤的水桶，两个人一口气能扛上6楼。

“然而，相对于市场竞争带来的巨大精神压力，那些身体上吃的苦头就不算什么了。”杨艳玲说，由于门槛低，秦皇岛地区的桶装水厂遍地开花，市场一度处于极度饱和的状态。许多小厂为了抢占市场份额，不惜将价格压到正常值以下，有的甚至恶意造谣抹黑竞争对手。

杨艳玲把那几年水厂恶性竞争和重新洗牌的时期称为“水战”。

2004年，发生了一件让她终生难忘的教训。“旭亨的水不合格”。那天一大早，公司员工突然发现这样一则小广告一夜间贴遍了市区的大街小巷。杨艳玲一下就懵了。组织员工上街去撕，可公交亭、楼道内、电梯间甚至社区的树木和电杆上到处都是，哪里撕得过来？那段时间，公司的销售遭到了巨大的打击，不少不明就里的老客户纷纷退订，旭亨的员工一出现在社区，就会遭到群众白眼和背后的指指点点，甚至当地不明真相的媒体也参与进来“推波助澜”。

虽然事后证明那是竞争对手的恶意造谣陷害，但闹得满城风雨、沸沸扬扬的“不合格事件”也无疑给杨艳玲上了代价沉重的一课，促使她重新思考公司的长远发展之策：“商场如赛场，只有紧紧抓好产品质量和服务，才能成为真正的胜者，领跑市场。”

此后，随着国家食品质量安全认证体系的逐步严格，依靠过硬的质量和精细的服务，旭亨公司凭借旗下“绿之源”矿泉水和“珍味美”弱碱水一举成为区域行业龙头，并成功开拓了周边的天津、辽宁和唐山市场。

让每一滴水都闪动健康和营养的光芒

一个水桶，经过 40 多次全方位无死角清洗，方可二次使用；全封闭的制水车间里，来自地下深层、经岩层重重过滤的优质水源，再经过现代化设备的上百道工序方可灌装成品……2018 年 11 月 13 日，走进旭亨公司位于祖山国家地质公园内的现代化桶装水生产基地，记者被一桶水如此严格的生产流程所震撼。

“水是万物之源。可以说，没有健康的水，就没有生命的存在。”杨艳玲一边给记者倒一杯公司生产的“珍味美”弱碱水，一边介绍说，“为了保证每一滴水都能闪动健康和营养的光芒，我们首先做的是把好水源第一道关。”

2013 年，旭亨公司在柳江盆地祖山国家地质公园内找到一处优质水源，投资 5000 多万建起了占地面积 40 亩的河北省最具现代化的高标准桶装水生产基地。“来自地下深层的水源经过层层岩石过滤，达到了低矿化度纯天然弱碱水标准。”杨艳玲说。

可重复利用的水桶材质的优劣，也会直接影响到桶装水的水质的好坏，为了保证水桶质量，旭亨一直坚持用的是聚碳酸酯全新原料，没有一克回收原料，并且坚持派人驻场监督生产。近几年，随着对品质要求的进一步提升，公司亲自采购德国拜耳原料，委托桶厂生产，“一般小厂家的一个水桶成本为 10 元，旭亨的水桶成本就高达 30 元”。

“珍味美”弱碱水是高端产品，该产品能够增强人体免疫力的核心就在于其严格将弱碱度 pH 控制在 7.3 ～ 8.5 之间，因此制水过程复杂，成本也高出不少。2009 年 9 月 27 日，工作人员在进行成品检验时发现，一批产品 pH 是 7.1，距标准只差 0.2。

“马上全部倒掉！”杨艳玲下达了指令。

“太可惜了。偶尔一次，差得也不多，再说客户也未必喝得出来，算了吧。”有人这样建议。

“说实话，我比你们更心疼，但质量就是我们的生命，旭亨决不能拿生命赌博！”杨艳玲态度坚决。

质量过硬，同时服务一流。

“这么多年，旭亨一直对客户坚守着一个承诺，不管刮风下雨，60 分钟之内保证送到家，否则免费。”杨艳玲说。

承诺背后，是高素质的团队保障。旭亨在秦皇岛市内有近百家配送网点，配送车辆达几十台，有一支素质过硬、高度机动化的送水队伍，有专业清洗维修人员提供饮水机清洗、消毒、维修服务。

高效的团队非一日之功。不抛弃、不放弃，杨艳玲把公司每个员工都当成家人，把员工的家人当成自己的亲人，特别制定了 10 年奖励机制，奖励工作 10 年整的员工每人一根金条，感恩这 10 年来员工的付出与努力。公司还大力奖励孝善敬老、乐于助人的员工，每一年的年会她都要请全体员工一起吃个团圆饭，她还会亲自组织一台丰富多彩的演出节目与员工同乐，其中最具特色、最能引爆全场的往往就是杨艳玲一家亲自主演或参演的节目。

有人说旭亨公司有一多，就是公司元老多。在旭亨公司有一半的人都是老员工，工作 10 年以上的，有的甚至与公司同龄。“10 多年前我刚来秦皇岛时，也换过许多工作，直到加入绿之源，才算是站稳了脚步，从一个送水员做起，慢慢地晋升为片区经理，我家的新楼房都是自己一桶水、一桶水扛出来的。”公司的片区经理邓国富对公司充满了感激之情。与邓国富一样，很多人都是从旭亨起步，借助公司的平台一步一个脚印，自己慢慢做大做强，承包送水片区，晋升当经理，买车、买房，娶妻生子，与公司共同成长。

正是因为这样的执着，经过 18 年的摸爬滚打，旭亨饮品有限公司绿之源·珍味美水业才能形成集水处理设备研发、桶装水制造、小家电产品销售、配送物流为一体的大型专业化公司，拥有国内技术水平高、规模大的现代化桶装水生产基地，并连续 8 年成为秦皇岛市人大、政协两会指定饮用水，连续三届被评为“消费者信得过产品”，还曾蝉联两届行业先锋第一名，获得第十一届河北省运动会指定饮用水等多项殊荣，成为名副其实的区域行业龙头。

秦皇岛旭亨饮品有限公司全体员工在总经理杨艳玲的带动下，纷纷给青龙贫困儿童刘满全捐款

上善若水，水善利万物而不争

上善若水，静水流深。熟识杨艳玲的人都知道她不善言辞与交际，但却会悄悄地把每件事都做到实处。孝亲敬老，细心地照顾老人的生活；珍惜亲友，每遇节日或有困难时总会收到她的祝福与关心；关爱员工，每个遭遇病困的员工都会得到她无私地帮助与关爱；她也将更多的关爱撒向社会。中秋时节组织员工为山海关龙腾学校的孤儿们送去衣物、晾衣架、洗衣粉、毛巾袜子等生活用品，为孩子们献上精彩的表演陪他们一起过节。春节之际，带上单位党支部成员和志愿者到辖区老党员、五保户、困难户等 22 户家庭进行慰问，为他们送去万余元的米、面、油和慰问金，让他们过个温暖的大年。重阳节免费邀请海港区 30 多位社区的热心老人、孤寡老人、困难户登高游览祖山木兰小镇，赏国家地质公园秋景，品天然弱碱水……

"让居民在停水时第一时间喝上健康好水！"旭亨公司默默地承担起了城市应急供水的重任。2018 年 6 月 30 日，早上 6 点接到小区物业电话，因管道维修，文博城小区部分居民家停水，绿之源城市应急供水小组立即开展为文博城小区居民免费送桶装水行动。一天时间共计免费为居民送水 500 余桶，价值 1 万多元。2017 年 2

月 21 日因主管道维修，海港区海洋香都小区停水两天。绿之源城市应急供水服务队闻讯而动，两天时间免费送水 4000 余桶，价值 6 万余元。2016 年 12 月 19 日，秦皇半岛、翠堤湾等小区停水，再冷的天气也挡不住绿之源城市应急供水服务队的步伐。2016 年 5 月 10 日，建兴里、建安里、临河里、阳光百度城等 10 多个小区大面积停水……不管严寒还是酷暑，绿之源城市应急供水服务队自 2014 年成立至今已免费送出 4 万多桶水，价值 80 多万元。

甘愿做传播健康饮水理念的使者，旭亨公司与社区教育中心合作，将健康饮水公益课堂开到各个小区，让更多市民学习健康饮水知识。

2018 年 11 月 5 日，一辆满载欢声笑语的旅游大巴驶进旭亨公司位于柳江盆地祖山国家地质公园内的厂区，半天多的时间里，来自市区的 50 多名消费者参观了公司现代化的桶装水生产线，欣赏了水源地优美的自然风光，并体验了一堂“如何健康饮水”的互动主题讲座。

“天天喝水，今天才知道，原来健康饮水背后的知识这么多。”来自海港区的赵阿姨说。

“自 2013 年新基地投入使用以来，旭亨每年都要组织大大小小 100 多场次这样的体验活动，目的就是在消费者当中普及健康饮水的知识和理念。5 年的时间里，已累计组织了 30000 多人次。”杨艳玲介绍。

最近一段时间，杨艳玲一直在为一个公益项目奔忙。“全国健康饮水普及工程”直饮爱心水站是由中社社会工作发展基金会主办，中社健康饮水工程基金承办的一项大型公益项目，项目以“喝健康水，强中国龙，圆中国梦”为主题，致力解决社区农村健康饮水安全问题。旭亨公司承担了该项目中“好水献给至亲人”秦皇岛区域直饮水赠饮公益项目的落地。该项目为选取的农村及社区内的 70 岁（含 70 岁）以上老人、劳模、英模、烈属及 6 个月以下（含 6 个月）婴幼儿提供免费的健康直饮水，以此提高群众的健康水平和身体素质。

“我愿以自己的职业经验，做一名传播健康饮水理念的使者。虽然很累，但我觉得值！”杨艳玲说。

记者手记：

领跑者需要什么？

21 世纪初的秦皇岛桶装水市场，可谓烽烟四起，群雄争霸，不大的地方，竟然生存着五六十家大大小小的水厂。杨艳玲的旭亨，就是其中一员。

市场门槛低，带来经营主体的鱼龙混杂；市场监管缺位，导致行业标准的缺失；产品供大于求，自然导致竞争激烈。这些都需要依靠市场和政策调控的两只手合力来一个洗牌和规范淘汰的过程。在这一必然的过程中，如何让企业立于不败之地？杨艳玲的答案是——做市场的领跑者。

做领跑者，质量是根本。“水战”纷起、行业标准缺失，许多小厂家为了眼前利益“一把刷子、一根胶管、一只丝袜”就支起了小作坊时，杨艳玲却不惜投入，坚持抓最严的标准，用最好的水桶，找最好的水源。

做领跑者，服务是保障。近百家配送网点，几十台配送车辆，一支素质过硬、高度机动化的送水队伍随时待命，保证60分钟内送水到家，否则不收费。

做领跑者，创新是灵魂。创业之初，市场上流行纯净水，杨艳玲却“剑走偏锋”，选择更为营养健康的矿泉水作为“绿之源”的主打，紧接着为加快产品新陈代谢，又打造了能够增强人体免疫力的“珍味美”精品；稳坐行业龙头，衣食无忧，杨艳玲却不甘寂寞，响应市里全域旅游的号召，谋划着筹建“泉水茶田生态谷田园综合体”。

这或许就是杨艳玲的“水”故事给我们的启发。

中国红酒『摇篮』的守护人

河北地王集团董事长赵世辉

于军涛　李淑丽

河北地王集团董事长赵世辉

2018 年 11 月 1 日清晨，深秋的阳光穿透洁白的云朵照射在大地上，显得暖意融融。一大早，赵世辉就跨进了公司大门，像往常一样，他第一件事是来到公司一楼的陈列室，久久注视着展柜上的一瓶被岁月风霜染得十分陈旧的葡萄酒——北戴河牌赤霞珠干红葡萄酒，眼神里充盈着满满的爱意。

这是中国自己研发的第一瓶干红葡萄酒，诞生于改革开放之初的 1979 年，诞生在地王集团的前身——昌黎葡萄酒厂。

“如果说昌黎是中国干红葡萄酒的摇篮，那么，地王就是中国干红葡萄酒的根儿。”用手指轻轻拂去瓶体上的灰尘，赵世辉的脸上能清晰地看到一丝自豪，“改革开放 40 年，中国大地发生了翻天覆地的变化。干红葡萄酒在国内从自主研发到市场推广再到成长为蓬勃发展的产业，40 年的发展轨迹折射和见证了中国改革开放 40 年发展的印记。”

艰苦创业，小厂房里诞生中国第一瓶干红

1970 年，赵世辉从河北轻工学院食品专业毕业，进入家乡的国有企业——昌黎制酒厂成了一名普通工人。他做梦也不会想到，自己和自己所在的酒厂会受命研发中国第一瓶干红葡萄酒，自己所在的小县城会和中国葡萄酒产业的发展产生这么紧密的联系。

事情要从 20 世纪 70 年代中美外交的破冰之旅说起。

1972 年 1 月，坐落在美国加州纳帕谷的史莱姆堡酒庄庄主突然收到白宫的一个订单，限时将 13 箱葡萄酒送到特拉维斯空军基地。这是一座创建于 1862 年的酒庄，酒庄的主人不知道自己精心酿造的葡萄酒将会在什么地方被打开，更不知道是什么人来享用。

是年 2 月，美国总统尼克松访华。中美两国领导人的世纪握手吸引了全世界的目光，来自纳帕谷的美酒在北京人民大会堂宴会桌上被打开了。尽管我们以最好的茅台白酒相迎，尼克松总统来访还是自带了葡萄酒，这让中国政府意识到了中国干

河北地王集团董事长赵世辉珍藏着的中国第一瓶干红

型葡萄酒在中国经济和外交上的空缺。

很快，研制高档干型葡萄酒的议程被列入国家“七五”星火计划，并由国务院责成当时的轻工业部研制。

轻工业部中国食品发酵研究所高级工程师郭其昌受命出山。他先后考察了法国、西班牙等有红酒传统的欧洲国家，然后又在国内的新疆、甘肃、宁夏、山东、吉林等地进行考察比对，最后综合了土壤等地理环境和气候、昼夜温差、降雨量、无霜期、日照时间等自然因素后，期许的目光落在了昌黎。

就在中国改革开放元年的 1978 年，昌黎葡萄酒厂成了那个担负起国家任务的幸运儿。

在专家指导下，酒厂很快成立了 17 人的研制小组，分为葡萄基地组、设备制造组、化验分析组、发酵贮酒组、调配冷冻组。赵世辉被分到了化验分析组，由于这个小伙子年轻能干，又是食品专业科班出身，他深得专家的青睐。

既然是科研，就来不得半点马虎。按照研发要求，需要搜集整理出当地此前 15 年的气象数据。在那个信息技术极度落后的年代，这可不是一份轻松的活儿，许多人都不愿意接。

“我来吧！”赵世辉毛遂自荐。

“当时许多人都笑我傻。”赵世辉笑着回忆当年的情景，“首先遇到的麻烦是气象部门配合不积极。设身处地想想，十几年的资料堆满了大半间屋子，谁不嫌麻烦呀？没办法，我只能使出‘二皮脸’，该说好话说好话，该敬烟就敬烟。对方一看这小伙挺会来事儿，算了，能帮就帮一把吧。”

就这样，经过一个多月“钻故纸堆”的日子，最后，一套完备的气象资料摆在了专家的案头。

不光心细会来事儿，还得能吃苦。为了取得第一手土壤资料，赵世辉常常需要在基地深挖 1 到 3 米分层取样，七八十斤的土样装进面袋里，用自行车驮到火车站，再背到北京去化验。

“那段时间，手粗了，人瘦了，光布鞋就跑坏了好几双。”赵世辉感慨道。

为了加快研制进度，昌黎葡萄酒厂从法国进口一批赤霞珠葡萄，进行多方法、多工艺小型试验，最后选定采用热浸体转动发酵工艺。历经上万次酵母培育实验，产品出来后，经专家品评，从色香味到各种指标均能达到国际水平。

“1979 年，经过艰苦创业，我们终于掌握了干型葡萄酒的技术，一举填补了国内空白！”40 年前那个激动人心的时刻，赵世辉终生难忘！

成功的喜悦给了人们极大的鼓舞。此后，昌黎和中国葡萄酒产业的发展进入了快车道。

1980 年，昌黎葡萄酒厂从法国引进赤霞珠、品丽珠、蛇龙珠、佳里酿、霞多丽、雷司令等 27 个酿酒葡萄品种，分别在施各庄公社、十里铺公社等 11 个村种植了 1.6 万亩酒葡萄。

1982 年，轻工业部为昌黎葡萄酒厂拨款 317 万元用于新建干红车间和设备制造。

1983 年昌黎葡萄酒厂用昌黎的酒葡萄、用自制设备生产出中国第一瓶干红——北戴河牌赤霞珠干红葡萄酒，成为中国民族工业又一个里程碑。该产品 1984 年荣获国家金奖，1988 年在法国布鲁塞尔荣获国际金奖。

为了不断提高干红葡萄酒的品质，1988 年 8 月，昌黎葡萄酒厂与法国鹏力公司、中国粮油进出口公司合资组建了华夏葡萄酿酒有限公司，从此中国第一家中外合资专业生产干红葡萄酒的企业诞生。

勇闯市场，昌黎红酒红遍大江南北

1984 年，正当这个中国红酒产业第一批创业团队准备撸起袖子大干一场的时候，一场退酒风波给了他们当头一棒。

这一年，酒厂发往深圳的一个 5 吨集装箱的红酒被要求全部退货。

为啥？

因为这玩意儿又酸又涩，没人爱喝。

是不是生产的红酒不达标？

可经专家品评和指标化验，产品的色香味及各种指标均能达到国际水平。

经过市场调研才发现，多年喝惯了白酒的中国人，对这个西方洋玩意酸涩的口感根本接受不了。

“改革开放最前沿的深圳尚且如此，其他地方的市场接受起来就更难了！”

是抱着技术和荣耀躺在摇篮里睡觉，还是勇往直前开拓荒芜空白的市场？

“干！就是荒地，我们也要犁出一条沟！”赵世辉和几个当时的厂领导一商量，想法出奇地一致，“为了研发这个第一瓶，国家投入了这么大的精力财力，干不出个模样来对得起谁？”

一番细致的市场分析后，厂里决定先从大城市的涉外饭店、星级宾馆和高校院所等外国人相对集中的地方突破，一步步打开市场。

赵世辉带着他们的“市场开发突击队员”们出发了。可没想到，一出手又遇到了麻烦。

身穿裤衩背心，推一辆自行车，这可能是 20 世纪 80 年代中国农民的标准打扮，可正是因为这身随意的打扮，他们常常被北京的星级酒店拒之门外。“行头不像样，连门都进不了。看来要想打开市场，不投入点不行啊！”赵世辉他们一合计，一狠心，东挪西凑的，花 1.2 万元买了一辆好儿手的旧雪铁龙轿车。

“这辆车老旧到什么程度呢？车架子晃晃悠悠，咯吱咯吱作响，根本跑不了远路，也就是到涉外饭店门口当一下敲门砖，充一下门面。”赵世辉笑着自嘲。

“在当时一穷二白的条件下推广中国第一瓶干红，那种难处不是某一方面的难，而是全方位的难！”回忆起当时开拓市场的艰辛，赵世辉至今仍记忆犹新。以当时的条件，红酒瓶国内生产不了，他们用的瓶子都是从北京的酒店里一家一家收来的。一瓶酒 8 元钱推销出去，瓶子还要想办法收回来。

国内没有密封红酒的橡木塞，需要从美国进口，然后再从香港转运到大陆。那时候进口商品还需要外汇券，由于需求量大，赵世辉就到处托朋友“倒券”，有一段时间因为“行为异常”，他一度受到县纪检部门的调查。

在这种大胆闯、大胆试的改革精神下，市场渐渐有了起色。真是败也深圳，成也深圳。到了 1996 年，这个全国改革开放最前沿城市的娱乐场所逐渐兴起了一阵喝红酒的热潮。为了调和口感，当时时尚潮流的喝法是红酒加雪碧，或者红酒加可乐。

“干红和普通果酒的核心工艺区别就是脱糖，这一闹，好好的红酒跟甜酒也就没有区别了。”谈到中国第一瓶干红以这样一种方式被市场接受，赵世辉无奈地呵呵一笑。

但变化总比不变强。从那之后，敏感的赵世辉发现，人们对红酒的接受程度经历了一个翻天覆地的变化，直到今天，品红酒已然代表一种健康、高品质的生活方式。

市场是最准的风向标，市场是最好的晴雨表。随着中国第一瓶干红葡萄酒在中华大地大江南北打开市场销路，新疆、甘肃、宁夏、山东等十几家酒厂先后到昌黎考察学习。靠着地王集团的对外技术转让和人才输出，如今，秦皇岛地区新建了几十家、全国转型了 500 多家干红葡萄酒厂。

昌黎如同一只会扇动翅膀的蝴蝶，带动了整个中国干红葡萄酒产业的迅速起飞。

传承赓续，让中国红酒的“根儿”成为地王发展的“魂儿”

地王集团厂区北部有一片老旧厂房，在周边新楼的衬托下特别显眼。这里就是 1979 年诞生中国第一瓶自主研发的干红葡萄酒的地方。

高大的水泥储酒罐、依旧散发着酒香的发旧木桶、布满蛛网的屋顶，7000平方米的厂房里，集纳了从破碎、发酵到储酒、包装的红酒加工的所有流程，这里的每一件老物件，无不诉说着当年的辉煌。

行走过70多个国家的赵世辉，在人们盲目拆建的热潮中保持着清醒的头脑。老厂区原封不动地保留了散发着创新精神的中国第一瓶干红诞生地，为民族工业奋斗史留下了可以触摸的宝贵遗存。

2018年11月1日下午，陪同记者参观的赵世辉一边如数家珍地介绍，一边不断重复着一句话："这里就是中国红酒的'根儿'，这里也是地王发展的'魂儿'！"

的确，如果说昌黎和地王集团是中国干红葡萄酒诞生的摇篮，恐怕没有人反对。20世纪末和21世纪初，随着市场经济大潮的展开，地王不断向全国红酒产业转让技术和输出人才，至今已有50多名工程技术人员到全国各地的酒厂任总工和副总以上管理人员。

就是在昌黎，蓬勃发展的葡萄酒产业也和地王有着千丝万缕的关系。在当地，业内排名第一的"华夏"是由地王的一个生产车间发展起来的；"茅台"葡萄酒厂就建在当年地王在后营村的酒葡萄种植基地上。

地王有着辉煌的过去，同时也在谋划着美好的未来。

2003年8月31日，积极响应国家关于国有企业进行产权制度改革的号召，地王集团成功改制，赵世辉成为这家民营企业的当家人。

"地王人酿造了琼浆玉液，却不在酒香中沉眠！7000平方米的老厂房就是会说话的文物，就是沉睡的历史，这么多年白白放着，太可惜了。"赵世辉说，"借秦皇岛大力建设国际化旅游城市的大好契机，把当年研发第一瓶干红的精神传承下去，让游客在参观体验的过程中了解那段历史，了解红酒文化，了解昌黎。"乘着中国全面深化改革的东风，赵世辉决心带领地王再创红酒业的辉煌。

记者手记：

因为热爱，所以坚守

赵世辉绝对算得上中国葡萄酒界的"老江湖"。

从1970年一脚踏进昌黎葡萄酒厂的大门，他一辈子就没有离开过葡萄酒行业。近50年过去了，当初同他一起工作的伙计，现在只有他一个还在一线工作。

从一定程度上讲，红酒产业的发展史，就是一个国家经济、社会生活发展水准的缩影！

促使中国自主研发干红的那段外交轶事，深深地刻进了赵世辉的脑海里。人生最美好的韶华投给了中国干红的研发和市场推广事业，他对这个产业怀着浓浓的深情。因为热爱，为了整理完整的气象资料，他在资料堆里脑袋一扎就是一个多月；因为热爱，常年背着七八十斤的土样往返于北京和昌黎之间；因为热爱，他一次次“厚着脸皮”敲开星级酒店的大门；因为热爱，当2010年轰动全国的“红酒事件”给行业带来沉重打击、不少红酒企业悄然退出时，他选择了继续坚守……

赵世辉的坚守，在红酒行业成为了一个传奇式的存在。他有5个国家级评委、专家头衔。1986年第一次进行国家级评酒师评定，一连7天的考试，全国只有9人幸运过关，赵世辉名列其中。获取这些头衔并非一劳永逸，要每5年再考一次，连续考过3次，才有资格考取国家级评酒委员会专家。获得专家资格还要每5年考一次，这样又连续考了4次，前后历时35年。正是凭着一身硬功夫，他数次站到了世界红酒的原点——法国的讲台上，讲述中国人对酿造葡萄酒的见解，讲述中国人改革创新、自强不息的故事。

热爱和坚守成就了地王传奇，也成就了中国干红产业。然而，近年来，随着整个中国干红葡萄酒产业的迅速起飞，这个业内坚守了40多年、如今已年逾花甲的“老江湖”也面临着种种新困惑和新挑战。事业发展如逆水行舟，不进则退，采访中这位老人数次表达了这样的焦虑，最终，话题一次次聚焦在创新上。

“地王曾经是中国红酒的‘根儿’，在新时代全面深化改革的背景下，解放思想，地王也一定能成为中国红酒创新和高质量发展的‘魂儿’！”

我们祝福并期待地王在新时代续写出新的辉煌和传奇！

为创业者孵化『梦想』

北岛博智科技孵化器创始人刘家瑞

于军涛 李淑丽 孙文志

北岛博智科技孵化器创始人刘家瑞

刘家瑞喜欢别人叫他“老刘”，老刘大概是这座城市里最特别的一个图书管理员了。

他 49 岁创建北岛博智科技孵化器，短短三年跻身国内三甲，堪称“神迹”。

事业攀上高峰，他却急流勇退，把企业交给羽翼已丰的年轻人。自己安心当起图书管理员，读书品茗，不亦快哉。

图书室名曰“云尚书院”。时有老友新人无约而至，围炉夜话，不计长短。

一杯淡茶，温润之中，仍有风云激荡。

创业之初，孵化器还是个新鲜事

孵化器最早起源于美国，也被称为高新技术创业服务中心，主要功能是为创办科技型中小企业提供物理空间、基础设施和一系列相关服务，降低创业风险和创业成本，提高创业成功率，促进科技成果转化，培育新型企业，培养成功企业家。

北岛博智是河北省第一家由社会资本创建的孵化器，当时在很多人眼里是件新鲜事。

得有多新鲜？去注册时，就“孵化器”三个字还出现过笑话。当时人们对这一业态还不是很了解。北岛博智落户在秦皇岛经济技术开发区，“不仅因为这里是我们的家乡，还因为这里产业密集，交通便利，适合科技创新型企业发展”。

老刘和两个留学生在开发区科技大厦里借了 75 平方米，刚起步当然不易，工资都得欠着，老刘就给两个年轻人“画饼”：看这大楼，明年就都是入孵企业了，“谁能信啊，都觉得我是老年痴呆症前兆”。

但这饼，真就画成了。

2015 年，国家出台政策鼓励大众创业、万众创新。“赶上好时候了！”老刘一个“老头儿”带着俩“小孩儿”，加足马力干。

2015 年 1 月，北岛博智正式运营；3 月，第一批项目入驻；8 月，第一笔投资引入。看着 11 层的科技大厦用了三分之二，两个年轻人这才信了老刘当时的话。

“孵化器是经济发展到一定程度的产业业态，一种经济现象，就像一个煎饼果子摊、理发摊，并不神秘。哪个城市转型成功，实体经济发展好，就催生孵化器的出现。”老刘心中的孵化器，不是场地，不是空间，不是中介，不是平台，不是教技能的培训机构，而是一个有血有肉，有阳光、水分、空气，适合企业生长，人为设置的完全市场化的生态环境；是一所学校，给予的是滋养。

“孵化器不应该只扮演‘二房东’，收租金这些事情是物业公司做的。孵化器要有自己的责任担当，一切为项目服务。”如何避免走“二房东”的老路？老刘抓住两条：保障为创业者提供各种服务；主动参与创业投资，与创业者形成利益共享、风险共担的紧密合作关系。

北岛博智实行政策、法务、财务、商务的“四统一”管理模式，让初创企业共享服务，降低管理成本。引进国际最好的会计师事务所、律师事务所和投资融资机构、管理咨询服务机构、技术人才培训机构等各类专业服务机构，为企业提供“全方位、系列化、一站式”优质服务。以不超过 20% 的比例投资参股项目运营，与企业签订《对赌协议》，风险共担。既让企业吃了定心丸，又促使孵化器不断发展壮大。

老刘对于每个投资项目至少要考察半年。“投资投得不是项目，是团队和人。我们对项目的考察标准，除了技术创新，还要看创业者是不是把自己的身家也投入了，能不能一起玩命；是不是有独立的知识产权、技术产权；技术服务是否经过市场检验？最基础的保证，就是一个完整的、靠谱的团队。”

先进的模式很快吸引了海外归来的留学生、怀揣发明专利的技术专家、带着项目的市场经理……北岛博智当年就引进孵化企业 100 多家，产值达到 5.6 亿元。这个数字，让老刘都“没想到”。

全方位服务，新模式带来跨越发展

“孵化器虽然是舶来品，但也要本土化，要符合国情，符合实际。对于孵化器内企业的管理是个学问。卡得过死，没发展空间；不严格管理，怕企业把投资乱花了。”老刘形容，就像放风筝一样，既要拽线，又不能太紧。

“设身处地为创业者着想，为他们服务，为他们献计献策，才是孵化器成长壮大的根本。”对于入孵企业，北岛博智立足于服务实体经济，帮企业寻找技术与市场的连接点。经过对技术含量、应用前景、市场化运作的深度评估，一经选定项目，便会从场地、资金、生产到市场进行全方位孵化。缺场地找政府协调，缺资金找风投介入，缺市场找企业对接…… 项目从落地到运营一盯到底，为企业提供全方位服务。

“ 孵化＋投资＋市场”，全新的“5.0 版”孵化器模式在北岛博智诞生。

有一家机器人公司是第一批入驻企业，主营德国高精度码垛机器人，老刘觉得项目非常适合秦皇岛改造传统产业、加速转型升级，于是将其引入。

由于产品采用进口材料制造，成本高，价格高，初期公司面临市场困境。北岛博智提出合理化建议，帮助公司改进产品设计方案，增加产品功能，降低生产成本，同时积极寻找市场，帮助公司的产品在骊骅淀粉等公司投入使用，企业发展迎来生机。

在选择项目时，北岛博智还会有意识地选择一些关联度强的项目，使企业之间形成互相依存、互为上下游的生态型产业链条。“你的原材料可以用在我的产品里，我的产品可以用于他的设备。”

智隆网络从事工业物联网技术研究与推广。北岛博智投资后，有相当一批入孵企业将生产方案交给智隆网络来设计。通过大数据等全新分析手段，智隆网络先后为海尔等多家企业制定了生产信息化改造方案。入孵第二年，销售额达到上一年的 22 倍。

“如果没有北岛博智的引领，我们不可能实现这么大的跨越。”在智隆网络总经理王志心目中，老刘不仅是创业导师，更像一个坐诊大夫，能发现问题，药到病除。

每周六上午，在“北岛相对论”论坛上，创业者和企业家们都会围绕项目投资、企业经营、市场竞争和市场变化，进行充分地“思想碰撞”。

“让创业者走进思想风暴，共享经验和教训，是将孵化器功能引向深层次的关键。”北岛博智有一个愿望：用新思想新观念武装新一代创业者，把西方新理念与东方文化相融合，赋予北岛博智新的内涵。

他们积极为创业者和企业家创造沟通交流机会，定期举办论坛，建立“云尚书院”“北岛咖啡”“太古下午茶”“创客空间”。尤其是“云尚书院”，已经成了各项活动和“头脑风暴”的中心。

全方位服务和创新模式带来跨越式发展。2016 年，北岛博智产值 16 亿元，在全国排名前十，5 家企业进入了全国双创百强。2017 年，北岛博智产值达到 37 亿元。2018 年，项目质量和发展依旧稳步提升。

现在，北岛博智是河北省唯一同时获得国家级孵化基地和国家级中小微创业基地称号的孵化器，并已走出秦皇岛，在杭州、深圳等 7 个城市创建了孵化器。“孵化＋投资＋市场”的北岛博智“5.0 版”孵化器模式列入国家新商业模式案例。

2018 年 2 月 14 日，北岛博智作为中国杰出企业代表登上美国纽约时代广场的纳斯达克大屏，在“世界十字路口”向全球华人拜年，成为中国荣耀。

对于一个地处“小城”的孵化器来说，这样的成就令人惊讶。

急流勇退，把舞台交给年轻人

“商品成为货币是完成了惊险的一跳！要跳过去的是什么？无疑是深渊，是不可预知的风险。”老刘常提到这句话。

“没有天上掉馅饼的事。我们必须要承担几倍于收入的风险和压力，每时每刻有如履薄冰的煎熬和恐惧。”老刘教导公司的年轻人，“成功失败就是一刹那。成功秘诀就是一个，得吃辛苦。必须比经营者还努力，才能收获可能的收益。”

“笼鸡有食汤锅近，野鹤无粮天地宽。”“乍富不知新受用，乍贫难改旧家风。”在“云尚书院”的墙上挂着这样两句古训。

“小树得剪枝，不然长不大。”这两句话一看就能懂，时刻用来提醒年轻人努力。孵化器的创业者们目前平均年龄 32 岁，年轻人是企业的未来，必须要苦其心志，方能成器。

除夕、初一和中秋节，每年只休息 3 天，晚上几点走没准，有的人只好把行李放到汽车里，随时准备加班加点不回家。这样的节奏，对于很多人来说很残酷。这几年，有的年轻人受不了离开，有的人冷静之后还是割舍不下，又回来。

“没有良好的土壤、阳光、空气，能健康成长吗？”感恩，是北岛博智要求年轻人一定要学会的：感恩时代，感恩领导和创业者的支持。

北岛博智成立不久，市委书记孟祥伟就亲自来调研，还定下规矩：市委四大班子每星期要有一个领导来现场办公，支持孵化器发展。北岛博智的创业者透露，孟书记每季度都会来这里开企业家座谈会，张瑞书市长每月至少也要来一次。

“这种重视程度，恐怕在全国其他地方都没有。”大家都充分认识到，一个强有力的、对创新创业理解、支持、宽容的领导团队，就是城市的核心竞争力。“一开始只是想在秦皇岛试试，打造成型的模板就去大城市发展。但市、区领导的态度感动了我们，让我们决定把根就扎在这里。”

“那些创业者里有老人、年轻人，有父子、夫妻，好多人都是我的榜样，每天我都被他们的故事鼓舞。有这么好的创业者支持，我们没有理由不做好服务。”花费上千万的资金，北岛博智为创业者们建设了几千平方米的公共实验室和两千多平方米的公共图书室。

“不能把责任忘了，就知道挣钱。我们能做点事，为什么不做？这就是良心，一个创业者的良心。”这几年，北岛博智在青龙扶贫、投资项目，经常参与各种爱心捐赠活动，“要把正能量辐射出去，给时代、给周围的人带来温暖”。

眼见得年轻人经过磨炼羽翼渐丰。2018 年 3 月，老刘令人惊讶地宣布“退隐江湖”，而且不幕后、不“垂帘听政”，交给 3 个年轻人。而他就在“云尚书院”做个管理员，与钟爱的书籍为伴。

“年轻人对项目、对互联网的理解，对事务的敏感性，已经超过了我。”他用一句玩笑话形容，“就好像在舞台上，唱一首歌，大家给了你掌声，也在等下一个歌手出场，你还总在台上干吗？”

“我有退休工资，够用了，我的爱好就是读书。当个图书管理员，天天读书喝茶，和年轻人聊聊天，很快乐。”他依然穿着 10 多年前的牛仔衬衫、宽松的棉布裤、刷得发白的旧球鞋，用着早该淘汰的旧手机，住着 80 多平方米的老房子。“我不觉得露怯，见大佬、出国都这样穿。人的强大在于内心，不在于别人怎么看你。”

“你看外面路上跑的那些车，能数得过来吗？实际上只有两辆，为名而来，为利而去，看淡了，就没有什么放不下的。”老刘说，企业家和商人的区别在于，商人以挣钱为目的，企业家以做事为目的，挣着钱是结果。企业家不是钞票摞起来的，是为社会做的事摞起来的。最近，他还在联系为家乡引进产业项目，建立基金，因为“即便我从孵化器退了，为城市的贡献退不了”。

这个特别的图书管理员心里是快乐的。因为他觉得自己“算是为时代做了点事”。

记者手记：

痴于梦想，淡于功名

“事了拂衣去，深藏身与名。”坐在北岛博智偌大的图书馆里，眼前这个特殊的图书管理员，让记者想起了这句古诗。

在一座小城市，用短短3年时间，让一个名不见经传的孵化器实现不可思议的“三级跳”，跻身国内前列，实属不易。不管对于企业自身的发展、众多创业者的圆梦，还是对于一座城市的科技创新、转型升级，老刘的功劳都毋庸置疑。但为了让企业按照更好的方式发展，他豁然放下功名利禄，不患得失。

勇于创新，高瞻远瞩，这是一个企业家的眼界；胸怀大局，急流勇退，这是一个企业家的格局。社会的发展、改革的深入需要这样的中坚力量，需要这样的眼界和格局去引领变革。

北岛博智和老刘的成功，证明着改革开放40年来港城人在思想理念和实践能力上的与时俱进。他们不再拘泥于眼前的一亩三分地，深谙创新才有出路，对标国际一流，把眼光放得长远再长远，把行动做得务实再务实。这种进步，是改革的收获和未来。

可以肯定的是，老刘不会甘心做个空抱一身绝学的“扫地僧”。就像他所说的：为城市的贡献，不会退。

设计旅游　创造快乐

海燕国际旅行社有限公司董事长杨立平

于军涛　李淑丽　卢纪锋

海燕国际旅行社有限公司董事长杨立平

在秦皇岛，提起“海燕”，恐怕没几个人不知道。杨立平这个名字，也在不同场合听人提起多次。但是关于他的创业故事，之前却好像从未在媒体上见到，虽然他和很多媒体人都很熟。于是感觉里，这是一个低调做事的人。

见面的下午，边喝咖啡边聊，天南海北，不知不觉就过了 4 个小时。当时的感觉，他是一个见多识广但不张扬的人。

回来琢磨着怎么写这个人，一时感觉有些庞杂，不知从何落笔。想起临走前他拿给我们的小册子《海燕 20 年——从“心”开始》，便拿出来翻看。这一翻，很是惊讶，惊讶于“海燕”员工的文笔，更惊讶于蕴藏在这文笔之后的创造力、凝聚力和吸引力。

那是 6 年前的小册子，“海燕”到今天已经飞翔了 26 年。是什么让“海燕”越飞越高，越飞前景越广阔？忍不住一篇篇细读。读完，对这个人更多了几分好奇——他究竟有什么样的魅力，能把这么多厉害角色收于麾下？

“31 年，我只做了一件事：旅游。”

“我喜欢为别人设计旅游，既要省钱、舒心，又要与众不同。”

“做旅游的人制造美丽的相遇，为别人创造快乐，总是心生美好，传递爱心。”

在言谈话语间，我们重回时光隧道，找寻时代的气质与人的故事。

危机，为创新打开机遇之门

1990 年，海港区海浪花市场门前摆出了一张桌子，桌子上摆着一张由五花八门的照片、各种风光剪贴报组成的剪贴板，剪贴板旁边的一张纸上用毛笔写着五个大字“华东五市游”。这是秦皇岛第一个“华东五市”旅行团收客的场景。

将近 30 年前的中国，大多数人还没有自费旅游的概念，大多是利用公务出差的机会，爬一爬黄山或游一游长江。所以杨立平和同事 20 天摆地摊式的守株待兔，加上个别盯到家里重点做工作，最后能有 19 个人、每人花 300 多元组团成行，已经算是空前的胜利。

今天的“海燕”一天发多少团，杨立平几乎已经没有概念，只知道每天都是几百、几千人在往外走。

从没有旅游的概念，到全民旅游的浪潮迎面扑来，改革开放让中国人从温饱进入到小康，旅游似乎再不愁没有市场。但市场风云变幻，历史从来不会那么简单。

改革开放以来，中国经历了等市场、找市场和创造市场的过程。在这个过程中，谁先创造市场，谁就能把未来掌握在手中。

杨立平恰恰是一个能不断创造市场的人。作为一个创新者，他似乎总能幸运地站在跨界交融之处。在他眼里，最具挑战的是站在危险与机会的交界点，在危机中发现机遇，正所谓“危中有机”。

2003 年，“非典”袭来，整个旅游行业在春天里经历了寒冬。2003 年 4 月 20 日，秦皇岛市旅游局下令停止一切组接团业务，“海燕”员工放假，每月发放 300 元的最低生活补助。

当年的 6 月初，“海燕”联合秦皇岛市十大景区，在秦皇岛市政府启动的“秦皇岛人游秦皇岛”活动中，首次推出“十大景区通票”。市民在人民广场排长队购买，最后不得不动用警察维持秩序。此举被中国旅行社誉为“危机中抓住机遇的典型范例”。这一营销模式至今仍在被模仿，“秦皇岛旅游一卡通”已涵盖 30 多家景区。

“非典”期间，“海燕”几个不甘寂寞的年轻人继续从 3 月份开始的网站建设，戴着大口罩，骑着自行车，每日往来于单位和编程人员的工作室，上传图片，编辑文字。“非典”解禁，网站（秦皇岛旅游网）运营，可以网上交易、网上订房、网上订团。长长的订单让第一次触网的海燕名利双收（网站被誉为河北省优秀旅游网站和秦皇岛四大网站之一），更为今后它与网络科技的进一步亲密接触埋下了伏笔。

今天的杨立平回想起来，他每一次事业上取得的重大突破，都与时代的重大事件相连：2003 年的“非典”，2008 年的北京奥运会，2010 年的上海世界博览会……先是危机让他认识到一些事物的重要性，譬如说票务，有所把握，而后当机遇期来临，他便以大手笔运作。

危机更能激发他的灵感。来来去去的言语间，能够感觉到，杨立平是一个偏感性的人，他对自己的直觉、灵感和判断力充满信心。

而“海燕”所创造的一个又一个秦皇岛第一，也恰恰在不断印证着这种自信：

1996 年，第一个开辟俄罗斯入境游市场，既是秦皇岛“俄游”市场的开拓者、领舞者，又是北戴河“俄团”接待模式的创建者；

1999 年，第一个用大批量、高密度的旅游专列打开河南客源市场；

2003 年，“非典”过后，第一个启动市场，第一个联合十大景区发行通票，第一个尝试电子商务，第一个组织港澳专列；

2010 年，杨立平接待哈雷摩托长城骑行活动

2004 年，引进第一架俄罗斯包机飞入秦皇岛；

2008 年，第一个运作奥运观礼大型旅游专列；

2013 年，在淘宝网开通华北地区第一家旅游店铺；

……

发展，是创新坚实的基础

2013 年，对于旅游行业来说，似乎是又一个寒冬来临——因公团队急剧减少。在又一次的危机面前，“海燕”快速转型。

明天，
踏入智慧之年。
我们是英雄好汉，
我们要越上智慧之巅，
未来很远，也不是一马平川，
可我们是一团奋进的海燕，
裹着狂风，带着雷电，在天地间奔腾，
我们一直向前，向前！
今天是今年喜忧参半的驿站，
明天是明年跨越的起点！
2013，海燕要凤凰涅槃！

这是杨立平在 2013 年创作的一首诗。

2013 年，“海燕”再度触网，这次它给自己插上了网络科技的翅膀，实现了腾飞。从淘宝网店铺、去哪儿网店铺的试水，到利用“智游宝”的先进技术和全国分销功能，创建“来吧·秦皇岛”线上平台，再到携程、同程、驴妈妈、美团等大型电商开始分销“来吧·秦皇岛”线上产品，将线上客流导到线下，“海燕”在互联网 + 旅游、线上 + 线下的完美结合中，走出一条独特的智慧旅游之路。

从“来吧·秦皇岛”“来吧·河北”到“来吧·中国”，“海燕”利用自己了解、掌握本地旅游资源的优势，致力于服务地方旅游的“最后一千米”，一方面不断拓展扩大区域旅游平台，布局全国，另一方面不断将“地方部队”引领到旅游平台上，引领秦皇岛地区的旅游市场提前进入电商时代。

“2017 年，‘海燕’传统组团业务营业收入是 5900 多万元，智慧旅游营业收入 3700 多万元。2018 年，智慧旅游的业务将首次超越传统组团业务。”杨立平低调而自信。

为什么“海燕”总能站在市场的前沿？

“创新是‘海燕’的活力之源。”杨立平自己总结。

“大头，又‘聪明绝顶’，他总是一拍脑袋就冒出很多稀奇古怪的新点子，于是，‘海燕’总是站在市场前沿。”这是海燕员工对他们的“杨老大”的评价。

创新变革从来不是一天两天的事情，发展演变是创新变革的基础。在美国硅谷计算机历史博物馆门口左边的墙上，写着这样一个单词“R|Evolution”，竖线分开R、E 两个字母，Revolution 是变革，Evolution 则是发展演变。

当我们看了前面那么多“海燕”所引领的创新变革之后，难免会对它竖线之后的 Evolution 产生好奇，也许创新变革的密码就潜藏其中：

1992 年，3 个年轻人租了 1 间办公室，借了 1 部电话，3000 元起步，组建了海燕旅行社；

1996 年，“海燕”开辟俄罗斯入境旅游市场，成为可以接待入境游的二类旅行社，以年营业收入 1600 万元成为秦皇岛旅行社的“龙头老大”；

2002 年，“海燕”22 人参加股份制改造，成为当时全国 528 家出国游组团社之一；

2008 年，“海燕”迁入广场西路新址，硬件条件达到河北省领先水平；

2012 年，“海燕”年营业收入突破 8000 万元；

……

重要节点的勾勒，划出“海燕”发展演变的重点，却难免令人有些失望，因为看不到创新变革的源泉。

生活，是创新真正的源泉

生活，才是创新真正的源泉，它来源于创新者的个性及其所处的生活氛围。

“一个脑门锃亮、头发稀疏、年近五十的小老头儿，尽管公司门前停满了他员工的私家车，他自己却经常在需要给年轻员工随喜钱时，把所有的口袋翻个底朝天，也找不出几张红票子。”

“2000 年到‘海燕’实习的时候，‘海燕’已经号称龙头老大了，但那时杨总开的还是个挺破的捷达。还记得他带我和同学吕佳去绥中，为一台湾地接团踩点儿，天热儿，车开了锅。在这之前，他正兴致勃勃地讲着车的光辉历程。据说，再早几年，破捷达也没有的时候，他是骑着二八‘永久’车去火车站接回团的导游。”

“第一次跟‘海燕’有交集，第一次见到杨总，是1999年我大二的时候，‘海燕’和凯华寻呼台、日报社合作，搞‘骑自行车游祖山’大赛，那时的‘海燕’，好像已经不满足于做传统团队。”

身边人的印象与回忆，为我们还原出一个鲜活、个性的杨立平，但离问题的答案还有距离。

好在传主本人曾在自己的内心深处寻找那驱动力：

1992年6月，“海燕”成立，9月女儿降生。女儿是我生命的延续，而“海燕”是我的生命。

我在旅游行业工作了31年，几乎每一天都在“旅游”。尤其从创办“海燕”开始，20多年的专注，近乎痴迷。

30多年如一日地去做一件事，不仅仅是喜欢，思索中，我知道，骨子里种下了美好的种子，职业和心灵完美地契合。

往内心深处找，终于，我找到了答案。

医生是个好职业，每天面对的是病苦；警察是好职业，每天面对的是罪恶。旅游人呢？心生美好，爱心传递，每一天面对的都是阳光，都是积极向上。我把它称之为“旅游人的本质”。

旅游人的心生美好在于为别人创造快乐。采访中，印象很深的是杨立平说：“我喜欢为别人设计旅游，让别人从中得到快乐。”而比这更有说服力的是员工讲述的他“由人及狗”介绍对象的趣事：当年“杨老大”初入社会，和热情单纯、上学时是女体委的学妹联合给人介绍对象，男方为他同学，女方为她同事，居然促成四对，第五对没成。为了完成既定目标，达到百分百的成功率，他们自己成了。这介绍对象的热情至今未减。前不久，办公室隔壁公寓的女主人来敲我们屋门：“杨总没在吗？他说给‘小黑’介绍对象来的。”我和丽主任对视一眼，故作平淡地说：“没。”而后，待人走远，爆笑。他天天忙得我们都见不着人影，居然还给狗介绍对象！可是后来据说居然成了，且育有6只天天追人撒欢的小“边牧”（边境牧羊犬）。

一个总是想着给别人制造快乐的人，怎么会没有魅力，又怎么会缺乏追随者？一个总是想着给别人创造快乐的人，又怎么会缺乏创新前行的动力？

视之如命、做到极致的执着，把握大势、顺势而为的先知先觉；职业和生活、和心灵、和生命融合，融入骨髓，成为习惯；热心、细心、耐心，扎实、诚信、品质，随时随地为您构筑一个家，伴您走天涯……当所有这些凝结成“海燕”，它注定会成为海边的精灵，注定会不断创造历史。

记者手记：

创新，助力“海燕”越飞越高

改革开放40年，当我们回望一个个成功企业家的创业历程时，一个共同的关键词就是——创新。

创新无止境！“苟日新，日日新，又日新。”

新一轮的改革开放呼唤新时代的企业家精神。何谓企业家精神？进取意识、工匠精神、国际视野、爱国情怀都是应有之义，此外，少不了创新能力。

虽然“海燕”在一天天长大，即将达到亿元的体量，但是杨立平对自己并不满意，他更想做一个“旅游工匠”，将深度体验与当地文化结合起来，打造出本土的精品旅游品牌。“小而精，小而美，经典小吃、经典民宿、经典行程，让人不得不吃，不得不住，不得不来。”

“不得不”，这是杨立平对自己和“海燕”提出的更高要求。十年树企业，百年树品牌，希望在未来的日子里，杨立平和“海燕”人能以一种更加专业的“旅游工匠”精神，打造“百年海燕”，让“海燕”这只属于辽阔大海的宠儿飞得更高。

后　记

2018 年是新中国改革开放 40 年。40 年来，作为我国首批沿海开放城市，秦皇岛市非公有制经济（民营经济）得到长足发展，增加值已占全市经济总量的将近三分之二。在这样的时代坐标和历史背景下，民营企业家如同经济发展星空里耀眼的群星，熠熠生辉。

2018 年，这是一个值得纪念的重要节点。

这年 5 月，秦皇岛市工商联、河北日报报业集团秦皇岛分社和燕赵都市报·冀东版共同发起了“纪念改革开放 40 年·走近新时代港城民营先锋”大型报道活动。在活动中，主办方充分发挥河北日报报业集团旗下全媒体资源优势，将报道的镜头对准了港城 40 位杰出的民营企业家代表。

这是一个值得尊敬、值得书写的群体。

40 位民营企业家是港城改革开放的参与者、见证者和受益者，同时也是建设“沿海强市、美丽港城和国际化城市”的生力军。讲好他们的故事，弘扬他们的精神，展示他们的风采，既给改革开放 40 年献礼，也为港城改革再出发汇聚起激情澎湃的动力。

40 位民营企业家的创业故事通过河北日报报业集团“报、网、端、微”全媒体平台刊播后，港城一时间掀起了“向民营企业家学习，为民营企业发展助力加油”的良好社会氛围。

新闻是昨天的历史，著述是恒久的咏志。“言之不足，歌之；歌之不足，舞之蹈之。”为了向这个群体表达我们更深的敬意，河北日报报业集团将 40 位民营企业家的故事结集付梓，意在让更多的人了解他们的创业故事，学习他们的创业精神，凝聚起全社会支持民营经济发展的合力。

在此，谨向为此次采访活动顺利开展提供大力帮助的社会各界人士表示衷心谢意！

《奋斗者之歌——庆祝改革开放 40 年·秦皇岛
民营企业家的创业故事》编委会
2019 年 5 月